印第安民族運動史

馬全忠◎著

圖一　北美地區印第安人部落分布圖（部落名稱可參考第二章印
　　　第安主要部落與其領袖表）

資料來源：*The Encyclopedia of the Americam West*, P. 479.

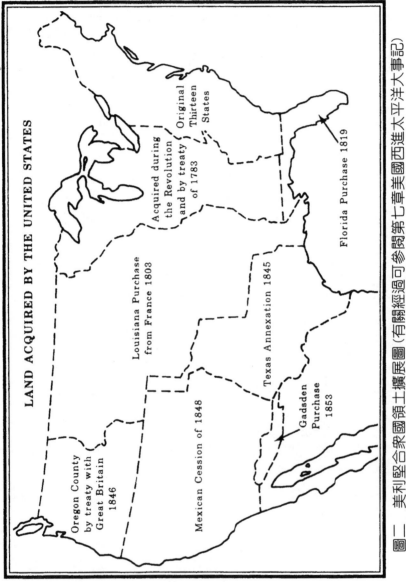

圖二　美利堅合眾國領土擴展圖（有關經過可參閱第七章美國西進太平洋大事記）
資料來源：*The Encyclopedia of the Americam West*, P. 480.

代序
印第安的呼聲

破碎的諾言，破碎的條約，破碎的印第安人心。現在您能協助療傷。

今天，原住民仍然受著部落族權利被不斷的、系統的攻擊所造成之可怕創傷。在一個提供與世界任何其他國家不同的自由的國家裡，他們必須爲反對破壞諾言的不義和破壞條約的不法而奮鬥，以療治其人民破碎的心。

美國用了很長的時間，以非法的立法剝奪部落族的主權並終結其文化、宗教、法律、政府以及靈魂和精神，來反對印第安人的自決與主權。

印第安權利基金會所要求的和將接受的，絕不多於也不少於美國政府信守其對原住民所作的承諾。

──美國印第安權利基金會的宗旨

一項條約繼一項條約，一個諾言繼一個諾言，聯邦政府粉碎了原住民的信任。

印第安保留區的設立是爲了解決印第安問題。十分自立的印第安人，被懲處限制生活於遠離鄉井的荒涼地區或很小的領土內。

美洲最初的人民的神聖土地、野牛，尤其是自由都被竊取。今天，在哥倫布到達新世界之後五百餘年，應該是療治印第安青年人生命的創傷並加以重建的良機。

當哥倫布與其人們抵達美洲迷失時，原住民以食物、棲止、仁慈等歡迎他們，但所得的回報則常是類似販賣奴隸和謀殺的殘暴。

今日，在全國各地的保留區內，大多數美洲最初人民的子孫，都生活於貧

窮、孤獨、沮喪之中，這是破壞諾言和罪惡行為的直接結果。

——美國印第安青年輔助會主席畢萊·密爾斯

　　美國今天有個危機，每週的每天，每年的每週，都影響著千千萬萬的人。這是饑餓危機，受害的是原住民。他們生活於保留區內，那是全世界最貧窮的住家，甚至不及許多第三世界國家。至少在最近二十年內，原住民一天比一天窮。

——印第安國家理事會主席羅維納·李

　　我們的宗旨是，美國印第安人民有尊嚴、驕傲、希望和自決的權利。

——達科他印第安基金會主席勞納·克瓊加

　　每一種文化各有其自己的世界觀。文化相遇的基本問題是，一種文化的人士，傾向於以其自己的標準來評判另一種文化人士的行動。

　　今天的印第安人曉得他們自己的文化傳統。他們也對現代美國的企業和政治的運作有良好的見識。

——宗教服務家與教育家泰德·祖恩

　　由於國家印第安博物館的開幕（2004年9月21日），表示歷史一段路程的終了，也是一段令人興奮的新路程的開始。我盼望大家支持我們繼續的努力，以改正錯誤的觀念並協助達成原住民和非原住民等一切人民，對此半球的原住民的生活與文化有更佳的認識。

——國家印第安博物館館長理察·威斯德

　　〔以上所引用的文字，皆係根據各有關團體直接寄給本書作者的信函和資料。〕

目次

前 言

　　第二次世界大戰以後，美國歷史書籍內容有一個顯著的改變，就是有關美洲原住民印第安人歷史文化的論述，從過去數百年之久的負面觀點轉變為正面觀點。不論哪方面人士的著作中都呈現此種趨向，換句話說就是改寫印第安人歷史。主要理由當然與時代的演進、環境的變異，以及印第安人士的奮鬥等有基本的關係。本書的內容也是順應此項歷史記述的新流向。因此，正文以印第安人的貢獻為開始，然後分門別類的撰寫。其次，本書所依據的參考書籍和資料，可以說全都是英文作品，這是由於事實上有關印第安人歷史的中文出版品的確很難看到。

馬全忠

第一章
印第安人的貢獻

一、印第安文化的價值

　　印第安歷史文化專家艾莫瑞・邱克（Emory D. Keoke）和凱伊・波特菲德（Kay M. Porterfield）合著的《美國印第安人對世界貢獻百科全書》的序文中說：「貢獻一詞在美國傳統大學辭典中的定義是：對共同基金或共同目標的給予。從北極圈到南美洲端頭的美洲印第安人，對世界知識共同基金的農業、科技、醫學、交通、建築、心理、軍事、政治及語言等領域，貢獻了許多天才。這些貢獻的方式是發明、方法、哲理，以及政治或社會制度。但是，直到19世紀後期，它們在人類與考古學以外並未獲得公認。全世界人民享受到美洲土著人士的發明成果，諸如，橡膠雨衣、爆米花、吊床及藥品奎寧（金雞納霜）等等，但並不曉得它們的來源。同時，教科書、小說以及後來的電影和電視，都將最早的美洲人描繪成未開化的人，沒有複雜的發明觀念。

　　「緊接於初步接觸之後，哥倫布以後的歐洲人士，對於他們所遇到的美洲印第安人的成就曾有詳盡的記述。他們常評斷這些成就優於舊世界的一切。可是，在初步接觸後的20年內，征服者和殖民主義者，同樣的都開始將美洲印第安人稱為野蠻人，而否認他們與這些發明有關。直到1800年代，美國的歷史教科書中，都否認印第安人具有一點點的智慧或知識。

　　「哈利克（Halleck）在1923年出版的《我國的歷史》，是一本很普遍的小

學課本，教育一代的兒童們說：印第安人是無知的，沒有偉大的教師。他們的工具很少，大都是木質或石質工具。我們今天很少用此種工具造雞窩。到1980年代與1990年代，有些教科書較哈利克的課本略有改進，但有些地方仍使用那本書。雖然大多數教科書現在不再談論說美洲歷史是從哥倫布在希斯巴紐拉島（Hispanioia）[1]登陸開始的，但是只有少數幾頁談到接觸以前的美洲印第安人歷史。在全部歷史上，握有權力者利用權力製造定義，排斥沒有權力者。同時，他們利用其所控制的種種技術和資源，而儘量減少它們的項目或不承認它們的來源。雖然在《美國藥典》中列有兩百多種印第安人用作醫病的植物，但是它們的來源仍然時常被忽視。在今天供食用的植物中，有75%都是北美、中美和南美洲的土生植物，而這些植物在歐洲人到達新大陸以前數百年，美洲印第安人已經在種植了。

　　「許多發明、程序和觀念，在哥倫布於1492年在希斯巴紐拉島登陸之前很久早已存在了。諸如橡膠、爆玉米花和吊床等美洲印第安人的貢獻已成爲日常生活的一部分，在世界各地是十分顯見的。其他貢獻雖然不明顯，但是同等的重要，例如印第安艾洛卦部落族對美國聯邦憲法及佛德烈・恩格斯的共產主義理論的影響等。某些美洲土著文化的見識，例如艾洛卦憲法中的民主自由觀念，已傳布到全世界。模仿美洲印第安人文化和科學的進程，並不限於過去的那些世紀。在20世紀的下半葉，西方科學家開始重行檢討過去被忽視的美洲印第安人的觀念與發明。一旦經認定是原始的事物，有許多已獲重行列爲『適當的技術』，而具獲得認眞的考慮，作爲對世界問題的解決之道，諸如饑餓、環境破壞和能源危機等。觀念方面如生態、無源太陽熱、墊高苗床農業，稱爲

1　希斯巴紐拉島爲加勒比海西印度群島之一，哥倫布於1492年12月6日首次在此島登陸，並將其命名爲希斯巴紐拉（係西班牙語小西班牙之意），現分屬多明尼加共和國及海地兩國。但一般說法認爲，哥倫布最先發現的是聖薩爾瓦多島（亦名威特萊島）。

『新東西』，只是從豐富的美洲印第安人智慧倉庫裡借來的，而且，此種趨勢正在增長中。

美洲土著人民每個集團，爲適應其獨特環境的奧妙途徑，都是高超的技術，各部落族人民不僅共享貿易貨物，而且共享技術。因此，不可能發現某種觀念是什麼人首先提出的。當歐洲人與美洲人接觸時，據估計美洲印第安部落集團多達八百個。因此，有些貢獻可以指明歸功於某某部落或某個集團部落，但是有許多貢獻則是無法指明的。」

美國第三十五任總統約翰·甘迺迪重視印第安人歷史文化的觀念，是值得人們稱頌的。他不只批評印第安人所受的對待的不合理、不公平，甚至認爲那是美國的一項國恥。他指出除了少數名人如小約瑟夫（可參閱第六章人物誌）和莎佳偉（可參閱第三章美國的西進運動）外，一般人不曉得印第安人英雄。因此，他特別要求美國人必須研究印第安人的歷史和傳統，並將印第安人的歷史和傳統作爲美國的歷史和傳統的一部分。

甘迺迪總統在《美國印第安人的傳統》一書的序文中說：「經常作爲小說、電影和電視主題的印第安人，或許仍然是我們全體美國人中，被了解最少而被誤解最多的人。美國印第安人反對任何單一的描述。他們一直是十分個人主義的。他們沒有共同的語言，而且很少共同的習俗。但是，在集體上說，他們的歷史是我們的歷史，並且應當是我們共同的與惦記的傳統的一部分。」

他要求美國人研究印第安人歷史，因爲這與發展公正的對待印第安人的國家政策有關。他強調說：「在我們開始踏上成功之路以前，我們必須曉得我們前往何處，而且在我們能曉得以前，我們必須確定我們過去在何處。研究我們印第安人的歷史似乎是一個基本要件。關於我們美國印第安人的傳統，美國有很多待學習。」

二、印第安人政治觀念的影響

1. 對美國開國元勛的影響

　　兩位專家邱克和波特菲德說,美洲印第安文化的某些方面例如,印第安艾洛卦部落聯盟憲法中的民主自由觀念已遍及全世界,不僅對美國憲法有影響,而且對美國的開國元勛有影響,甚至對德國的政治思想家卡爾‧馬克斯(Karl Marx, 1818-1883)和佛德烈‧恩格斯(Friedrich, 1820-1895)的共產主義有影響。此等說法對許多人來說是相當新穎的。他們所提到的印第安艾洛卦部落聯盟,印第安人史上的一個很重要的組織,大約成立於西元1570年,到1650年代左右成為北美洲地區文化程度最高的印第安部落組織(可參閱第二章美國的印第安人之二、艾洛卦聯盟)。

　　他們說:「一般認為,在美國獨立革命之後,協助組織新的民主政府的開國元勛如喬治‧華盛頓、湯瑪斯‧傑佛遜和班傑明‧富蘭克林等,曾以艾洛卦聯盟作為新民主政治的模範。各州類似不同的部落;國會參議員和眾議員類似選舉的50名部落代表或發言人;總統與其內閣類似松樹長;首都華盛頓類似歐農達卡。」歐農達卡是歐農達卡部落的主要村莊,大會議每年在該村舉行一次,大會議火常在該村內燃燒著。

　　持同樣觀點的是《美國歷史大事記》的總編輯阿瑟‧史勒辛格(Arthur M. Schlesinger)。他在〈艾洛卦聯盟〉一文中說:「在1650年代前後,艾洛卦聯盟族群達到里約格倫德河以北地區的美洲土著文化的最高峰。當歐洲殖民人士開始在東海岸地區開拓時,最強盛的艾洛卦部落族群業已組成政治組織,稱為艾洛卦聯盟亦稱五國聯盟,旨在終止各部落之間的戰爭。到1722年,五國聯盟變成六國聯盟,因為土斯加洛拉部落族被殖民人士逐出南方後參加艾洛卦聯盟組織。17世紀時,該聯盟的領土範圍從新英格蘭向西擴展到密西西比河,及向南

擴展到田納西河地帶。此獨特無比的政治聯合組織中的各部落是獨立的與互相
依存的，婦女獲有特殊的地位。這不僅與母系血統制度有關，而且婦女獲提名
參加五十人的大會議，參與五國組織的統治機構。艾洛卦聯盟雖然不干涉各盟
員部落的內部事務，但成功的調解許多部落間的衝突事件。」

　　他更特別強調：「當艾洛卦聯盟最興盛時代，它不只對其成員（最多達到1
萬6千人）具有影響力，並且有能力使兩個殖民大國英國和法國對其無可奈何。
據說，他們建立的那個複雜的政治機構，是開國元勛班傑明・富蘭克林提出的
新美國聯邦政府組織建議的模範。」[2]

　　印第安歷史學家卡爾・華德曼（Carl Waldman）在其所著《美國印第安歷史
傳記集》一書中，也有類似的記述。他在該書的美國第三任總統湯瑪斯・傑佛
遜傳中說：「傑佛遜對印第安人文化的興趣，導致他對在俄亥俄谷何普威蒙德
考古發現的印第安文物的研究。一直有推測說，傑佛遜在其參與起草的1776年
獨立宣言，可能曾參照艾洛卦聯盟。」[3]文中並且提到傑佛遜曾研究印第安人語
言等。

　　華德曼在同書的美國開國元勛之一的班傑明・富蘭克林傳中也說：「一直
有聯想說，富蘭克林曾協助起草獨立宣言及組織美國新政府，是以艾洛卦六個
聯盟的若干政治觀念為基礎。」[4]因為他與印第安人有長期接觸的經驗。

2. 對美國憲法的影響

　　印第安歷史文化專家邱克和波特菲德說：「印第安艾洛卦憲法對美國開國
元勛及美國憲法的影響，是一般人仍然不曉得的故事。1987年9月16日，美國
國會參議院通過一項決議正式宣稱，美國憲法是以艾洛卦憲法即和平大法為模

2　《美國歷史大事記》，頁49。

3　《美國印第安歷史傳記集》，頁178。

4　《美國印第安歷史傳記集》，頁134。

範。事實上，沒有艾洛卦憲法，美國政府可能是大不相同了。」[5]

　　美國國憲法制定於1787年，於1789年獲批准實施迄今。他們說：「對美國憲法影響最大者之一是艾洛卦憲法，亦稱和平大法。」和平大法的制定，是印第安人為了制止相鄰部落間的戰爭，此文件記在「華譜」（wampum）帶上，依其組成艾洛卦五國聯盟（後擴大為六國聯盟）。

　　他們並且說：「殖民領袖們是當法國人與印第安人戰爭期間獲知艾洛卦憲法的。他們係從條約中及參加與英國結盟的艾洛卦部落族人士的會議中得知有艾洛卦憲法，而非從法國人方面獲知的。許多學者專家相信，艾洛卦聯盟憲法即和平大法，是直到那時為止的最長的國際憲法。唯一可能的例外，是不成文的英國憲法，而英國憲法是源於大憲章（西元1215年）。在15世紀期間，歐洲並無此類文件能與美洲印第安人的憲法匹敵。」

　　艾洛卦憲法規定防止政府干涉每個人的日常生活及加強個人的自由。憲法將民政政府與軍事及宗教加以分開；允許多種不同的宗教和信仰共同存在；承認個人的宗教信仰的重要性而不論其內容或淵源如何。艾洛卦憲法第九十九條明白的宣布保障宗教自由說：「每個國家的宗教儀式和節慶將繼續不受干擾並將繼續與以前一樣，因為它們是古代人民給予的，對人民的善良是有用的和必須的。」

　　富蘭克林曾是賓夕法尼亞殖民地的官方印刷人員，對艾洛卦聯盟的政治制度及其領袖們相當的熟悉。他為他們印刷會議記錄，因此他開始對印第安人發生興趣。賓夕法尼亞殖民政府要求富蘭克林擔任其第一任印第安事務專員，這是他的第一個外交工作，而且一直做到1750年代。從那時起，富蘭克林一直是一位艾洛卦憲法的堅定主張者。1754年，富蘭克林在阿巴尼召開的英國殖民地代表大會中，要求與會代表以艾洛卦聯盟與其憲法作榜樣。但是，代表們將他

5　《美國印第安人對世界貢獻百科全書》，頁281-288。

的忠告忽視了將近三十年之久。

兩位專家說，另一位開國元勛傑佛遜也承認，他認為美洲印第安人的自由觀念優於歐洲人的君主制度。然而，「殖民領袖們並不完全同意艾洛卦憲法中的財富公平分配條款或婦女參政條款，而此等觀念後來被佛德烈・恩格斯納入他的共產主義與社會主義藍圖裡。」

1754年在阿巴尼召開的殖民地代表大會兩週會議結束時，富蘭克林受要求撰寫大會中討論事項的報告書。稍後，富蘭克林在他提出的報告中表示，他稱讚艾洛卦聯盟式的政府。他報告書中計畫的內容，包括多項艾洛卦憲法的核心觀念。他的此項計畫是美國第一部憲法（Articles of Confederation）（1781-1789年）的基礎。美國現行的憲法於1787年制定，自1789年生效實施迄今。美國現行的憲法源於第一部憲法。

兩種憲法內容的比較：邱克與波特菲德，為了證明印第安艾洛卦聯盟憲法即和平大法對美國憲法的影響，特將這兩種憲法內容相當的各條款加以提出作一比較。他們說：「艾洛卦憲法較美國憲法與其修正案古老得多。因為美國憲法的起草者借用艾洛卦憲法中的許多原則，兩種憲法有許多相似點，也有不同點。將兩種憲法中的若干部分加以對照，以表明其相似及不同之處。」他們共列舉二十五項相對的條款，其主要內容如次：

(1)眾議院和參議院。（艾憲第九條，美憲第一條第一款。）

(2)眾議院和參議院出缺的遞補。（艾憲第五十四條，美憲第一條第二款。）

(3)參議員的資格。（艾憲第廿四條，美憲第一條第三款。）

(4)國會集會時間。（艾憲第四條，美憲第一條第四款。）

(5)國會兩院的規則。（艾憲第十八、三十九及六條，美憲第一條第五款。）

(6)禁止雙重職務。（艾憲第廿八條，美憲第一條第六款。）

(7)法律的通過。（艾憲第十一條，美憲第一條第七款。）

(8)宣戰的權力。（艾憲第三十七條，美憲第一條第八款。）

（9）移民。（艾憲第七十三條，美憲第一條第九款。）

（10）聯邦對各州的權力。（艾憲第廿五條，美憲第一條第十款。）

（11）新州的加入。（艾憲第七十七條，美憲第四條第三款。）

（12）聯邦政府職責。（艾憲第七十五條，美憲第四條第四款。）

（13）州的權力。（艾憲第二十條，美憲第四條第二款。）

（14）領袖的選舉。（艾憲第六條，美憲第二條第一款。）

（15）總統的資格。（艾憲第七十六條，美憲第二條第一款。）

（16）總統的罷免與彈劾。（艾憲第七十七條，美憲第二條第四款。）

（17）總統為最高統帥。（艾憲第七十九條，美憲第二條第二款。）

（18）國情報告演講。（艾憲第一百條，美憲第二條第三款。）

（19）叛國。（艾憲第九十二條，美憲第三條第三款。）

（20）聯邦政府的權威。（艾憲第五十七條，美憲第六條。）

（21）憲法的修訂。（艾憲第十六條，美憲第五條。）

（22）憲法為最高的法律。（艾憲第廿五條，美憲第七條。）

（23）宗教、言論及出版自由。（艾憲第九十九條，美憲第一修正案。）

（24）不准擅自進入住家。（艾憲第一〇七條，美憲第三修正案。）

（25）參議院議員出缺的補選。（艾憲第十七條，美憲第十六修正案。）

3. 對共產主義的影響

　　邱克和波特菲德說，北美洲東北部的印第安人文化是社會主義文化。社會主義是一種政治哲學，認為沒有階級的社會是理想的社會。他們說，印第安艾洛卦聯盟的「和平大法」（憲法），不僅對美國的憲法有影響，而且是在馬克斯和恩格斯的共產主義宣言及資本論發表後，對晚期社會主義的精純化的一項重大激勵。艾洛卦聯盟在西元1100年與1450年之間成立。德國的政治哲學家卡

爾·馬克斯和佛德烈·恩格斯，都受到艾洛卦聯盟的政治理想的影響[6]。共產主義宣言發表於1848年。馬克斯的經濟學著作「資本論」，發表於1867-1894年（共四卷，第一卷發表於1867年，其他三卷發表於他逝世之後）。

　　他們說：「馬克斯和恩格斯都是德國人而生活於英國。他們不曾與北美洲的印第安人接觸過，但他們從李威斯·亨利·莫根（Lewis Henry Morgan, 1818-1881）的著作中獲悉艾洛卦聯盟憲法。莫根被尊為美國的『人類學之父』，曾為鐵路工業界擔任遊說代表。他最初研究印第安事務，是為了發現可能供利用的宗教儀式。莫根由於受到其好友艾萊·巴克（Ely Parker）（可參閱第四章美國的印第安政策第二節之9. 艾萊·巴克）的影響而為印第安人士收養，因此他和艾洛卦部落人有10年之久的相處。所以，莫根的關於艾洛卦人的著作較任何其他人的著作為客觀。他對印第安人研究的結果，完成一部重要著作，《美國憲法與艾洛卦憲法的比較》，在1851年出版後成為一部有關人類學的經典書籍，也是第一部對印第安人社會組織有深度研究的作品。莫根在其著作中詳細說明艾洛卦人如何建立其有制衡制度的政府，以及財富與權力的平等分配等。艾洛卦的領袖們主要是做公僕，如果某某人的行為不利其所服務的人民或與職務相違的話，就可能被罷免。普通人民獲有在宗教和政治方面表達意見的權利，而且婦女獲准參與政治事務。」

　　邱克和波特菲德說：「1800年代的大多數思想家，很難理解沒有私有財產或沒有社會階級的社會。直到那時，歐洲人只是就歐洲人的知識和經驗來看其他人的文化。許多著作家試圖用封建思想和帝王作風字眼來描述美洲印第安人，此等觀念的基礎是歐洲的私有財產制度。莫根對美洲印第安人的研究所得，與此種思想方法成尖銳的對比。他對艾洛卦人民的親身經驗導致他相信，印第安人沒有私有財產和沒有階級的社會的存在，是因為它的基礎是家庭與親

6　《美國印第安人對世界貢獻百科全書》，頁243-244。

屬關係對抗私有制度。對艾洛卦聯盟一看,就顯現其社會主義性質大過民主主義性質。

「所有此類觀念等吸引住馬克斯和恩格斯。他們從莫根的書中看到一種政治制度的實施,而且同時幾乎就是他們的無階級和無領袖國家的理想。在艾洛卦人民中,幾乎不曾聽到過私有財產及爭取財富的觀念。此等觀念對這兩位政治理論家有至大的吸引力。當時,剛剛完成資本論(第一卷出版於1867年)的馬克斯尤其感到興趣。莫根對艾洛卦聯盟社會的描述與馬克斯的理論契合,也是君主政治或者馬克斯不願接受的俄國沙皇式政府的替代者。馬克斯認為極權統治使一個人掌握無限的權力,產生極不公平的財富分配,而且群眾很少政治選擇權利。

「在馬克斯讀過莫根的著作之後,對這些觀念感到鼓勵,並且著手撰寫一本新書,將莫根的理論納入他自己的理論內。但是,馬克斯的新書尚未完成,便在1883年逝世。他在去逝之前說,莫根的學識是其著作中的重要片段,為了了解馬克斯自己的理論基礎,所有的社會主義者都需要讀莫根的觀念。馬克斯的關於艾洛卦的註釋和文章,於馬克斯逝世後在俄國出版,但是此著作是依靠恩格斯來完成的。

「恩格斯在讀過莫根所著的《古代社會》(*Ancient Society*)之後,撰寫《家庭、私有財產和國家的起源》(*The Origin of Family, Private Property and the State*)於1884年出版。他的著作後來被視為社會主義理論的基礎,經翻譯為多種語言的版本,供全世界的社會主義人士研究,成為社會主義者入門之書,一直持續到20世紀。而且,在1964年,莫斯科曾主辦一次國際人類學與人種學研討會,以研究莫根的理論與著作為主旨。令人想不到的是,印第安艾洛卦聯盟人民不僅對美國政治有非常的貢獻,也對已解體的蘇維埃社會主義共和國聯邦政治有同樣的貢獻。」

三、印第安人的發明、發現和發展

依據《美國印第安人對世界貢獻百科全書》中所述及的「1萬5千年的發明與創新」來說，在傳統的世界文明古國中，理應將印第安人增列進去（後文中僅註明引用同書之頁數）。

據該書中說，在美洲大地上，印第安人首先吃巧克力，首先種植玉米、花生、番薯、番茄，首先吸煙草，首先玩橡皮球，首先使用注射器，首先使用止痛藥，首先使用避孕藥，首先修築道路系統，首先修建灌溉系統，首先建造市政廣場，首先建造金字塔等等。由此可知，印第安人在農業、醫學及工程等方面，都有重要的貢獻，加上他們在政治觀念和社會理論方面的貢獻，足可證明印第安人智慧高超與其對世界貢獻的價值。

根據邱克和波特菲德著作中的記載，將印第安人對世界的貢獻歸納爲十大項，分別加以扼要的說明：

1. 農業耕作

美洲農業發展史表示，中美洲和南美洲的農業發展較北美地區爲早。大約在西元前8000年與7000年之間，在今天墨西哥的狄華甘谷（Tehuacan）地區的農民已經開始種植玉米、南瓜及荳子。大約在同時代，在今日中美洲的瓜地馬拉和南美洲的巴西的農民已經開始種植木薯（根可作澱粉）及番薯，在今天的祕魯境內的安第斯山地帶也已有番薯種植。

北美洲東部森林地區的印第安人，大約在西元前3000年與2000年之間，種植數種不同的南瓜類植物，其中包括可作容器用的葫蘆。另外，他們也種植向日葵和藜科植物。西元前2000年時，在今天的田納西、阿肯色、伊利諾、肯塔基、俄亥俄、密蘇里及阿拉巴馬等州地區的印第安人的農業已經相當的良好。

由於他們種植更多種能結種籽的植物如大麥及復活節鐘草等，所以到西元250年與200年之間，在數個土壤肥沃的河谷地帶，印第安何普威部落族人民，有兩百個村莊建立的基礎都是農耕。田禾的種植者最早是印第安阿迪納（Adena）部落族人，後來是何普威部落族人。他們生活於住家和農場在一起的小塊土地上。

到了西元大約800年左右，北美洲的印第安人開始以較大面積的土地種植玉米，在生長季節期間90天內可以成熟。從今天佛羅里達州北部到加拿大境內的安大略，及從大西洋沿岸到大湖區的廣大地區內，印第安人普遍種植玉米。他們也種植山核桃、栗子及各種漿果如草莓等。

就廣泛的農作物來說，印第安人的成就的確值得欽佩，至少有20多種，包括糧食、蔬菜及水果等，例如：玉米、荳子、向日葵、番茄、番薯、草莓、鳳梨、鱷梨、南瓜、花生、胡椒、香子蘭、巧克力、腰果、栗子、棉花、蘆薈及紫黑荣等等（同書頁5）。

2. 醫藥知識

印第安人為遊牧民族，過的基本生活流動性很大，一年四季與大自然接觸，日日月月不斷的與烈日、狂風、暴雨、冰雪、砂石、荒野、茂林、野獸等等相搏鬥。為了應付此種艱苦的環境，最重要的是身體的健壯，要想有健康的體魄，自然要依靠食物的營養和醫療的維護。因此，印第安人在和農業和醫療兩方面都有特殊的成就與貢獻，很值得稱頌。

專家們說，醫療科學不僅重視診斷、醫治和對疾病的預防，也重視健康的維護。美洲印第安人可以說是很高明的醫療家，他們仰仗很多種植物藥劑治病，一直到今天仍然在使用著，例如愈瘡木（Guaiacum）、土根（Ipecac）及奎寧（金雞納霜）（Quinine）等。他們並且說，北美和中美洲的印第安人經常使用抗生的藥物。大約於西元1100年，在中美洲建立帝國的印第安阿茲特克部落族

人，對醫藥研究有很好的成就，曾至少記錄下1200種植物都可供醫藥用。在和
歐洲人接觸之前，中美洲的印第安人是全世界首先創立公共衛生系統的民族，
他們的公共衛生設施是今天的醫院。阿茲特克部落族的醫生特別精的醫術是婦
產科、眼科及牙科。他們是切除眼睛白內障的專家。美洲印第安人醫生證明他
們具有廣泛的解剖知識，曉得如何接骨、治療傷處，防止疾病傳染，以及實施
複雜的外科手術等。印第安人的疾病比率較低的另一個因素是他們重視個人衛
生及環境衛生。

　　阿茲特克人醫生曉得心臟的功能和血液循環系統的知識的時間比歐洲人早
得多。歷史家一般都說，英國人威廉姆・哈爾維（William Harvev, 1578-1657）
是第一位提出血液循環系統理論的醫生。阿茲特克語言中的「特化特爾」，甚
至包括對心臟跳動的描述。中世紀時代歐洲醫生是依據希臘醫生蓋林（Galen,
130-200）所寫的一篇醫學論文；他指出動脈裡是血液及說明心臟有心房、心室
等。

　　壞血病的主要原因是缺乏維生素C，常導致患者死亡。此種病在整個歐洲
人史屢見不解。北美洲的印第安人，因為他們的食物中含有高量的維生素C，
因此這問題對他們說不及歐洲人那般嚴重。遇到此種病時，他們曉得如何治
療。印第安人將他們醫治壞血病的知識與歐洲人分享的第一個病例，發生於
1536年。當時法國探險家賈克斯・卡迪爾（Jacques Cartier）的船，在冰凍的聖羅
倫斯河上，被困在一個印第安人村莊附近，該村就是今天加拿大的著名城市蒙
特利爾。他的船員中，有25人都因為患壞血病而喪生。

　　卡迪爾在其航行日誌中寫道：「在我們全體110人當中，健康程度好到能
幫助別人的不到10個人，情況十分悲慘。」幸好，當時有一位印第安胡倫部落
的酋長對卡迪爾指示，如何將一種長青植物磨碎做成一種茶，並忠告他命令其
人員每隔一天飲用一次。卡迪爾說，那種藥十分難吃，但仍命令其部下飲用。
在他們服用8天之內，壞血症患都治癒了。因此，卡迪爾特別將那種樹的幼苗

挖掘數株,帶回到法國,種植在國王的花園裡。但是,卡迪爾對那位救命的印第安人的仁慈的報償則是,他將那位胡倫部落酋長與他的兩個兒子,三名其他成年人以及四個兒童都加以綁架押運到法國,這十個印第安人在到達法國後不久都告死亡。」(同書頁234)印第安人的悲劇又增加一例,令人嘆息。

注射器是一種很常見的醫療儀器,用於將液體注入人體內,或者從人體內將液體抽取出來。此種儀器救了全世界無數的人命。它使依靠胰島素的糖尿病患者能夠生存並且做事情,也用來對可能有致命疾病的人或動物注射防疫針。許多醫學歷史家記載說,蘇格蘭人亞歷山大・伍德(Alexander Wood)在1853年發明注射器。可是,在歐洲人殖民到美洲之前許多年,印第安人已經使用注射器爲傷患者注射藥品及爲他們作清潔和沖洗。他們也用注射器爲患者清潔耳朵。印第安人醫學家維幾爾・武吉爾(Virgil Vogel)說:「南美洲的印第安人,在哥倫布時代以前已經使用一種橡皮注射器。人類學家說,中美洲的印第安人首先發明橡皮球座的注射器。北美洲的印第安人,利用小動物的膽囊及細小中空的鳥骨頭作成球座的注射器。」(同書頁257)

3. 外科手術

外科是醫學的一部分,係利用儀器和「發病」技術治療疾病、受傷及變形等。在歐洲到達美洲之前很久,印第安人已經有了外科手術。而且印第安部落人的外科手術,較與歐洲人接觸時的歐人醫生的手術爲高明。雖然希臘和羅馬人早有外科手術,但是他們的技術在中世紀時代被壓制。生活於西班牙境內的回教(伊斯蘭教)徒醫生曾經實施過外科手術,但他們後來被驅逐出西班牙,他們的知識被忽視。到中世紀末時爲止,歐洲人外科手術中最複雜的技術是有限次數的剖腹生產和切除生病的乳房的病例。與歐洲人外科手術成顯明的對比,美洲印第安人的外科手術中包括複雜與完整的手術,並且使用麻醉劑和抗生劑。那時歐洲人尚未使用這兩種藥品。印第安人也實施無菌手術,而形成今天

的「絕育」手術。

大約於西元11世紀時，在今天墨西哥境內建立帝國的印第安阿茲特克部落人醫生，不僅實施剖腹生產手術，而且實施切除眼睛內白內障的手術以及整形外科手術。

南美洲的印第安人，在西元前1000年左右，曾經實施腦部外科手術。而且，某些考古家相信，大約於西元前1700年左右在南美洲興起的歐爾密克部落人醫生，早已實施腦外科手術。從事研究人類遺骸的醫學人類學者估計說，印第安人接受腦部外科手術生存的比率在83%與90%之間。據人類學家沙皮洛（H. L. Shapiro）說，在19世紀末到20世紀之間，接受非印第安人醫生腦外科手術的病人中，生存的比率只有50%左右（同書頁254）。

4. 建築工程

金字塔是一種很雄偉的建築物，底部很大，向上逐漸變小。一般提到金字塔是指埃及的此種建築物。但是，很少人知道美洲印第安人的金字塔，更少人曉得印第安人建造金字塔的時間，較埃及人建造的時間還早數百年。中美洲及南美洲印第安人，使用土磚（坯）和石頭建造金字塔。北美洲印第安人建造類似金字塔型式的土墩。印第安人建造的金字塔中，有些的規模與埃及的金字塔同樣的偉大。

首先建造金字塔的印第安人，是生活在今天南美洲祕魯地區的印第安人。他們大約在西元前3000年建造最早的土磚質金字塔。有兩座最古老的土磚式金字塔，分別位於今天祕魯中沿海地區的艾爾阿斯皮羅（El Aspero），及今日祕魯京城利馬以北120英里的卡瑞爾（caral）。南美洲印第安人大約在埃及金字塔之前數百年開始建造他們的金字塔。考古家相信，埃及人在西元前2886年與2613年之間，建造在薩卡拉（Sakkara）的第一座金字塔，及在西元前2589年與2504年之間建造最著名的吉薩（Ciza）金字塔。

　　生活在今天祕魯地區的印第安莫吉（Moche）部落人，所建的華加德爾蘇爾（Huca del sol）金字塔係土磚質，高98英尺，底長1,132英尺，寬525英尺。生活在今天中美洲墨西哥地區的印第安瑪雅部落族人，建造中美洲最大的金字塔，位於墨西哥的喬魯拉（Cholula）高原，塔高181英尺。瑪雅族大約於西元前1500年，興起於墨西哥的宇加坦（Yucatan）半島地區。

　　大約在西元1000年左右，北美洲密西西比地區的印第安人也建造金字塔型的建築物。西元700年左右，沿密西西比河流域地帶有新的文化在發展中，因此稱為密西西比文化。密西西比印第安人建造金字塔型式的寺廟，所以也稱為「殿堂土墩」建築物。他們在今日的伊利諾河與密西西比河匯流處建造一個城市，就是今天的加何克亞（Cahokia），該城市當年最繁榮時代的居民多達3萬餘人。城市中最大的建築物是僧侶墩，高100英尺。這個印第安人的古城，位於今天伊利諾州名城聖路易附近，建築物中包括85個金字塔式的土墩，有的作為神殿，有的作為葬堂，城市總面積達4千英畝之廣，有一個市中心區和5個郊區。僧侶墩是北美洲地區與歐洲人接觸之前最大的建築物，但不及中美洲和南美洲的金字塔那般雄偉。另外，印第安人也在今天佛羅里達、喬治亞、明尼蘇達及密西根等州境內建造不少小型金字塔式的土墩，大部分是供喪葬之用（同書頁219）。

5. 市政廣場

　　哥倫布時代之前，美洲各地人口眾多的市鎮大都建有一個廣場亦稱市政中心。這些市政中心的建造是以天文觀測為基礎。印第安歐爾密克（Olmec）部落族是中美洲第一個重要的文化族群，大約西元前1700年在他們的市鎮中心建造一個廣場。考古家說，市政中心四週建有多座金字塔式的土墩。今天中美洲各地的城市大都有一個市中心廣場。

　　北美洲的密西西比部落族也建有市政中心廣場。他們大約於西元800年，

在今天伊利諾州南部建的加何克亞，占地達4千英畝，建有大的廣場及不少小廣場。印第安柯利克部落建有更具現代化的市政中心。他們曾生活於今天的喬治亞、卡羅來納及佛羅里達北部地區。他們的市政中心四周建有住宅，中心有大會堂，市鎮領袖在大會堂決定社區事務，堂內可容納五百人之衆，冬天則供沒有地方容身之人的需用（同書頁62）。

6. 道路系統

美洲印第安人修建道路系統，他們不僅修建道路，而且加以維護，以供旅行、商務及軍事目的等使用。另外，從一個村莊到另一個村莊傳遞消息的跑步人員也利用這些小徑系統。在與歐洲人接觸開始後，印第安人繼續開闢小徑供使用。尤其是當印第安人和法國殖民發生戰爭期間，德拉華部落人開闢布拉德小徑，將莫農卡希拉河與波托馬克河的交通銜接起來。奇魯克部落商人吉斯・齊曉爾，在1866年開闢齊曉爾小徑，後來變成從德克薩斯到堪薩斯的重要道路。

印第安人並且修建「大道」，大道旅行比較方便，但是大道路線需要設計，需要大的土木工程來完成。美洲印第安人最著名的道路系統是，南美洲印加（Inca）部落族修建的道路系統。印加部落族大約於西元1000年在今天的南美洲祕魯境內建立帝國（同書頁227）。

7. 橋樑工程

在橫跨河流或峽谷上建造橋樑是爲了便利交通。在印第安人印加部落族的道路系統中並且建有各種型式的橋，包括簡單的獨木橋、浮橋、懸臂橋及吊橋。橋樑對於印加帝國的交通至爲重要，因此法律規定凡是破壞橋樑者將被判處死刑。爲了保持橋樑情況的良好，地方政府對各村莊徵收勞工稅。印加部落族大約於西元1000年，在今天南美洲祕魯境內高原地帶建立帝國。

　　印第安部落人的橋樑有很簡單到相當複雜的工程。例如，印加部落人大約於1450年在蒂蒂加加湖（Lake Titicaca）的東邊建的一座石頭懸臂式橋長30英尺。他們修建的橋樑中，有若干座今天仍然存在，足證他們的工程技術水平相當的優越（同書頁41）。

8. 灌溉系統

　　灌溉的主要目的是以水供給乾旱的土地以利農禾及各種植物的生長。美洲各地的印第安人，在他們開始種植田禾後不久，便開始發明灌溉的方法。他們以「氾濫平原」和築溝渠方式達到灌溉的目的。中美洲的歐爾密克部落族人，是最早建築渠道來灌溉田禾的人。他們大約於西元前1700年開始興盛。雖然他們的農業技術並非獨一無二的，但是他們自己發明的，與美洲以外的兩大農業區中國及中東可以匹敵。

　　氾濫平原灌溉是將田禾種植於河流兩岸的土地裡，河水氾濫時使土地得到水分和養分。北美洲東南部的印第安何普威（Hopewell）和阿迪納（adena）部落族人，在西元前1500-1000年期間，利用氾濫平原方式達到灌溉的目的，因為他們生活在密西西比河谷及俄亥俄河谷地區。北美洲西南部沙漠地區的阿納薩西部落族人，最早在小溪的水口區和河谷種植田禾。他們大約於西元1000年與1200年期間，開始創建小型水庫供灌溉之用。考古家於1996年，在今日科羅拉多州的密薩維爾達（Mesa Verda）發現數百處此種小水庫遺址，因該地是阿納薩西部落族的一個大集中區。

　　印第安人的最完善的灌溉系統要推何何甘（Hohokam）部落族修建的灌溉設施。他們在今天亞利桑納州薩爾特河（Salt River）與吉拉河（Gila River）一帶修建完整的渠道灌溉系統，修建時間大約開始於西元300年，陸續費時達數百年之久，系統總長150餘英里，由許多大小渠道組成，與河流相通，看來與樹根差不多。渠道延伸到吉拉河以東數十英里的加薩格蘭德（Casa Grande）等何何

甘部落重要社區。灌溉地區後來成為今天的亞利桑納州首府鳳凰城（Phonenix）
（同書頁140）。

9. 戰略戰術

　　印第安人精於游擊戰術，除了他們熟習地理環境外，在突襲和狙擊敵人的
技術方面都有高度的訓練與經驗。他們的軍事知識和經驗極受重視，例如尼茲
比爾賽（Nez Perce）部落的年輕領袖小約瑟夫（Chief Joseph）與聯邦軍隊作戰的
若干戰略和戰鬥計畫，今天仍然是美國西點軍校的教材。

　　印第安人士說：「因為歐洲人征服者與殖民者的軍隊最後將印第安人擊
敗，所以有許多人錯誤的認為，印第安人的軍事戰術的效力不及歐洲人的軍事
效力。事實上恰與此相反。印第安人精於游擊戰術，印第安戰士是突擊戰術專
家。他們派遣偵探收集有關地形及敵人的情報，而歐洲人則時常忽略如此。」
在法國人與印第安人的戰爭中，法國軍官及英國軍官都爭取印第安人協助作
戰。直到英國及法國將領採用印第安人的軍事技術後，他們才能擊敗印第安
人。

　　北美新英格蘭的英國殖民者，遭到印第安華巴諾格部落領袖密太康的強烈
抵抗，而將他稱為「菲立普王」。他利用部落人隱藏於羅德島荒野裡的手段，
達成多次成功的突擊和奇襲。英國負責爭取印第安人參加英軍的軍官班傑明·
邱治（Benjamin Church）說：「英軍士兵時時擠在一起，攻擊他們就像攻擊一間
房屋那般容易。」

　　在南北戰爭結束後，聯邦軍隊試圖將大平原地區的印第安人強迫遷入保留
區內，為了使他們的土地供殖民開發之用。與200年前的情形一樣，他們再度
面臨游擊戰鬥。聯邦軍隊指揮官，死守著曾經在歐洲使用過的戰術，使他們在
小巨角河（在今天南達科他州境內）戰役中遭受慘敗（關於小巨角河戰役可參閱
第五章印第安戰爭與慘案第二節之5. 小巨角河戰爭）。

　　軍事歷史家相信印第安人戰爭領袖，在拖延很久的平原戰爭中最後失敗的理由是：「他們只是領導戰士作戰，而不是像聯邦軍隊那樣指揮部隊作戰。參加戰鬥的印第安部落領袖一向是志願的。印第安戰爭領袖並不對與他們一起戰鬥的勇士下達命令。他們另一個重要的失敗的理由是，聯邦陸軍是在最高統帥總統之下統一的，而在平原戰爭中的印第安部隊只是數個部落族的不嚴密的聯合。」

　　印第安人軍事戰術效果的另一個實例是，尼茲皮爾賽部落青年領袖小約瑟夫的長途戰鬥。此一戰役發生於1877年的夏秋期間。他率領部落勇士和族眾，在聯邦陸軍1,600英里的長程追擊之下，邊撤邊戰，沿途隨時隨地構築野戰工事。從事散兵突擊，以及前鋒和後衛部署等措施。他與10個政府軍單位交戰13次，幾乎全部獲勝。最可惜的是，當他接近逃亡的目的地加拿大的邊境之際，在人亡馬死、缺彈、缺糧的絕望情勢下，最後放棄抵抗並對天宣誓：「我將永遠不再戰鬥。」美國南北戰爭名將及時任聯邦陸軍總司令的威廉姆‧薛爾曼，對小約瑟夫的戰役評論說：「這是印第安戰爭中最出色的一場戰役。」（關於小約瑟夫的事蹟可參閱第六章人物誌第二節印第安名人之4.約瑟夫。）

　　另外，印第安軍事人物中，有一位奇魯克部落族人史坦德‧華特（Stand Watte）在南北戰爭的南軍中做到將官軍階，為唯一的印第安人將官，也是最後才向北軍（政府軍）投降的將官（同書頁172）。

10. 文字記錄

　　一般人只曉得美洲印第安人在與歐洲人接觸之前，對他們的歷史主要是以傳統的「口述」方式保存流傳下來。但是，北美、中美及南美洲的印第安人也有他們記錄歷史的方法。專家們說，印第安人記錄歷史的方法有多種，其中包括各地的巴利歐（paleo）部落族人在岩石上雕刻的象形文字，中美洲瑪雅部落族人在西元600年左右創作的複雜的「書」。瑪雅族大約於西元前1500年左右

興起於中美洲地區。在中美洲發現的最古老的書寫的歷史是，西元前31年的歐爾密克部落族的「條和點日期」，他們將日期刻在作爲紀念物的直立的石柱子上。他們於西元前1700年到400年期間生活於中美洲地區。

在西元前200年到西元600年期間，生活於今天南美洲祕魯北部沿海地區的莫吉（Moche）部落族人，在陶器上記錄他們的歷史，將他們日常生活的實際情景等繪畫在陶器上。大約於西元1000年生活在同一地區的印加部落族人，利用「結繩記事」方法記錄他們的活動等資料。

北美洲方面，生活於東部森林地區的印第安部落族人，利用甲殼珠子製成「華譜」帶（Wampum Belt）來紀念重要歷史事件。北平原的部落族人具有深刻的歷史意識，將他們的事件繪記在野牛皮上加以保存，稱爲「冬季列舉」，因爲是在冬天作成故名。部落族人在夏天忙於打獵、聚會及儲備食物等重要活動，而在冬天比較多空閒之故。每逢一個冬天表示一年已過去。他們繪記的圖象並不很詳細，其中包括那些年份狩獵的收穫良好或不佳，部落內部的及部落之間的爭執，領袖的逝世，以及不尋常的天然事件等。「冬季列舉」通常是由部落中的長輩製作並由他們負責保管。如果繪記事項的野牛皮因時間太久而磨損的話，他們便將那些事項照抄繪記在新的野牛皮上加以保存和流傳下去。在歐洲人到達美洲之後，印第安的歷史人士開始利用紙張，並使用鉛筆、鋼筆及水彩等繪記他們的「冬季列舉」。

書寫是利用平常的記號作溝通的系統。印第安人在與歐洲人接觸之前，一般是使用象形文字來記錄資料，而象形文字的複雜程度則有些不同。北美洲巴利歐部落族人在岩石上雕刻簡單的象形文字，南美洲瑪雅部落族人有複雜的書寫系統。不過，美洲印第安人的書寫系統對世界其他地區人類的書寫系統來說，是獨立發展出來的，彼此沒有關係。專家們說，象形文字的書寫是以彼此相互溝通爲目的而非藝術（同書頁304）。

四、印第安人與中國

1. 兩個古老民族的智慧

　　印第安歷史文化專家邱克和波特菲德，在他們的著作中談論的許多印第安人的發明、發現及發展項目中，有若干項涉及古老的中國，其中包括羅盤（指南針）、玉石、算盤、扇子、番薯及傘等。以下是他們提到的各項：

　　羅盤：羅盤是一種儀器，係利用天然磁石或與天然磁石接觸已磁化的鐵片來決定磁北極。一般相信印第歐爾密克部落族人，於大約西元前1000年發現天然磁石與地磁的北─南相一致而發展出一種羅盤。歐爾密克部落族文化大約在西元前1700年左右，興盛於今天墨西哥境內的宇加坦地區。中美洲歷史家密契爾‧柯伊（Michael Coe）及其他考古家說，美洲印第安人發展出羅盤的時間，大約在中國發展出羅盤的時間之前1000年。中國發展出羅盤的時間最早是西元1000（按是年是宋朝哲宗元符二年）。歐洲人遲至西元1178年才使用羅盤（同書頁67）。

　　（按此文中所說中國在西元1100年有羅盤一節，應是指「指南車」而言。據中華民國三十六年（1947年）上海中華書局出版的《辭海》的「指南車」條說：「指南車古代指示方向之車也。《宋史‧輿服志》：指南車一名司南車，赤質，兩箱畫青龍白虎，四面畫花草，重台，句闌鏤拱，四角垂青囊，上有仙人，車雖轉而手常指南。」又「仁宗天聖五年，工部郎中燕肅始造指南車，肅上奏曰：黃帝與蚩尤戰於涿鹿之野，蚩尤起大霧，軍士不知所向，帝遂作指南車。周成王時，越裳氏重譯來獻，使者惑失道，周公賜轉車以指南，其後法俱亡。漢張衡、魏馬鈞繼作之，屬世亂離，其器不存。宋武帝平長安，嘗為此車而制不精。祖沖之亦復造之。後魏太武帝使郭善明造，彌年不就，便扶風馬岳造垂成，而為善明鴆死，其法遂絕。」）

玉：玉是多種堅硬而有光澤的礦物的統稱。中美洲出產的玉顏色不一，從淡綠色半透明的玉到墨綠色透明的玉都有。印第安歐爾密克、瑪雅和阿茲特克等部落族的玉石工藝家喜愛硬玉和軟玉。歐爾密克部落人最重視玉，他們的文化大約興盛於西元前1700年。英文的玉字「Jade」源於西班牙語。當西班牙人殖民者在新世界看到此種綠色的礦物時，將它們稱為「腎臟石」，因為他們相信此種綠色礦石能夠醫治腎病。一般認為，歐爾密克部落族人，是在與歐洲人接觸以前最優秀的玉石工藝人士。因為玉十分堅實，需要很複雜的琢磨技術。中國人是很卓越的玉石工藝人士，但是最先將玉石雕刻技術帶到歐洲的是，從中美洲地區回到歐洲的西班牙殖民人士。中美洲瑪雅等部落族人很喜愛墨綠色透明的玉，類似在中國發現的那種玉（同書頁143）。

扇子：扇子是一種可以搖動產生微風的工具，有大有小，作用相同。中美洲的印第安瑪雅部落族人發明了扇子，但他們是自行創造出來的，與中國的扇子沒有什麼關係。古老的瑪雅人拿著扇子搖動產生涼涼的微風。同時，氧氣是一種助燃劑，利用扇子搧火有助於增強火勢與熱度，中國人的風箱就是這種道理。瑪雅部落族人大約於西元前1500年左右，生活在今天墨西哥境內的宇加坦地區（同書頁103）。

曆法：曆法是根據天象以定歲時節候的方法。北美、中美和南美洲各地的印第安人，都是利用天象的觀測來制定曆法。印第安人最早的曆法稱為「魔輪」（Medicine Wheel）。這種魔輪在美國的蒙大拿州境內及加拿大的沙斯卡吉溫（Saskatchwan）省境內都有發現。魔輪為石頭質。在蒙大拿州的大角地方發現的一個石質魔輪，據專家估計有數百年久的歷史。在加拿大毛斯（Moose）山發現的一個石質魔輪，據估計有2600年久的歷史。印第安人的魔輪的位置，大都在較偏僻的地區，而且是在高山上或峭壁上，如此能使古代的天文家毫無阻礙的觀測天象，也證明印第安人的智慧。

中美洲印第安瑪雅及阿茲特克部落族人的曆法，不但很複雜而且很準確。

考古家相信，瑪雅部落人的文化於西元前大約1500年興盛於中美洲地區，他們制定的曆法，後來爲阿茲特克部落人採用。阿茲特克族於西元前1100年左右，在中美洲的同一地區建立一個帝國。中美洲印第安人的曆法系統包括數種曆，每種曆各有其用途。他們有一種「日曆」是包括260日的儀式曆，主要是用於訂定宗教儀式的時間，兒童的命名及預測未來等。瑪雅和阿茲特克部落族，也有一種以太陽爲基礎的365日的年曆，係安排成18個月，每月有20天。此種年曆用於決定季候及排定各種事件的日子，例如市場集會和田禾種植等。

　　中美洲印第安部落族人，沒有望遠鏡或數學中的分數觀，但他們在西元前500年左右，已經能夠十分準確的計算出一年的時間長度而只差了19分鐘。「只有中國人具有同等驚人的天文觀測與計算本領。」（同書頁44）

　　（按此文中所稱之中國曆法，應是指中國的夏曆，亦稱陰曆。據中華民國三十六年〔1947年〕上海中華書局出的《辭海》的「夏曆」條說：「夏曆即陰曆，夏代授時之法，以建寅之月爲歲首，漢以後歷代因之，迄於清末，故名。」如從夏代計起，則夏曆已有四千年之久的歷史，較印第安人的曆法早得多。）

　　算盤：算盤是一種輕便的計算工具，利用框子、桿及串珠製成。曾生活在今天中美洲墨西哥境內的印第安瑪雅和阿茲特克部落族人，使用的算盤是利用玉米仁替代珠子，能夠較以記憶方式更快速又正確的作數字的加減。考古家估計說，印第安部落族人使用算盤的時間，大約開始於西元900年到1000年之間。中國人的算盤大約發明於西元前500年左右。不過，「阿茲特克部落族人在設計他們的算盤時，並不曉得中國的算盤。印第安人發展算盤，需要與中國人同等的精密思想和數學知識」。南美洲的印第安加部落族也有他們的算盤，但其製作方法不同。他們大約於西元1000年左右，曾在今天的祕魯境建立一個帝國（同書頁1）。

　　傘：是一種用來遮雨雪或太陽的工具。印第安瑪雅部落族文化專家伊麗莎白，班森（Elizabeth Benson）說：「瑪雅族人發明他們的傘，與中國人的傘並沒有任何關係，但用途是相同的。」瑪雅部落族文化，大約在西元前1500年左右，興盛於今天墨西哥境內的宇加坦半島地區。南美洲的印第安印加部部落族人也使用傘，他們大約於西元1000年，在今天的祕魯境內建立一個帝國。瑪雅及印加部落族人，在與歐洲人接觸之前都已經有了傘。不過，他們的傘是利用鳥羽毛做成的，不像今天的傘是利用織物做成的（同書頁281）。

　　番薯：番薯亦名甘薯，是一種熱帶出產的塊根植物。最早是在南美洲的安第斯（Andean）山地區首先發現種植番薯。考古家發現的番薯遺物化石的年代，自西元前6000年到8000年，也可能更早些。南美洲印第安印加部落族人的「貴查」（Quecha）語番薯的名稱是 "papas"，變成英語的 "potatoes"。印加族在大約西元1000年左右，曾在今天南美洲祕魯境內的安第地區建立一個帝國。

　　今天最普遍的番薯品種有兩種，一種是水分多橘紅色肉的番薯，另一種比較乾黃色肉的番薯。番薯的維生素A含量高，幾乎與胡蘿蔔的含量相等。現代科學家認為，維生素A有抗癌功能。

　　專家們說，在哥倫布於加勒比海的島上登陸之前，印第安人已經種植番薯。但是，他們爭議的是，哥倫布在其1492年的第一次新大陸航行中是否曾經看到過番薯。不過，他們一致認為，哥倫布在其1502-1504年的第四次新大陸航行之前已經看到了番薯，並且將番薯帶回到歐洲。西班牙探險家如法蘭斯柯·皮薩濟（Francisco Pizari）在祕魯看到種植番薯，及法斯柯·奴菲茲·巴波亞（vasco Nufiez de Balboa）在中美洲看到番薯。

　　在西班牙征服中美洲之後不久，西班牙探險家費南德茲·維爾德茲·奧維多（Fernandez de Valdez Oviedo）帶著番薯回到西班牙，後來番薯從西班牙傳到德國、比利時及英格蘭等國。但是，因為天氣不適宜，番薯早期在歐洲種植的

成果欠佳，所以番薯被視爲珍貴食物，作爲禮品之一，直到1570年都如此。

專家們說：番薯是在西元1593年（按是年爲明朝神宗萬曆三十年）從呂宋（菲律賓）傳到中國的。那時中國面臨糧食缺乏，中國人在呂宋島發現種植番薯供食用，便將番薯帶回到中國種植。歷史家相信，西班牙殖民的大帆船，將番薯從中美洲帶到馬尼拉。不論番薯如何傳到菲律賓，亞洲人接受了它們，因爲番薯的生產較容易，同等面積的田地，種植番薯的產量爲稻子產量的四倍之多。現在，中國的番薯產量雄居世界首位，它已成爲中國人最普遍的食物之一（同書頁256）。

2. 印第安人欺凌中國人

在美國的印第安歷史書籍中，極難看到印第安人與中國人關係的記載，主要原因是中國人到美國的時間較晚，最早只有西部地區有少數中國人。直到1850年代加利福尼亞州淘金潮出現後，華人才比較多起來。於是，印第安人與中國人開始有了接觸。但是，據現有的資料顯示，這些接觸都是不幸事件。例如，「加利福尼亞州印第安人的毀滅」一書中有一章是：「印第安人欺凌中國人」。內容是著者勞伯特・希齊爾（Robert F. Heizer）收集1850年代數家報紙的報導，這可能是僅有的關於印第安人與中國人關係的記載。

希齊爾說：「當加州淘金潮時代，中國人是唯一和印第安人同樣很少權利的集團，當時，有點奇怪，印第安人一有機會就欺壓沒有保護的中國人。從本章內的報紙報導來判斷，這一切都有使白人高興。報紙上提到的礦工稅（人頭稅），是加州州議會一次阻止非白人淘金的措施，主要是針對中國人和墨西哥人。一方面州政府很少執行此項法律，同時顯然，印第安人遇有機會便以此項法令爲藉口來壓榨中國人。雖然，事實上中國人與印第安人同是遭藐視的集團，但他們沒有共識。他們互不通婚，而好像是彼此確實厭惡。」以下是當時的報章報導。

1853年沙加緬度報紙的報導

蘇諾拉縣[7]的一位人士，向共和報提供一則荒唐的事件：據報導說，有一夥六個印第安「挖掘人」[8]從山區下來不久，在杜魯姆河畔的吉斯‧布鲁希的住宅附近，遇到大約同數的中國人。印第安人的頭目走上前去，要求中國人付礦工稅金。中國人堅決的加以拒絕。該頭目便要求中國人拿出繳稅收據來，他們也加以拒絕。於是，印第安人開槍射擊一名中國人，他們只好屈服並付了十八元的人頭稅金。然後，印第安人回頭走了，顯然很得意。

1858年聖荷昆谷報紙的報導

卡拉維拉斯縣[9]高山印第安人村事件

據獨立報報導說，在距聖安曲亞斯大約兩英里的中央山上，有一個印第安挖掘人的村莊，大約住有300名男女和兒童。據一位友人告訴我們，上星期某天，有一夥數個印第安男人，下山來到一處淘金場地，那裡有3名中國人在工作。印第安人要求驚慌的中國人每人繳三、四元的執照稅金，他們加以拒絕，便被迫走到蓬帳內遭看管起來，直到印第安人貪心得償。中國人堅持到日落時，印第安人睡覺，便派一個獨居的女子擔任夜間的看管。中國人因為工作，弄得身上又濕又髒，但他們儘力支持或輪流睡覺到次日早上。上午，印第安挖掘人向中國人提出妥協辦法，要求給予4瓶白蘭地酒作解決。雙方很快獲得同意，中國人最後獲得釋放。到了一週前的星期五，大約20到30名的同族印第安人，在一個白人蓬帳內攻擊3名白人工人，其中一人受重傷。他們在爭打中使用棍棒及瓶子，如此激怒了一個野蠻人，使他忘了一切，變成一個殺手，將滿瓶酒的白蘭地擲打一名白人，把他擊倒地上，頭部受重傷。

我們獲悉，在距離該印第安人村莊大約一兩英里處，有數個流氓開了一家

7　蘇拉諾縣位於加州北部，縣政府設於費爾菲德。

8　挖掘人。印第安某些部落族人挖掘植物地下根作食物，故綽號稱挖掘人。

9　卡拉維拉斯縣位於加州北部，縣政府設於聖安曲亞斯。

威士忌酒舖，經常與印第安人打交道，賣酒給印人。他們應當受到密切的注意及繩之以法。明明曉得酒能刺激野蠻人失去理性，賣酒給他們是有罪的，應被視為社會的公敵。

1860年舊金山報紙的報導

印第安「挖掘人」打死中國人

據威菲維爾[10]新聞報導說，最近有一天，一夥印第安挖掘人懷著偷竊企圖，進入卡納卡酒吧附近的一處中國人小木屋裡，因為找不到金錢而氣憤，便苛酷的毆打住民，有一名中國人因重傷而死亡。這類事例可能與印第安人從警方得到的線索有關，他們強迫中國人付執照稅金。但是，過去從來沒有過因為弄不到錢，他們就使用如此殘暴的手段。「你瞧！可憐的印第安人快變文明了！」

1865年瑪麗斯維爾(亦譯美利允)[11]報紙的報導

據報導說，上星期六，八個印第安人，以中國人工人稅收稅員身分，進入位於中羽毛河畔的費爾菲德酒吧。他們要求兩名中國老年人付工人稅金。當中國人將繳稅收據拿出來時，印第安人對兩人說收據「無效」，必須付現金才能使他們滿足。中國人說他們沒有錢，收稅員便將兩人擊倒地上。然後，印第安人將兩名中國人小木屋裡的大米、豬肉及其他有價值的東西統統予以沒收拿走。

（Translated from chapter 10 of *THE DESTRUCTION OF CALIFORNIA INDIANS* by Robert F. Heizer by permission of the University of Nebraska Press. Copyright © 1974 by Robert Heizer.）

10　威菲維爾城位於加州北部曲尼特縣境內。

11　瑪麗斯維爾城位於加州北部宇巴縣境內，為加州淘金潮時代的重要市鎮，亦為華工的一處集中地，是故老華僑迄今仍使用當年的譯名「美利允」。

第二章
美國的印第安人

一、印第安人分布概況

　　人類學家對於世界人種的分類有不同的理論，其中最普通的是德國人類學家布魯門巴哈（J. F. Blumenbach）[1]的分類法，係依據膚色和頭形將世界人類分為五種：蒙古利亞人種（黃種）、高加索人種（白種）、阿非利加人種（黑種）、亞美加人種（紅種）及馬來人種（棕種）。也有專家將馬來人種歸入蒙古利亞人種，而將世界人類分為四種。更有學者將亞美利加人種（紅種或印第安人）亦歸入蒙古利亞人種，而將世界人類分為三種。

　　不過，近世的學者意見，則大都如一般動植物分類法，即採取自然系統分類法，將世界人類分為亞細亞系統、歐羅巴系統、阿非利加系統、亞美利加系統，及不屬於此四種系統之各種族的海洋島嶼居民系統。我們從人類學家的人種分類理論中，可以看出被稱為紅種或亞美利加系統的印第安人，在世界人類當中占著相當重要的地位。

　　於是，我們碰到一個很常聽到的問題，誰是最初的亞美利加人或者美洲人？及他們於何時到了美洲？許多年來，人類學家顯然只有一個答案，最早的

1　布魯門巴哈。據《美國韋氏新世界百科全書》說，布魯門巴哈（1752-1840），依據膚色將世界人數分為五種，但他誤認為高加索人種（白種）係源於裏海與黑海之間的高加索山脈地區。

美洲人是善於遊牧的人，稱爲「柯洛維斯人」（Clovis）。一般傳說，大約在1萬
4千年以前，柯洛維斯人從亞洲大陸越過白令海峽（Bering Strait）陸地橋到達美
洲，並且蔓邊到北美洲、中美洲和南美洲等地。考古學家在北美與南美各地不
斷的在研究柯洛維斯人的文化遺產，以期對最早的美洲人之謎能提出新答案。

專家說，從亞洲渡過亞洲和美洲接連的白令海峽的人群，循著美洲西北沿
海地帶逐步向南方移動。他們說，這些最早占據美洲的人喜好狩獵，他們打獵
時使用長矛，以尖銳的石質矛頭作武器和其他武器。專家相信，他們也可能利
用以木料和皮革做成的船隻，也可能會做針工。據美國史密森學會的人類學家
丹尼爾‧史丹福（Daniel Stanford）說：「他們爲了應付北極的嚴寒天氣，可能
有很好的防水接合技能。」

地理學家說，亞洲東北部的海岸線與美洲西北部的海岸線，數萬年來的改
變很大。他們認爲，大約在1萬7千年以前，由於冰河融化的結果，北太平洋沿
海露出了沒有冰雪的地帶。最早來自亞洲的美洲人，可能從亞洲大陸內地步行
到美洲境內，也可能乘船沿著海岸線來到美洲境內。北太平洋的白令海峽，是
丹麥籍的航海家維圖斯‧白令（Vitus Bering, 1681-1741）首先發現的，而且他在
白令海的白令島上逝世。中國籍的著名橋樑工程家林同棪博士，生前曾設計一
座橫跨白令海峽的洲際大橋。白令海峽闊55英里（90公里）。

學者們說，北美洲、中美洲和南美洲三個地區的印第安人種族十分繁雜，
不下數千種之多。美國有關此問題的書籍也相當的多，而且近年來的專家學者
們對印第安人的文化和歷史的記述與評價和過去有顯然的不同，這當然與時代
的演進有基本的關係。本書所談的限於美利堅合眾國境內的印第安人，但間或
也涉及加拿大和墨西哥兩國境內的印第安人，因爲這3個國家在地理上有很密
切的關係。

據《北美印第安歷史地圖集》一書說，北美地區或者說美國地區的印第安

人可分為八個文化區[2]如次：

東北文化區：東北文化區的範圍從東到西自大西洋沿海經過阿巴拉奇亞山脈（Appalachians）到密西西比河谷；從北到南自大湖區到今天的維幾尼亞州和北卡羅來納州以及田納西州的肯布倫河（Cumberland River）一帶。這個地區內有沿海、河流、山脈、湖泊和河谷。重要的河流如聖羅倫斯河（St. Lawrence River）、渥太華河（Ottawa River）和哈德遜河（Hudson River）等。當歐洲人到達新大陸時，此地區內的印第安人各部落依據生活方式的不同，可分為五個集團：（一）阿岡圭安語族部落如：密可麥克、瑪利西特、麻薩諸塞、華巴諾格、華平格、莫希肯、皮瓜特、瑪希肯、皮納柯克、阿比納克、德拉華（林尼利納皮），以及蒙陶克等。（二）紐約與安大略艾洛卦語族部落如：莫豪克、歐尼達、西尼卡、加宇西、胡倫、託巴哥、紐楚爾和伊爾等。（三）大湖阿岡圭安語族部落如：阿岡金、渥太華、密諾米尼、吉比華和波達華土密等。（四）草原阿岡圭安語族部落如：薩克、狐狸、伊利諾、邁亞密、紹尼、克卡普和溫尼巴各等。（五）南邊緣阿岡圭安與艾洛卦語族部落如：阿岡圭安南蒂可克、包哈坦、席可坦、蘇斯圭諾克和土斯卡洛拉等。其中艾洛卦和阿岡圭安語族各部落實力強大，不斷發展，在印第安史上居於重要地位。

東南文化區：東南文化區的範圍自大西洋沿岸向西方發展到今天的德克薩斯州的楚尼特河（Trinity River）一帶，及從墨西哥灣向北到今天的密蘇里、肯塔基、田納西、西維幾尼亞、馬里蘭、維幾尼亞及北卡羅來納等地。此地區的天然環境有沿海平原、鹹水沼澤、草原、黑肥土帶、高原及肯布蘭山等。此地區內的印第安部落族大部分都住在沿海的村莊裡，他們的農業技術相當高。東南文化區內的印第安各部落族的生活方式雖然相近，但當歐洲人到達時他們有許多不同的語族如艾洛卦、卡度、莫斯柯金、席歐安、帝莫坎及度尼肯等。另

2　《北美印第安歷史地圖集》，頁33-46。

有若單獨的語言如阿達卡班、納奇希申、宗吉安及吉蒂瑪琮等。每個村莊各有其方言，情況不一。此地區內的重要部落族如，奇魯克、喬可道、吉卡哨、柯利克（莫斯柯吉）和賽密諾利（以上五個部落在歐洲人到達後被稱為五個文明部落）。他們組成艾洛卦五國聯盟（Iroquois League）（後增為六國）[3]。其他重要部落如卡度、加陶巴、阿拉巴馬、納吉茲及蒂莫柯亞等。

西南文化區：西南文化區的範圍自今天的猶他州和科羅拉多州的南邊緣向南方伸延，經過亞利桑那州和新墨西哥州，包括加利福尼亞州、德克薩斯州和俄克拉荷馬州的部分土地，以及伸入墨西哥國境內。這個廣大地區的天氣乾燥，每年的平均雨量不到20英寸，而且夏季的雨量更少，通常在夏季的六星期間的雨量不到4英寸。此地區內的天然地形相當不同，南部是科羅拉多高原、台地及峭壁的峽谷（亞利桑那境內的沿著科羅拉多河的大峽谷是主要的例子）。新墨西哥境內有崎嶇的莫可倫山（Mogollon Mountains）。墨西哥國境內有沙漠及加利福尼亞灣。由於此地區內的天然環境很特殊，狩獵很罕見，印第安部落族的生活方式以發展農業與遊牧為主。北部地區部落族的農業發展水平很高，即是乾燥縣份的農人亦設法生產足供村莊人口的需要。此地區內的大多數印第安人的村莊都是「普布洛」（Pueblo）建築物，係用土磚或石頭建造的。

西南區內的印第安人民可分為5個集團：（一）農業與普布洛人，包括西普布洛人的何比部落族和祖尼部落族，東普布洛人的特華、土華及皮洛等部落族。（二）沙漠農業人，包括雅法白、化拉白、莫哈維、玉瑪及阿克密歐達哈（比瑪）等部落族。（三）阿薩巴斯肯人（北方人），包括阿巴奇和納法荷（狄尼）等部落族。（四）西南德克薩斯人，包括卡倫卡華和柯化爾特克等部落族。（五）今天的墨西哥北部人，如雅圭部落族人遷入美國境內。

3　布魯門巴哈。據「美國韋氏新世界百科全書」說，布魯門巴哈（1752-1840），依據膚色將世界人類分為五種，但他誤認為高加索人種（白種）係源於里海與黑海之間的高加索山脈地區。

大盆地文化區：大盆地是個面積廣大的天然沙漠地區，包括今天的猶他州、內華達州及科羅拉多、懷俄明、愛達荷、俄勒岡和加利福尼亞等五州的部分地區。這個地區除了西南角是空曠的沙漠地外，大盆地被四週的高地包圍著。東邊是洛磯山脈（Rocky Mountains），西方是賽拉內華達山脈（Sierra Nevada）（印第安人稱爲雪山），南邊是科羅拉多高原（Colorado Plateau），及北方是哥倫比亞高原（Columbia Plateau）。大盆地的河溪出自四週的高地流向廣大的中央低地沒有任何出海口，消失於「沉沒中」。因爲東部和西部的山脈阻擋住雨雪，使雨水很少，而濕氣蒸發的快。整個大盆地地區內，因爲十分乾燥，植物稀少，最常見的是鼠尾草及檜類樹等。因爲很少大的哺乳動物，大盆地的印第安部落族人民在狩獵時只能以小動物爲對象，如兔子、各種禽鳥，以及收集植物種籽、堅果、各種漿果、塊根植物等供食用。他們生活中忙於尋找食物、水、木柴，以及做基本工具和籃子的材料。

大盆地的人口稀少，印第安各部落族只有一個「尤土阿茲迪肯」語族，但華效部落族人使用「何肯」方言爲例外。此地區的部落族人大都居住於用木架和樹枝及蘆葦搭成的圓錐形小房屋內。此地區的主要印第安部落族是尤特、巴尤特（北部和南部）、紹紹尼（北部和西部），及班諾克等。當18世紀與19世紀期間，有不少大盆地的部落族人轉往東方的大平原地區，生活方式改爲騎馬的獵人。

高原文化區：高原文化區的範圍包括哥倫比亞高原與其各河流地帶，即今天的華盛頓州東部、俄勒岡州北部和中部、愛達荷州北部、蒙大拿州西部、加利福尼亞州北部一小片土地，以及加拿大英屬哥倫比亞的南部。此地區的西邊是卡斯加德山脈（Cascade Mountains），東面是洛磯山脈、南方是大盆地沙漠地帶，北邊是森林和山地。這個地區的主要河流是注入太平洋的哥倫比亞河（Columbia River）和佛瑞賽河（Fraser River），它們有多條支流如蛇河（Snake River），及奧肯甘河（Okanagan River）等。高山的大量積雪和雨量，使此地區

的水量豐富，有助於很多高大樹木和松樹等的生長，成為龐大的森林，許多小植物生長在他們的下面。因為多山嶺和高原的天然環境，此地區的印第安部落族狩獵的對象有限，只有鹿、大角鹿及熊少數動物。不過，由於河溪相當多，魚產特別豐富，鮭魚尤其著名。河谷地區出產各種漿果，印第安部落族人在草地地帶發現多種供食用的植物和塊根植物和球根植物等。此區域的印第安部落族人民雖然沒有農業，但他們依靠捕魚、打獵和採集食物等生活。天氣寒冷季節，他們大都居住於沿海地帶半地窖式的房子裡，天氣暖和季節，他們大都住於沿河地帶用椴木架子和燈心草等搭成的房子裡。

高原文化區的人口不多，但他們約有二十多種印第安部落族。他們有兩種語言，從哥倫比亞河向南到大盆地邊緣的部落族使用「皮紐欣」語和克拉瑪斯、莫達克、尼茲比爾賽、華拉華拉、加宇西、雅卡瑪和尤瑪蒂拉等。哥倫比亞河以北地區的部落族使用「沙利山」語和斯波甘、哥倫比亞、佛萊希德和卡利斯比等。高原文化區的印第安人在晚近時代，因受到大平原印第安人的影響，在歐洲人到達之後，尼茲比爾賽、加守西等多遷往他處。

西北沿海文化區：西北沿海文化區的範圍綿延兩千餘英里，自今天的阿拉斯加州鍋柄區向南一直到加利福尼亞州的北端，包括加拿大的英屬哥倫比亞、華盛頓州和俄勒岡州的一部分。這個狹長的沿海地區，面積最寬的也只有150英里左右。此地區的氣候適中但頗濕，雨量很大，全年的總雨量多達100英寸以上，因此森林十分茂盛，有些樹木的高度為全球之冠。海洋、河溪和森林為此地區的印第安人提供莫大的捕魚及狩獵機會。除了種植菸葉外，雖然沒有其他農業，但他們食物供應卻超過需要。漁業方面以鮭魚、鱈魚和鯡魚等最多。海洋動物方面有鯨魚、海獅及海豹等。西北沿海的印第安部落人民，通常住於陸地的沙灘及島上。因為崎嶇的陸地旅行困難，他們乘船在沿海活動，做生意、捕魚及狩獵等。

西北沿海的印第安部落族人民使用的語言有兩大語族和若干單獨的語言。

一種是「納・德尼」語族的部落族如特令替和哈達等。另一種是「皮雙欣」語族的部落族如齊姆辛、吉諾克和阿爾西等。另些部落族有他們的單獨語言如海斯拉、克瓦求特和吉瑪昆等。

加利福尼亞文化區：加利福尼亞文化區的範圍包括今天的加利福尼亞州和墨西哥的下加利福尼亞省。加州東部賽拉內華達山區和墨西哥的加利福尼亞灣地區的印第安部落族人的生活方式則不相同，此因天然環境條件所致。而加州北部邊區的若干部落族的生活方式則接近西北沿海和高原文化區的部落族的生活方式。此文化區的雨量各地頗不相同，從北到南來說：北部雨量豐沛，森林茂盛；南部莫哈維沙漠（Mojave Desert）雨量很少。加州北部和中部的河流多，數條河水都流入金門灣裡。中部的聖荷昆河谷（San Jonquin Valley）和沙加緬度河谷（Sacramento Valley）地帶形成中央河谷。此文化區的地理情況與天氣條件，使各種植物和各種動物都適於生存。橡子是加利福尼亞印第安人的主要食物之一，還有許多其他野生植物。魚類、甲殼動物、鹿等都相當的多。因為有了大量的生活必需物品，使加利福尼亞成為人口眾多的地區。此地區部落族的基本社會單位是家庭，有關係的家族形成村莊，很多是一個大村莊附近有若干小的衛星村落，他們有一位首長負責一切。加利福尼亞的印第安人建造多種不同型式的房屋，最普通的一種是圓錐式房子，底部直徑大約有9英尺，材料為木柱子及樹叢枝和草等。若干北部的部落人用木料建造房子，因北部多森林之故。大多數的部落族人都是獨戶住房，但也有社區及典禮用的公共房舍。

加利福尼亞文化區的印第安人當歐洲人到達時，使用的方言多達一百餘種，可分為三大語族：（一）北部和中部的「何甘」語，使用的部落族如卡洛克、沙斯達、吉瑪利柯、波莫、阿喬瑪威、阿蘇吉威、雅納、艾斯林、沙利納和朱瑪希等。（二）北部和北中部的皮諾欣語，使用的部落族如密沃克、約古茲、柯斯坦諾、溫頓和麥度等。（三）南部使用尤土阿茲特克語的部落族如，土巴土拉巴爾、吉他尼瑪克、賽拉諾，及南部受西班牙教會化的各部落族（菲南

德歐‧加布瑞利諾、尤尼菲歐、路西菲歐、柯皮菲歐和加四拉等）。另外在北部和中北部地帶發現有使用阿太巴斯甘語的部落人及使用阿岡圭語的部落人。

　　大平原文化區：大平原文化區的範圍廣大，從東邊的密西西比河到西邊的洛磯山區，及從北方的沙加吉溫和阿比爾達（兩地都在加拿大境內）到南方的德克薩斯州。這個廣大地區的特色是沒有樹木的草原，其東部的大草原地帶每年的雨量爲20英寸到40英寸，草十分旺盛。西部較高的平原，每年的雨量較少大約爲10英寸到20英寸。在草地中間也有若干森林，生長在許多河谷地帶，大都是柳樹和木棉樹。有些草原和平原地區也有山嶺凸起，如密蘇里州的歐沙爾克山（Ozark Mountains），及南達科他州與懷俄明州邊區的黑山（Black Hills）。不過此地區仍然以草原爲最著名，草地里里相連，綿延不斷，是最好的牧場，到處是北美著名的大動物野牛活動的場所。

　　大平原文化區是獨一無二的，在歐洲人到達美洲之後此地區是典型的印第安實際型態和相關的生活方式的標誌。由於馬的出現，使大平原有了新的生活。馬是西班牙殖民首次引進到新大陸的，大概是在16世紀初期。西班牙殖民人士從墨西哥向北發展，將馬帶到今天的大平原地區。馬是歐洲人的運輸工具，而且用於戰爭。最初西班牙人禁止將馬賣給印第安人，但後來逐漸落到印第安人手裡。有了馬匹之後，機動性大增，河谷地帶以往住於村莊和農場的部落族人變成遊牧獵人，尤其是獵捕野牛工作。同時，從其他地區遷移到大平原的其他部落族也參加此種生活方式，久而久之，各種不同的民俗混合一起。大多數的大平原部落族包括有關家族的族群，其成員有的多達數百人之衆。言些族群的成員一年當中大部分時間是分開生活的，但是到了夏季獵捕野牛和舉行儀式的時候，他們便聚集於一起。他們的典型住所是圓錐形的房子，木料構架，野牛皮作外罩。有些半遊牧式的河畔居民用泥土造房子，例如曼丹部落族。其他部落族用草造房子，例如威吉達和加度等部落族。專家們無法確定，大平原史前時代的「普拉諾」文化如何演變。一般認爲如有任何居民遺留下來

的話，他們在西元13世紀大旱災時已經離開大平原，而且他們的後代或者其他
人民的後代，在14世紀以前都未曾回到此地區。無論如何，一般相信當歐洲人
來到新大陸時，大平原地區只有講阿岡圭安語的「黑足」部落族生活在北部，
及講尤土阿茲迪肯語的柯曼奇部落生活在南部。此地區的早期部落中，其他部
落大都是農人或村民或者半遊牧人，居住在密蘇里河（Missouri River）地帶。隨
著某一地方的土壤不再適於生活，他們便循著密蘇里河向北方上游尋找新的村
莊基地。早期的農業部落中，有講席奧安語的曼丹和希達薩等部落，及講加度
安語的威吉達、保尼和達華柯尼等部落族。

　　後來遷入此地區的其他印第安部落族，多因為各地發生災荒，歐洲白人
日增的壓力，尤其是為了追逐野牛群。這些人民包括（一）講阿岡圭安語的部
落族，如可羅斯文楚（阿齊納）、阿瑞巴何、向尼、平原柯瑞和平原歐吉比威
（吉比華）等來自東北部。（二）講席奧安語的部落族，如阿西尼朋、烏鴉、席
歐克斯（達科他、拉科他和納科地）、朋加、艾歐威、奧瑪哈、奧士、卡土（甘
薩）、奧薩吉和瓜保等來自東部。（三）講克歐華與達諾安語的部落族，如來自
西北商的克歐華部落族。（四）講阿太巴斯肯語的部落族如，來自西北部的克歐
華與阿巴奇和沙爾西等部落族。另外，學者們說，頓卡華部落族人講的語言不
同於其他各語族，他們可能是從東方或南方遷移到大平原文化區的。

　　據專家說，當歐洲人到來時，北美地區只有兩種人不屬於北美洲的印第安
土著，他們是阿留申人（Aleut）和北極人即埃斯基摩人（Eskimo）。因此，將他
們列為特別區。

　　阿留申人：阿留申人是阿留申群島（Aleutian Islands）最早的居民的後裔。
他們的語言類似此種人（埃斯基摩人）的語言，這表示他們兩種人曾經有過共同
的語言。阿留申人具有很好的解剖知識，因為他們經常宰殺海獅、海豹等海洋
動物。他們也有人體解剖經驗，而使他們有良好的醫藥衛生知識。阿留申群島
就從外界而言，是俄國人在1741年首先發現的。美國於1867年從俄國購得阿拉

斯加和阿留申群島。阿留申人有廣泛的毛皮生意經驗，他們在俄國統治期間，改信俄國的東正教（Greek Church）（希臘正教）。18世紀時，據估計阿留申人約有2萬名，今天大約只有1萬2千人。

　　北極人：北極人即埃斯基摩人。他們在外表、語言、文化等方面都和印第安人不同。各地的埃斯基摩人的生活方式相同，他們儘力謀求克服十分寒冷艱苦的天然環境。中央埃斯基摩人生活於小型的群居中，爲了捕魚和獵捕海洋哺乳動物和馴鹿等，隨著季節變化而遷移。銅色皮膚的埃斯基摩人，與中央埃斯基摩人沒有什麼不同，但他們能使用金屬工具。現在，埃斯基摩人大約共有13萬人，其中有些生活在俄國的西伯利亞境內。北美地區埃斯基摩人，集中生活在阿拉斯加州和格陵蘭島（Greenland）（屬於丹麥王國）。

二、艾洛卦聯盟

　　艾洛卦聯盟（Iroquois League）是印第安艾洛卦部落族的一個聯合組織，雖非正式的國家，但具備現代國家的基本條件。艾洛卦一詞源於法語，係部落族語名詞的音譯；其原意爲「眞正的小毒蛇」，是指艾洛卦語言系統的6個部落族而言，即：加字卡‧莫豪克、歐尼達、歐農達加、西尼加和土斯加洛拉。不過，他們現在一般自稱爲「豪德諾紹尼」（Haudenosauness），其意義是「長房屋人民」，因爲他們原初住的房屋是長長形的建築物。艾洛卦部落族曾經是一個相當龐大的語言系統民族，生活在北美洲的東部地區。他們如何來到紐約州北部和加拿大安大略湖地帶的「老家鄉」，學者專家尚無定論。他們可能是來自聖羅倫斯地帶，也可能是來自密西西比河以西地區。

　　關於在白人抵達北美洲以後的艾洛卦部落族情形，大都是依據歷史性的作品和考古研究所得。艾洛卦部落族最初組織成「艾洛卦聯盟」，也稱爲「艾洛卦邦聯」。大約在1570年，艾洛卦部落族組成「五國聯盟」，即加字

卡、莫豪克、歐尼達、歐農達加及西尼加。對五國聯盟的成立貢獻最大的有兩位重要人物，一位是來自北方的胡倫部落族的和平人士預言家德卡納偉達（Deganawide），他曾經預示說，各部落族將在「偉大的和平樹」的樹蔭下聯合起來。另一位是莫豪克的醫生希華隆（Hiwathan），他曾帶著一條象徵「偉大的和平法律」的貝殼串珠帶子，在各部落間週遊宣傳團結。在五國聯盟組成後一百多年，到1700年代左右，土斯加洛拉部落從北卡羅來納遷移到紐約地區後參加五國聯盟而變成六國聯盟。參加5國聯盟的五個部落被歐洲殖民稱為「五個文明的部落」，由此可證明它們在印第安人史上的重要地位。

　　印第安人的許多十分重要的創造和貢獻，一般外國人曉得的是少之又少，即是美國人曉得的也不多。不過，在許多等於重寫印第安人歷史的專門著作中，已將往昔這些不受重視或者被偏見掩蓋的事項記述出來。例如，印第安歷史文化專家卡爾·華德曼（Carl Waldman）在其所著的《美國印第安歷史傳記集》一書的湯瑪斯·傑佛遜（Thomas Jefferson）總統傳記中說：「傑佛遜對印第安文化的興趣，導致他研究在俄亥俄谷何普威蒙德（Hopewell Mounds）的考古中所發現的資料。一直有推測說，傑佛遜在其參與起草的1776年獨立宣言可能曾參照艾洛卦聯盟。」[4]

　　同書的班傑明·富蘭克林（Benjamin Franklin）傳記中也說：「富蘭克林曾協助起草美國獨立宣言並協助組織美國新政府，有暗示表示某些政治概念是以印第安人艾洛卦六國聯盟為基礎。」[5]

　　《美國印第安部落百科全書》中說：「一般認為，在美國革命後，籌組新民主政府的開國元勛如喬治·華盛頓、湯瑪斯·傑佛遜和班傑明·富蘭克林，曾利用印第安人艾洛卦聯盟作為新民主政府的藍本。各州類似各部落族；參議員和眾議員類似50名酋長作為代言人；總統與其內閣類似榮譽的松樹長；華盛

4　見第四章美國的印第安政策第二節歷屆政府的政策之2.湯瑪斯·傑佛遜。
5　見第四章美國的印第安政策第二節歷屆政府的政策之3.班傑明·富蘭克林。

頓特區類似歐農達加部落族的總部村莊歐農達加，大議會每年在該村舉行一次。」[6]

《美國歷史大事記》一書中的「艾洛卦聯盟」文中說：「當艾洛卦聯盟鼎盛時期，其影響力超越其大約16,000名族人。他們不僅能使兩個歐洲殖民國家英國和法國陷於困境，而且組成一種複雜的政治機構，傳說富蘭克林曾以此作為他的若干新美國聯邦政府建設的藍本。」[7]

《美國印第安人對世界貢獻百科全書》中說：「美國憲法中列舉政府三權分立的組織，明訂政府與各州間的權力關係。憲法制定於1787年，而於1789年生效實施。對美國憲法影響最大的事物之一是印第安人艾洛卦憲法亦稱偉大的和平法律。」[8]。歷史家說，艾洛卦憲法大約制定於1450年，亦即較美國憲法早了337年。

據《美國歷史大事記》說，在1779年美國獨立戰爭期間，革命軍的一支部隊在「懲罰任務」中抵達紐約州西部的莫豪克谷（Mohawk Valley）地區，「士兵們發現許多艾洛卦部落族文化證物，使他們大感驚奇。他們的田地裡種植有玉米、南瓜、番薯、青荳，並且有蘋果、桃子和李子園，農場裡有各種家畜等等。在一般士兵的眼睛裡看到，艾洛卦部落族人住的木構架和石料房屋裡有磚砌成的煙囪，有玻璃窗子，他們的生活條件好過該地區的白種人殖民者」[9]。這種種使一向以高度文明為驕傲的歐洲白人，開始重視印第安人的文化和歷史，也不再僅僅以「野蠻」兩字來形容印第安人了。

依照傳統的說法，自由的艾洛卦五國聯盟（1772年擴大為六國聯盟）在16世紀時組成。到17世紀時其領土已擴大到自新英格蘭地區向西至密西西比河地

6　《印第安部落百科全書》，頁104。

7　《美國歷史大事記》，頁49。

8　見第一章印第安人的貢獻第二節印第安人政治觀念的影響之2. 對美國憲法的影響。

9　《美國歷史大事記》，頁49。

帶，及向南至田納西河地帶。」

　　艾洛卦族係一個母系社會，子孫和財產都按照女姓系統傳下去。女子擁有農產品，而且由女子選舉酋長。他們相信最有權力的神稱爲「歐倫達」（Orenda）即造物主。他們到處旅行打獵。男孩子從小就開始學習武技，練習使用刀、棍棒、弓箭等。十幾歲時準備對其他印第安部落的人加以突擊或者突擊來侵的白種人。在軍事方面的磨鍊，可能獲得社會族人的敬重，進而變成一位戰爭首領。

　　艾洛卦人在建設村莊時，通常選擇河溪邊的森林區，將樹木伐除成爲空地，以尖銳的木頭築成欄柵圍牆。房屋建築長約50英尺到100英尺，成爲社區性的住所，一家或多家共住。他們的長房屋有的住著多達20個家庭。因此，艾洛卦部落族人自稱是「長房屋人民」。他們的長房子裡住的人多，而且養有狗，十分吵雜，只有屋頂留著洞孔洩出煙氣，屋內空氣自然不好。他們認爲長房屋是他們聯盟的象徵，十分重要。

　　通常讀到美國印第安戰爭或說「紅人戰爭」，幾乎都是指美國聯邦建立後向西部擴展領土當中發生的白人和印第安人間的衝突與戰爭。但是，關於艾洛卦部落族的戰爭，則不僅如此，而且涉及在美利堅合衆國建國以前的印第安戰爭，這些戰爭關係到荷蘭人、英國人及法國人等殖民者，時間在17世紀和18世紀期間。但是，迨到合衆國成立後不久，艾洛卦部落族便告沒落了。

　　當1600年代，艾洛卦部落族向四面八方擴展領土，各族互相支援，他們的主要目的在於侵入其他印第安部落的領土內尋求新的毛皮來源。他們的貿易夥伴最先是荷蘭殖民者，其次是英國殖民者。荷、英商人特別需要海獺的生毛皮，因爲那時代歐洲戴海獺水帽的風氣很盛行。艾洛卦部落族人的戰爭條件優於其他許多部落人，因爲他們很團結，有信心，並且從歐洲白人手裡獲得槍械。印第安人與白人做生意也獲得一種金屬頭的戰斧，是一種很有用的武器。

　　在17世紀中期，艾洛卦將北方的胡倫部落族併吞，也將若干小部落族如託

巴哥、艾瑞及紐楚爾等征服。他們並且和南方的蘇斯貴漢諾部落族戰爭，也與東北方的渥太華、伊利諾、阿岡金等部落族戰爭。艾洛卦族東西戰南北征的結果，使他們的領土範圍最後擴展到，東至哈德遜河（Hudson River）、西至伊利諾河（Illinois River）、北至渥太華河（Ottawa River）、南至田納西河（Tennessee Rlver），成為一個部落帝國。

艾洛卦聯盟力量強大的程度，足以阻止法國人的殖民勢力從加拿大向南方發展。他們的楔形鄉土橫跨紐約的北部，形成歐洲白人旅行和發展的阻礙。英國殖民與其艾洛卦部落盟友雖然遭受偶爾的挫敗，但仍能在1689-1763年間的法國與印第安人戰爭中，打敗法國與其印第安阿岡貴安部落族盟友。在此長達74年之久的鬥爭中，重要的階段是1689-1697年的「威廉姆國王戰爭」（King William's War），1702-1712年的「安娜女王戰爭」（Oueen Anne's War），1744-1748年的「喬治國王戰爭」（King George's War），以及1754-1763年的法國與印第安戰爭。在這些帝國主義者殖民衝突中，印第安人中間也有衝突，有的支持英國有的支持法國，對他們來說也是可惜甚至可悲哀的情事。

當1775-1783年的美國獨立戰爭期間，許多艾洛卦部落族人又與英國人站在一邊反對革命軍，因為他們認為革命對他們的土地是很大的威脅。支持英國的艾洛卦聯盟部落族有莫豪克、歐農達加、加宇卡和西尼加，而支持革命軍的部落族有歐尼達和土斯加洛拉。這是艾洛卦聯盟兩百年歷史上的第一次大分裂。在1778年11月11日，英軍和莫豪克部落勇士聯軍，進攻紐約州首府阿巴尼城以西的櫻桃谷白人基地，雖然基地無恙，但有32名白人被殺害及約四十人被俘虜。

因為紐約州邊區感受到安全威脅，革命軍總司令華盛頓將軍於1779年9月間，命令約翰·蘇立文（John Sullivan）將軍和詹姆斯·柯林頓（James Clinton）將軍率領部隊進攻艾洛卦部落區。他們並未與印第安人作太多的直接交戰，而是將大約40個加宇卡和西尼加部落族村莊以及距量的食物倉庫加以摧毀，藉以

報復部落族的突擊。因此，艾洛卦部落族人給華盛頓將軍一個綽號：「村鎮破壞家」。

　　在美國革命成功和建國後的若干年間，艾洛卦聯盟部落族被迫將他們廣大領土的大部分土地讓給聯邦政府。有些部落人獲得印第安人保留區的有限土地，其他部落人遷移到加拿大境內生活。今天，艾洛卦部落族人，分別生活於紐約州、加拿大的安大略（Ontario）和多倫多（Toronto）的印第安人保留區內，以及美國東北部的大都市如紐約市、水牛城、阿巴尼和加拿大的多倫多；另部分人生活在威斯康辛州及俄克拉荷馬州境內。現在，艾洛卦聯盟的六個部落族的代表們，仍然參加他們的「大議會」會議，及遵行他們的「偉大的和平法律」的儀式，保持他們的文化傳統。但是，在北美歷史上曾經有過輝煌時代的「艾洛卦六國聯盟」，與其他很多印第安部落族無異都成為史書裡的一章。

三、印第安人大遷移

　　1830年5月28日，安德魯・傑克森（Andrew Jackson）[10] 總統簽署《印第安遷移法案》，旨在將東部各地的印第安部落族人民遷移到密西西比河以西指定的「印第安領土」，「以此作為印第安人與渴盼土地的白人之間緊張情勢問題的永久解決之道」。此項政策啓開了東南部數個部落族為期約10年的苦難和悲慘的時代。傑克遜總統是位極端反對印第安人的軍人出身的總統，綽號是對印第安人的「利刃」。

　　當時，東南地區的多個部落族已經適應四週的歐美文化生活方式。有一個部落族在約翰・羅斯（John Ross）的領導下，反對印第安遷移法案，向法院提出控訴，最後在聯邦最高法院獲得勝利。但是，他們的努力終歸無用，「利刃」

10　安德魯・傑克森為美國第七任總統，民主黨籍，任期自1829-1839年。

總統不顧聯邦最高法院的決定，命令將羅斯所屬的奇魯克部落族，以及喬可道、柯利克（莫斯柯吉）、吉卡沙和賽密諾利等部落族人民從他們的祖宗的土地上強制遷移走，並且命令陸軍以武力執行此項政策。在此政策之下遭遇最悲慘的是奇魯克部落人。

首先被迫遷移的是喬可道部落族人民。該部落族的一個領袖受到政府人員的賄賂，於1830年簽訂舞兔河（Dancing Rabbit Creek）條約，同意將他們密西西比河以東的土地讓給政府，用以交換在西部的土地。但是，有部分喬可道部落族人民拒絕遷移而逃入密西西比和路易斯安納州的荒僻森林區裡。在1831-1834年期間，該部落族人民分為500-1,000人左右的小組，被官軍強制遷到印第安領土（今日的俄克拉荷馬州）。由於種種困難，他們在遷移途中至少有四分之一都死亡，而且在他們到達新環境之後，因生活十分不易致有更多人死亡。

吉卡沙部落族早在1818年已經將他們在肯他基和田納西的土地讓給聯邦政府，到了1830年代，聯邦與地方政府又對他們施以壓力，目標是他們在密西西比州北部和阿肯色州西北部的剩餘土地。由於他們堅持較有利的遷移條件，而使強迫遷移延緩到1837年開始。但在他們遷到新地區後，洪水災及霍亂流行病等的打擊，也有很多族人喪失生命。

世世代代生活在佛羅里達半島的賽密諾利（Seminole）部落族，對於強迫遷移政策的反抗較其他部落都更為激烈。他們的英勇與堅毅精神，使聯邦政府在1835-1842年的長遠8年期間，發動了多次叢林與沼澤戰爭，稱為「賽密諾利戰爭」。最後約有3,000名部落族人被遷到印第安領土內。政府付出的代價鉅大，平均每兩個印第安人的遷移，官軍士兵一名犧牲。

在印第安部落族人遷移事件中，最著名也是最悲慘的是奇魯克部落族迫遷案。奇魯克部落族領袖約翰·羅斯，為了拯救他們的土地將官司一直打到聯邦最高法院，終於獲得法律上的勝利，而且最高法院首席大法官約翰·馬紹爾（John Marshall）支持奇魯克部落族的主權，這確是一宗不平常的法律案件，但

是行政當局不遵重司法的地位，在美國民主制度史上留下了一個污點。於是，喬治亞州當局在傑克遜總統的支持下，以苛酷的手段實施強迫遷移奇魯克部落族人民。他們的家園和財產被白人強占去，他們的文化與學習中心「春天之宮」被不當的攫取改為一家酒館。喬治亞州民團士兵以奇魯克人反抗遷移為借口，前往奇魯克部落的首府艾口達（Echota）將奇魯克部落族的報社《奇魯克鳳凰報》的印刷設備加以毀壞，該報是使用奇魯克學者賽貴亞（Sequoyah）首創的奇魯克語拼音字母編印的部落族報紙。喬治亞州民團在聯邦陸軍的協助下，在奇魯克部落族家庭四週設置障礙物，以便執行將他們遷走。

　　當被遷移期間，有部分奇魯克人設法逃難，藏匿在北卡羅來納州的山地裡，他們的後代今天仍生活在北卡州。但是，大多數部落族人終於被軍方強制遷移，第一批人在1838年春天被迫遷走，其次是在炎熱的夏天被迫遷移。到了那年秋冬時候，開始遷移時逢到淫雨和泥濘，接著是在嚴寒冰天雪地難忍的天氣裡被迫遷移。奇魯克部落族人在遷移途中和到達印第安人保留區後，因為食物配給不足，疾病流行以及遭受匪徒的攻擊等等，真是苦不堪言。因為官軍急於儘快遷移，有親友在途中死去，也不准有時間加以埋葬，荒野孤魂有誰可憐。奇魯克部落族人被迫西遷的路程達800英里之遙，在全部遷移當中死亡的達4,000人之眾。他們在1838-1839年被迫遷移走過的路線稱為「血淚小徑」，其悲慘的情形由此證。這個名詞現在代表著美國東南部印第安各部落族被迫遷的苦難。擴而言之，它也代表著「老西北」地區及一切印第安部落族被迫遷移的苦難。

　　最後，由於迫遷事件被指控有欺詐及依照遷移條約所定之對印第安人的基金和補給品有舞弊情事，聯邦政府指派艾琛·希區可克（Ethan Hitchcock）少校對此案加以調查。他於1841年開始，對此案加以徹底而公正的調查。他報告說，在遷移之前、期間和事後，「有賄賂、偽證和偽造情事。重量不足，分發

腐敗肉類和穀物，以及懷有企圖的白人使用一切可以想像的詭詐」[11]；但是，聯邦政府決定不將希區可克的印第安部落族遷移案調查報告對公眾宣布，十分令人遺憾。

　　關於美國印第安人被迫西遷的事件，有許多歷史書籍中都有記載，其中以1932年美國俄克拉荷馬大學美國印第安歷史系主任格蘭特‧福爾曼（Grant Foreman）所著的《印第安人遷移》（Indian Removal）一書最爲權威與最受重視，因爲他是「從數以千計的手稿及官方和非官方的報告中摘取資料寫成本書，爲讀者提供公正的事件實情的逐日敘述」。該書出版的目的是，爲了紀念在印第安人大遷移中首批抵達「印第安領土」即今日的俄克拉荷馬州的部落族人一百週年。當時受到強迫遷移的印第安人共達6萬人之衆，其中包括5個部落族：奇魯克、喬可道、柯利克、吉卡沙和賽密諾利。其中以奇魯克人的遭遇爲最悲慘。以下是《印第安人遷移》一書第四章奇魯克遷移第二十四節「血淚小徑」（Trail of Tears）文中一部分的譯文：

血淚小徑

　　1838年6月13日，第二批被俘的印第安奇魯克部落族人875名，自田納西州南部的查他諾加（Chattanooga）起程，負責押送的是惠特萊中尉（R. H. K. Whitely）和五名指導員、兩位醫生、三名翻譯員及一名護士。先一天用於編組工作及使分散的家族分子儘可能的重聚起來。然後，他們被安置在六艘平底船上，駁運到田納西河畔的布朗渡（Brown's Ferry）碼頭，另有一批俘因與他們會合於一起。在那裡停留了兩天，購買衣服分發給印第安人，但他們拒絕接受。因爲沒有名冊，費了很多事仍然不能獲得他們的姓名。

　　當他們離開布朗渡輪站時，平底船由六隻增加到八隻，爲了安全，每兩隻

船繫在一起。當天晚上駛到了克萊渡（Kelly's Ferry）碼頭。18日早上，八隻平底船分兩組，纜繫在汽船喬治·古斯號（George Guess）的兩邊，每邊四隻，然後在田納西河上繼續向前行駛。這天，印第安人決定接受他們需要的衣服。一個兒童死了，一個嬰兒出生。下午6時在田納西河畔搭帳篷過夜。停下與開航時間的安排，是為了使印第安人有充分的時間做早餐與晚餐。

6月20日，船抵達德卡土爾（Decatur），次晨改乘火車，於晚間抵達土斯可比亞（Tuscumbia）的碼頭（兩地皆在阿拉巴馬州的西北角）。有一個老年女子在德卡土爾死亡，並有一名男子在試圖拾回他的帽子之際被車子撞死。在抵達德卡土爾之前，有25個印第安人乘機逃逸。他們必須在土斯可比亞停留數天，等待船隻將他們載過柯爾比特沙洲（Colbert Shaols），在停留期間，有兩個兒童死亡。他們在6月28日經過沙洲，在阿拉巴馬境內的滑鐵盧（Waterloo）的對面住下，等待汽船斯密爾特（Smelter）號。當等待期間，有3個兒童死亡，一個嬰兒出生，有118名印第安人乘機逃逸。6月份的最後一天，他們乘斯密爾特號汽船離開滑鐵盧，在7月1日到達巴度卡（Paducha）之前，又有一個兒童死亡。為了獲得木料、躲避風暴及在孟菲斯（Memphis）獲得補給品等，曾停留數次，在7月4日國慶節，船經過白河（White Creek）駛入阿肯色河裡。這天有兩個兒童死亡，5日有一個兒童死亡。在抵達阿肯色的小岩城（Little Rock）級，印第安人被要求改乘汽船德柯姆賽（Tecumseh），以便逆水航行快些。他們於12日抵達李威斯堡（Lewisburg），在該地獲得23部大篷車載運病人及兒童們，在20日啟程，但有80名病人留在帳篷營裡。次日獲得另篷車，將其餘的80人搭載上路。

數月久的乾旱，天氣十分炎熱，缺水，路又壞，使病人飽受苦難。每天都有3、4人甚至5人死去。為了避免太熱的氣候，車隊每天提早在日出以前啟程，正午時就停下來。在7月底以前，患病的有兩、三百人之多。

8月1日，他們在李河（Lee's Creek）宿營。此日沒有行動，需要休息，半數以上的人都生病。雖然儘力阻止，但仍不能阻止印第安人吃大量的綠桃子和玉

米。因此,他們當中疫症流行,有時一天有6、7人死亡。8月4日,這批不幸的
人們進入奇魯克部落族的區內,在李河發源地附近進入帳篷營裡。在這裡他們
被交給史迪芬森(Stephenson)上尉,原有的印第安奇魯克部落族人中只剩下602
人,在7個星期的遷移期間共有70人死亡。

四、印第安條約問題

　　今天的美國印第安問題中,有一個非常特殊又複雜的問題就是印第安條約
問題。從基本上說,這是個連綿性的歷史問題,最初開始於北美殖民地時代,
涉及的是美洲土著印第安人與歐洲白人殖民國家英國、法國、西班牙、荷蘭等
國。這到美國脫離英國獨立建國之後,原先關係到數個國家的印第安條約問
題,則變成美國一個國家的問題到現在,已有300年之久的歷史。

　　印第安人士現在指責美國政府不守信義,違反諾言,破壞聯邦政府曾經與
印第安各部落簽訂的將近四百項條約,並且特別強調條約問題是主權問題,也
就是國家與國家間的問題。他們以美國聯邦最高法院首席大法官約翰·馬紹爾
(John Marshall)的裁定和這些條約都曾經國會參議院正式批准為他們主張的法
律基礎。歷史家確認印第安條約性質的存在,美國政府也從未否定印第安條約
的存在。但是,在論及印第安條約的施實問題時,美國政府顯然儘可能避免直
接觸及所謂實質問題,而被印第安人指為失信。

　　因為印第安條約問題是個歷史性問題,如果我們回到北美殖民地時代來看
此問題就簡單多了。400年前的北美洲,英國、法國、西班牙及荷蘭等都是外
來的入侵者,而只有印第安人是地主;但是,他們只有部落形態的社會結構而
沒有正式的國家組織。殖民國家間的競爭激烈,尤其是英、法兩個殖民大國,
因競爭而引起衝突,由衝突事件演變成戰爭。他們為了自身利益,勢必儘力爭
取地主國印第安人的支持。於是,與印第安人簽訂條約也將他們拖入了衝突漩

渦裡；因為印第安人有許多部落，有的支持英國，有的支持法國，也有守中立的。此種現象不只在殖民地時代如此，後來當美國獨立戰爭及美國南北戰爭期間，印第安部落亦如此。

美國獨立成功建立新國家後，繼承了殖民地時代的一切權利義務，原為英國、法國、西班牙及俄國（太平洋岸）事務的印第安條約隨著變成美利堅合眾國一國的事務。而且，由於美國領土的不斷擴展，與遍地的印第安人接觸的事件遠遠多過殖民地時代，聯邦當局與各地印第安部落人簽訂的條約也遠遠多過殖民地時代。美國建國初期，聯邦政府與印第安人簽訂的條約，仍循殖民時代的慣例，亦即將印第安部落視為主權者，雙方所簽訂的條約都經國會參議院正式批准生效，此種程序和美國與其他外國簽訂的條約處理程序完全相同。但是，到了1871年，國會通過法案，禁止再與印第安部落部族談判簽訂新條約。從此以後，印第安部落人必須聽命於國會的立法與行政當局的命令。這一改變在美國政府與印第安人關係史上具有劃時代的重大意義。

由於美國印第安條約問題起源於四百年前的北美殖民地時代，為了有助於了解此問題的根源，依據《美國歷史大事記》一書所載，將殖民地時代英、法兩國與印第安人簽訂的條約中的一部分摘錄在下面。

1694年8月15日：紐約、新澤西、麻薩諸塞及康涅狄格等州的英國殖民當局代表，與艾洛卦聯盟（Iroquois League）印第安部落族在阿巴尼（Albany）簽訂和平條約，以期阻止印第安人與法人結為同盟。

1697年9月30日：英、法簽訂瑞斯威克（Ryswick）條約，結束「威廉姆王戰爭」，維持他們各自與印第安人間的關係。

1699年1月7日：麻薩諸塞州英國代表與阿比納吉部落族簽訂和平條約，使新英格蘭地區北部及西部的印第安衝突事件告終止。

1722年中期：維幾尼亞州英國總督亞歷山大·史波伍德（Alexander Spotswood）與艾洛卦聯盟談判和平條約，期使印第安人不越過藍嶺山及波多馬

克河。

1744年3月間：馬里蘭、賓西法尼亞及維幾尼亞各州英國殖民官員，與艾洛卦聯盟簽訂蘭卡斯特（Lancaster）條約，即印第安部落人同意將俄亥俄北部的土地讓給英國。法國人也要求獲得該土地。

1759年12月間：南卡羅來納英國總督李特頓（Lyttleton），與奇魯克部落族簽訂條約，爲了阻止印第安人對邊界殖民的突擊。

1776年7月4日，美國宣布脫離大英帝國獨立另建合衆國，並且開始歷時8年久的獨立戰爭。新國家繼續與印第安人維持以往的交往，也繼續簽訂條約。美國於1779年第一次與印第安人簽訂的條約稱爲「林尼利納皮（Lenni Lenepel）條約」。林尼利納皮部落族亦稱德拉華部落族。美國在此條約中承諾以軍事援助給予部落族和將來建立州，用以換取白人進入印第安人領土內。

其後，美國不斷與印第安各部落簽訂條約藉以獲得他們的土地。首項重要條約簽訂於1795年8月3日，稱爲格林維爾堡（Fort Greenville）條約。西北領土總督安東尼‧威尼（Anthony Wayne）將軍，代表聯邦政府與俄亥俄谷地區的12個印第安部落簽訂條約，印第安人同意將他們在該領土東部的大片土地讓給聯邦政府。其他重要條約如：

1803年8月7日，印第安納領土總督威廉姆‧亨利‧哈理遜[12]（William Henry Harrison）與9個印第安部落族簽訂的文新尼斯（Vincennes）條約。1809年9月30日，哈里遜總督與印第安部落族簽訂的威尼堡（Fort Wayne）條約。1814年7月22日，聯邦政府與德拉華、邁亞密、西尼卡及紹尼等部落族簽訂的格林維爾條約。1822年9月3日，聯邦政府與狐狸及薩克部落族簽訂的條約。1825年8月19日，聯邦政府與吉皮華、衣阿華、波達華土密、席歐克斯及溫尼巴各等部落族

12　威廉姆‧亨利‧哈理遜後來爲美國第九任總統，輝格黨籍，於1841年3月4日就任，但未滿一個月即以患肺炎症逝世，由副總統約翰‧泰利爾繼任爲第十任總統。

簽訂的普拉瑞度淺（Prairie du Chien）條約。1830年9月15日，聯邦政府與喬可道部落族簽訂的舞兔河（Dancing Rabbit）條約，政府一次獲得將近8百萬英畝的印第安人土地。1832年5月9日，聯邦政府與佛羅里達的15位賽密諾利部落領袖簽訂的條約，獲得佛羅里達的大片印第安人土地。1851年7月23日，聯邦政府與席歐克斯部落族簽訂的條約，獲得衣阿華和明尼蘇達的印第安人土地。1853年與1856年期間，聯邦政府先後與多個部落族簽訂52項條約，共獲得印第安人土地達1億7400萬英畝。1866年與1868年，聯邦政府與部落族簽訂兩次拉瑞密堡（Fort Laramie）條約，使席歐克斯部落戰爭結束。拉瑞密堡條約是印第安條約史上的一個里程碑，因為國會於1871年3月通過新法案，禁止聯邦當局再與印第安部落簽訂條約，以後印第安人必須遵從國會立法和行政當局的命令。因此，印第安人的地位受到基本的影響。這與印第安條約問題有極大的關係。

首都華盛頓的國家印第安博物館，在2004年9月間展出美國政府過去與印第安人簽訂的19項條約和有關的文件。印第安事務專家李斯理‧威洛克（Leslie Wheelock）特撰專文如下：

在歐洲人到達西半球之後，土著國家最初與英國、法國、荷蘭和西班牙，以及後來與美國和加拿大簽訂正式的條約。美國憲法將主權分給各州和聯邦政府，並且承認印第安各部落族為第三個獨立主權者。美國國會參議院在1778-1871年期間，承認主權對主權的關係並且批准與各部落間的367項條約。

這些早期的條約是和平與友好的條約，並且證明是美國與主權的印第安各國間的外交和同盟。但是，隨著美國變得更為強大，政府與土著國家間的關係有了變化。條約增加土地的讓與，而土著人民只好倚賴根據條約規定的每年補助金生存。一種開始時作為將印第安部落族與殖民分隔開的工具，最後卻導致將許多原住人民從他們的家鄉遷往他處。1828年政府與波達華土密（Potawotomi）部落族簽訂的條約，是波達華土密部落人所簽訂的43項條約中的第二十項，導致他們從印第安納、密西根、伊利諾及威斯康辛各州的故鄉被遷

往他地。

　　在展出的和條約有關的文件中有一項是「約翰・羅斯卷軸」（John Ross Scroll），那是由奇魯克部落族人民簽名的請願書，在1838年4月間交與國會，其中要求美國廢止1835年簽訂的紐艾喬達條約（New Echota Treaty），因爲該條約是奇魯克國家的未獲授權的人簽訂的。該條約原件也在展出中，其中將奇魯克部落族在阿拉巴馬、喬治亞和田納西各州境內的剩餘土地讓與美國政府，用以換取聯邦的500萬元及俄克拉荷馬境內的一大片土地。當1838-1839年秋季和冬季期間，聯邦陸軍部迫使奇魯克部落族人民經過1,000英里的長途強迫步行前往俄克拉荷馬——稱爲「血淚小徑」，在迫遷期間有多達4,000名奇魯克人民遭餓死、凍死和病死。

　　美國在1871年停止與印第安部落族簽訂正式的條約，而轉變爲較不正式的協議、規章與立法。然而，聯邦最高法院並未將任何條約的部分裁定爲違反憲法，而且在1871年以前獲批准的條約維持法律的神聖不可侵犯性。今天，雖然印第安條約在許多方面已被違反和忽視，但美國與印第安條約的條款繼續支持原住人民對土地、文化自主以及自治的主權。（本文原載於國家印第安博物館出版之《印第安季刊》2004年夏季號。）

五、印第安人現狀

1. 人口逐漸增加

　　美國印第安人的現狀如何？首先看看印第安人口數字的最新統計。據聯邦政府戶政局報告說，西元2000美國全國人口普查的結果，自稱是印第安人或至少有部分印第安人血統的人共有4,119,301人。但是，僅以美國印第安人和阿拉斯加土著兩項來說，則只有2,475,956人。印第安人口數字最低的紀錄是1900年的大約240,000人。戶政局說，以2,475,956人爲基礎，印第安各部落族的人數以

奇魯克人口居第一位，計有729,533人；第二位是納法荷人，計有298,197人；第三位是喬可道人，計有158,774人；第四位是席歐克斯人，計有153,360人；第五位是吉皮華人，計有149,669人。[13]

以1900年的240,000人與2000年的2,475,956人的數字來比較，可以看出美國印第安人數字在20世紀到21世紀的100年期間增加10倍以上。再以1990年的1,959,234人與2000年的2,475,956人的數字來比較，可以看出印第安人在10年期間增加了26.4%，這兩個增加的比例數字可以證明，就人數一點來說，美國印第安人在美國人口總數中的現狀是值得令人欣慰的。

美國政府官員說，印第安人的部落十分繁雜，經認可的大約有五百多個不同的部落。依據聯邦戶政局的統計數字，5個人數眾多的印第安部落族現在分布的情形如次：奇魯克部落族的72萬餘人中，大部分生活在俄克拉荷馬、加利福尼亞、德克薩斯及北卡羅來納等州境內。納法荷部落族的29萬餘人中，大部分生活在亞利桑那、猶他及新墨西哥等州境內。喬可道部落族的15萬餘人中，大部分生活在俄克拉荷馬州境內。席歐克斯部落族的15萬餘人中，大部分生活於北達科他和南達科他等州境內。吉皮華部落族的14萬餘人中，大部分生活在中西部數州境內。

19世紀與20世紀之交的印第安人數字，從以前的大約200萬人降到只有24萬人，此數字表示，美國的印第安人在經過長時間的部落族之間的互相衝突，聯邦軍隊的征剿以及種種災害、疾病之後剩下的人數。這些印第安人幾乎全部都被迫生活在全國各地印第安人保留區內。到了第二次世界大戰以後，由於社會環境條件的改變，美國政府鼓勵印第安人從保留區內自行遷入任何社區亦即城市內生活。據2004年9月份的美國《國家地理》雜誌報導說，今天只有很少數的印第安人仍居住於保留區內，亦即每8個印第安人和阿拉斯加土著中只有

13　《美國時代雜誌年鑑》（2004年），頁380-382。

一人生活於保留區內。現在保留區的居民中,約有半數並非印第安人。

印第安人保留區遍布全國各地,大大小小的保留區多達數百個,主要的保留區大都在西部和中西部各州境內,而以「納法荷保留區」的範圍爲最大。此保留區位於猶他、科羅拉多、亞利桑那和新墨西哥四州接壤地區,總面積達2萬5,500平方英里(台灣的面積只有13,969平方英里)。

自美國政府於1952年宣布鼓勵印第安人從保留區遷入任何其他社區即城市以來,一方面各保留區的印第安居民人數減少,同時全國各地城市地區的印第安人居民則不斷的增加。據《美國印第安歷史地圖集》一書中的圖表顯示,全國各地的大都會和其他城鎮的印第安人居民普遍增加,以加利福尼亞州來說,舊金山、洛杉磯、長堤(Long Beach)的居民中,印第安人的比例相當高,其他城市如聖他路薩(Santa Rosa)、聖荷西及沙加緬度等地居民中,印第安人亦不少。東部的大都市如紐約和水牛城等地居民中,印第安人也占相當高的比例。中西部方面俄克拉荷馬州的首府俄克拉荷馬市和土爾薩(Tulsa)等城市都是印第安人的集中地區。

2. 生活問題嚴重

今天,美國印第安人問題是多方面的,也可以歸納爲民族、民權和民生三大問題,而以民生問題爲最嚴重。印第安民族問題已有500年之久,也就是本書的主要內容。以今天的情形來說,印第安民族問題可以說與美國許多少數民族的問題在基本上是相同的。在法律上說,印第安民權問題是不存在的,因爲他們同樣受到美國憲法的保障,但實際上的問題與其他許多少數民族的情形是相同的。印第安人民生問題最嚴重的原因很複雜,涉及民族傳統、文化教育、環境條件等等。民生問題屬於現實問題,從數位印第安人士的言辭(依據他們給本書作者的信件)中可了解個中梗概。

印第安席歐克斯部落籍的奧林匹克運動會金牌獎得主畢萊·密爾斯(Billy

Miles）說：「南達科他州松樹嶺（Pinewood Ridge）保留區和其他絕望的保留區的印第安人兒童，面臨著許多問題。政府援助的削減使保留區受到確實很嚴重的打擊。聯邦醫療福利受到影響，由於待遇菲薄和生活條件不好，有經驗的醫生不願留於保留區的醫院和診所內服務。

「今天，保留區居民的收入及就業率遠不及全國的水平，松樹嶺的失業率高達73%。聯邦政府戶政局2000年的全國人口普查報告中說，山農（Shannon）縣（保留區的主要部分）的國民所得只有6,296美元，及該縣居民中的52.3%的收入都低於政府規定的貧窮底線。

「由於福利計畫改革的影響，許多印第安人發覺他們無法適應城市的情勢。他們沒有其他的選擇，只有開始返回保留區內，與他們的家人共同使用很有限的資源。福利計畫改革的結果，使松樹嶺已經很困難的房屋問題雪上加霜。此保留區居民等待分配1,000戶新房屋的申請人已經苦等了多年。在印第安國家內，此種房屋缺乏的問題並不造成『無家可歸者』危機。通常一個需要住處的人很少被有房子的親戚拒絕。因為一個九口之家可共用兩個房間，父母夜間睡在汽車裡，好使孩子們睡在房間內。

「北平原漫長又酷寒的冬季，一向是最困難的日子。婦女和孩子們面臨食物的缺乏，燃料的缺乏，住所的缺乏。我的辦公室接到種種要求，要求我拯救房屋遭火災的家庭，要求我資助費用將患病的兒童送入醫院等等。

「冬天的大雪加上酷寒的草原烈風。人民被凍死的事件並不罕見。孩子們睡在沒有床墊子的地板上，經常沒有食物吃，嬰兒沒有保暖的物品。這一切一切都是嚴重的生死情勢。夏季同等的困難，熾熱的太陽將田禾曬焦死，冰雹暴風雨將整個園子摧毀。

「在保留區內，我們在作無希望的奮鬥，一如我們對饑餓的奮鬥。成長中的男女兒童，沒有溫暖與適宜的家，沒有上學穿的新鞋子或者沒有合衛生的晚餐，常常是他們放棄生命的主要原因。

「嗜毒和酗酒造成無數的死亡悲劇。但是並非人人都如此。很多印第安人青年曉得如何抗拒消沉的誘惑。當他們長大時，需要工作和繼續的忙碌。」

美國印第安救濟委員會主席布倫‧布朗（Brian Brown）說：「南達科他州各印第安保留區的人民，不久將遭到真正的緊急情勢。

「大家曉得，在我國寒冷地區的人民，取暖用燃料的價格不斷的飛漲。在北平原印第安國境內，冬天酷寒的程度與世界其他大多數地方一樣。燃料價格飛漲是個生死攸關的問題。我們保留區的大多數人民家庭取暖都使用丙烷燃料，這種燃料的價格自2000年以來一直不斷的上升。數以千計的席歐克斯部落族家庭早已感到燃料價格太貴，而專家們預測說，今年冬天丙烷燃料的售價甚至更貴些。

「松樹嶺保留區的一家主要丙烷燃料供應商，要求居民每家至少應訂購一百加侖的丙烷燃料。松樹嶺社區是全國保留區中最貧窮的社區，我們的兄弟姊妹們絕對沒有什麼錢購買燃料，他們無法買燃料供住家取暖之需。而冬季的暴風雪即將來臨。氣溫將驟降到零下20度至30度甚至更低些。

「我說酷寒的冬季是生死攸關的大事並非危言聳聽。4年前的冬天，住在玫瑰苞（Rosebud）保留區泉溪村的一位老祖母莎拉‧豪克（Sarah Hawk），在她的家裡被凍死，因為她沒錢買取暖的燃料。

「報紙報導說，州府能源官員們感到擔心，居民們將被迫在食物和燃料二者之間作抉擇。我絲毫不誇大的敢斷言，如果美國印第安救濟委員會一類的團體不提供金錢援助的話，今年冬季席歐克斯部落族人民中許多人可能面臨到被活活凍死。」

蒙大拿州比令斯（Billings）市慈善機構「飛鷹協會」的恩密特‧霍夫曼（Emmette Hoffman）神甫說：「當我初到保留區時，發現可怕的貧窮情況。人民住在篷帳裡、硬紙板圍著的小木屋裡及只有一個房間的木屋內，又冷又髒。他們沒有電力、沒有自來水，社區的公用水井很汙垢，各種疾病流行。在過去

數年內，我們協助提供潔淨的水、食物、服裝，及適宜的住所等，並且為數以千計的向尼部落族和烏鴉部落族的兒童們提供良好的教育等等。

　　「1997年，我又失去一位向尼部落族朋友哈洛德・費希爾（Harold Fisher）。他的逝世一直使我難以忘懷。他因有疾病，每星期需自己開車去醫院數次。某天夜裡強烈的暴風雪使氣溫降到冰點以下。費希爾為了第二天早晨他的汽車能夠發動，夜間他很吃力的走到屋外將車子發動一下以免得凍住。次晨，我接到可怕的消息說，我的老朋友費希爾已被凍死在他的屋外數英尺的地上。在此因費希爾的英勇的向尼祖宗而出名的土地上，他竟然不能回到自己的房屋裡！雖然蒙大拿的保留區內住有四千五百多個北向尼部落族人，但他們沒有一個療養院。若老年人進入療養院，必須到百餘英里以外的遠處，那使缺乏交通工具或金錢的親友們無法前往探視。」

　　加利福尼亞州南部卡爾斯巴（Carlsbad）市的印第安緊急救濟會的會長朱爾・麥克柯蘭（Joel MacCollam）說：「我曾經去到亞利桑那州的保留區探視印第安人兒童。我所看到的情形使我十分的震驚。很多情況令人可怕。在今天，印第安人陷於如此不幸的情勢中，完全是一種不能提起的事情。

　　「許多家庭的生活都與政府規定的貧窮底線相差很遠。有些地方的居民中，5個成年人中竟有4人失業。幸運的人盡力想活到平均壽命46歲以上。很多住家都是只有一個房間的小屋，沒有電力、煤氣或自來水。不論夏熱冬冷，天晴天雨，他們大都在戶外做飯。他們實際上不可能有潔淨的水，除非花錢從遠處運來井水。

　　「由於虐待和無人照顧而致死的案件多得可怕。某天早晨，一個小女孩子走著來看我，只穿著短褲，襪子、鞋子什麼都沒有。在冰冷的冬天，熾熱的夏天，太多的印第安兒童們受不到任何的保護。數以千計的印第安孩子們，夜間哭著睡覺、挨餓、病痛，沒有絲毫的希望意識或生存的機會。很多這樣的兒童在不該死的幼年就死去。這是美國的國家悲劇！」

俄克拉荷馬州折箭城（Broken Arrow）的西南印第安兒童基金會的布利斯‧柯勞德（Blessed Cloud）主任說：「我憤怒、我沮喪、我憂愁。我一生大部分時間都用於爲我們國家的窮人服務。

這些地區的大多數印第安人，都生活在破爛的小屋內，沒有電力，睡在骯髒的地板上，沒有床墊子而只有一個毯子。他們沒有室內浴室，沒有電冰箱，沒有取暖的火爐……。我感到憂愁，因爲仁慈人士不多。

沙漠高地冬季的氣候實在很冷。去年冬天我們受影響極大，因爲冬天持續較久，我們遇到大雪、雨和冰雹。冬天大部分日子道路情況惡劣很難通行。春天來了，道路仍然不能通行，因爲雪融化的積水破壞了道路，只有一些馬力大的四輪傳動的汽車才能行駛。我時時想到，若有人病了或受傷了，如何去看醫生？

在此國家的美麗的背面是，我們印第安兄弟姊妹必須忍受的苦難生活。」

南達科他州查布蘭（Chamberlain）市的達科他印第安基金會的主任羅納‧朱尼卡德（Ronard Kjonegard）說：「我不能相信的事情發生了！一位官員說，那是第三世界的問題，但這危機就發生在我們自己的國家裡！它影響到貧窮的印第安人男女兒童人人。它就是饑餓問題。

「饑餓問題開始於許多年前，但現在變成一種危機情勢。全美國各地保留區的印第安人都要受挨餓。包括北達科他、南達科他、懷俄明等州在內的全國各地的保留區的男子、女子、兒童們，遭受到我國其他地區未聽到過的挨餓的居民比例。有些保留區居民中的將近25%沒有足夠的食物吃，這表示每四家之中有一家挨餓。

有一位女子嘆息說：『我有4個小孩子。我不曉得我們如何過下去。我丈夫3年前逝世，我找不到工作，無法獲得我們必需的食物。我們有些鄰人願意幫助我們，但他們也沒有多的食物。』」（註：以上文字皆係根據有關人士致作者信函。）

以上都是保留區內的現狀，但其他社區的印第安人生活與此不盡相同。在生活之外，有人對印第安的文化危機表示同等的關切，例如下面的看法。

比爾·布立森（Bill Bryson）在其《美國製造》一書中對於印第安文化危機特別重視。他說：「雖然美國與印第安人的戰爭，隨著偉大的阿巴奇部落領袖吉洛尼莫的投降已於1886年結束。但是他們受的虐待並未結束。在1887-1934年的期間，他們又有8,600萬英畝的土地被剝奪。美國與印第安人總共簽訂了四百項條約，全部加以破壞。」他說：「今天，沒有人曉得究竟有多少人是印第安人，我們只曉得有多少人認為他們是印第安人；那是兩回事。美國今天大約有300個部落族仍然存在。但是，在曾經存在的種種語言中有很多已經永遠沒有了。據國家印第安博物館的杜尼·金（Duane King）博士說：今天講的美洲土著語言不到200種，其中的80-100種可能在一代的期間消失。在絕種邊緣最危險的土語是曼丹語（1991年時曉得只有6個人講此種話）及奧薩吉語（只有5人講）。在『與狼共舞』電影中講的拉科他語顯然已滅絕，當時無法找到講此種土語的人為演員們擔任顧問。在美國征服西部之後不過半世紀左右的時間內，美國卻為其自己的土著文化付出可怕的代價。」（《美國製造》，頁161）

具有影響力的新聞性雜誌《美國新聞與世界報導》，在2004年10月4日一期內，以「美國印第安人的現代生活」為題，就印第安人生活現狀作了內容廣泛而深刻的分析報導，其他報章雜誌亦有類似的文字發表。《美國新聞與世界報導》雜誌的長篇專文的主要內容是：「在經過數十年久的歧視、貧窮和失望之後，美國印第安人終於能夠瞻望一個較好的未來。」及「他們在聯邦的每一個州內，有的過著沈浸於傳統中的生活，有的過著比節慶歡樂更安逸的現代生活」。同時，該雜誌特別引用印第安人的重要政治性組織「美國印第安人國民大會」主席德克斯·哈爾（Tex Hall）的意義深長的話說：

「有很長很久的時間，在這個國家作為一名印第安人不是一件好事。但是，現在這是重為一件好事的開始。」

　　報導中說，在過去好幾代的期間，美國印第安人是全國最貧窮和最被忽視的少數民族。而且，美國人權委員會2003年的報告中說，他們仍然遭遇著一種歧視、貧窮和空許諾言的「靜悄危機」。印第安人的失業率，嚴重的虐待及失學率等皆在全國最高者之列。他們面臨著癌症、糖尿病及心臟病等高度的威脅。「但是，雖然有這些問題，現在是他們的一個空前樂觀的時代。由於數十年來爭取自決的努力，近世教育的改善，以及部落新企業的成功等的激勵。今天，有更多更多的印第安人發現過『兩種生活』的途徑，將返回傳統文化和價值與成功的事業融合於一起。」

　　美國另一家權威期刊《國家地理雜誌》，在2004年9月號內登載專文報導印第安人的歷史和現狀，並且選出16位印第安名人，其中包括過去的和現在的人物，名單如次：

　　小烏龜（Little Turtle）：邁亞密部落族領袖，1790年代曾領導兩次戰爭，後主張民族和平。

　　德柯姆賽（Tecumseh）：紹尼部落族領袖，力主部落族團結白人，後在協助英軍和美軍作戰中陣亡。

　　賽貴亞（Sequoyah）：奇魯克部落族學者，首創奇魯克部落語音表。

　　艾萊·巴克（Ely Parker）：西尼加部落族領袖，第一位印第安籍的聯邦政府印第安事務局長。

　　坐牛（Sitting Bull）：席歐克斯部落族領袖，1876年「小巨角河戰爭」英雄，後力主和平政策。

　　吉姆·索普（Jim Thorpe）：1912年奧林匹克運動會金牌獎得主。

　　納法荷密碼員（Navajo Code Talker）：大約四百名納法荷部落軍人，二次世界大戰期間，在太平洋擔任美軍密碼人員。

　　伊麗莎白·皮瑞楚維（Elizabeth Peratrovich）：領導通過阿拉斯加州的反對種族歧視法案，開全美國印第安人先例。

史考特・莫瑪德（N. Scott Momaday）：1969年普立茲小說獎得主。

朱・德拉・柯魯茲（Joe De La Cruz）：1971年領導華盛頓州的反對聯邦土地政策運動，維護印第安權利運動領袖。

威瑪・曼克萊（Wilma Markiller）：奇魯克部落活躍人士，全家參加1969年印第安各部落聯合占領加利福尼亞州舊金山灣的阿卡曲茲島（通稱犯人島）。

維尼・德洛瑞亞（Vine Delorie Jr.）：拉科他部落族教師、律師、印第安政治評論家。

歐倫・理安斯（Oren Lyons）：歐諾達加部落族領袖、教授、聯合國的人權與自決問題專家。

偉諾娜・萊德克（Winona Laduke）：阿尼希納比部落族活躍人士，1996年及2000年大選的綠黨副總統候選人。

約翰・艾求豪（John Echohawk）：包尼部落族律師，現任印第安權利基金會主席，為各部落和個人提供法律服務。

希爾曼・阿利克賽（Sherman Alexie）：柯伊德艾倫部落族作家，以短篇小說聞名，為新一代的印第安人發言。

六、印第安主要部落與其領袖表（以中文第一字筆畫多少為序）

三畫

三波立 SANPOLI
土巴格 TOBACCO
土何諾歐達　TOHONO O' ODHAM
土斯加洛拉 TUSCARORA
土土尼 TUTUTNI

四畫

尤瑪蒂拉 UMATILLA
尤納密 UNAMI
尤特 UTE
巴尤特 PAIUTE

奴瑪卡 Numaga

吳佛加 Wovoka

巴利歐 PALEO

巴勞斯 PALOUSE

五畫

玉吉 YUCHI

玉瑪（貴陳）

　YUMA（QUECHAN）

包尼 PAWNEE

本納克 PENNACOCK

加度 CADDA

加化拉 CAHUILLA

加陶巴 CATAWBA

加宇卡 CAYUGA

加宇西 CAYUSE

卡利斯比 KALISPEL

卡凹（甘薩）

　KAW（KANSA）

卡布利諾 GABRIELINO

可羅斯文楚（阿集納）

　GROVENTRE（ATSINA）

古特納 KOOTENAI

民格 MINGO

古比諾 CUPENO

尼茲比爾賽 NEZ PERCE

　老約瑟夫 Joseph, Old

　小約瑟夫 Joseph, Young

　鏡子 Looking Glass

尼安帝克 NIANTIC

尼皮莫克 NIPMUC

尼斯瓜萊 NISQUALLY

　李斯奇 Leschi

奴特卡 NOOTKA

皮諾斯柯 PENOBSCOT

皮瓜特 PEQUOT

皮根 PIEGAN

六畫

朱瑪希 CHUMASH

朱瑪諾 JUMANO

吉卡哨 CHICKASAW

吉諾克 CHINOOK

吉表延 CHIPEWYAN

吉比華 CHIPPEWA

伊爾 ERIE

西尼加 SENECA

艾萊巴克 ELY PARKER

印加 INCA

血 BLOOD

艾洛卦 IROQUOIS（加宇卡 CAYUGA,
　民格 MINGO, 莫豪克 MOHAWK, 歐
　尼達 ONEIDA, 西尼加 SENECA, 歐
　農達卡 ONONDAGA, 土斯加洛拉
　TUSCARORA）
向尼 CHEYENNE
　北向尼 NORTHERN
　　鈍刀 Dull Knife
　　小狼 Little Wolf
　　雙月 Two Moon
　　黃髮 Yellow Hair
　南向尼 SOUTHERN
　　黑水壺 Black Kettle
　　牛熊 Bull Bear
　　高牛 Tall Bull
　　白馬 White Horse

七畫

何普威 HOPEWELL
何皮 HOPI
杜華密希 DUWAMISH
辛久西 SINKIUSE
沙古里 SHAKORI
克卡普 KICKAPOO
克歐華 KIOWA

狐獨狼 Lone Wolf
沙丹克 Satank
沙丹達 Satanta
大弓 Big Bow
大樹 Big Tree
克利克特 KLICKITAT
克華交特 KWAKIUTL
希達薩 HIDATSA

八畫

波莫 POMO
波達華土密 POTAWATOMI
朋加 PONCA
阿比納吉 ABENAKI
阿迪納 ADENA
阿吉密歐達哈 AKIMEL O'ODHAM
阿岡金 ALGONKIN
阿岡昆 ALGONQUIN
阿納薩西 ANASAZI
阿巴奇 APACHE
　阿拉法巴 ARAVAIPA
　　伊斯克米辛 Eskiminzin
　奇利加華 CHIRICAHUA
　　察土 Chato
　　吉洛尼莫 Geronimo

柯約特洛 COYOTERO

利班 LIPAN

密布瑞諾 MIMBRENO

　（MIMBRES）

　魯珍 Lozen

　維克度里 Victorio

尼德希 NEDNHI

皮納爾 PINAL

敦圖 TONTO

阿瑞巴何 ARAPAHO

　黑熊 Black Bear

　左手 Left Hand

阿里卡拉 ARIKARA

阿茲特克 AZTEC

表索克 BEOTHUK

奇魯克 CHEROKEE

　約翰荷萊 Jolly, John

　約翰羅斯 Ross, John

　賽貴亞（喬治吉斯特）

　　Sequoyah（George Gist）

　史坦德華特 Watie, Stand

九畫

柯曼奇 COMANCHE

　伊薩台 Isatai

奎納派克 Parker, Quanah

柯瑞 CREE

柯利克 CREEK

　吉土哈荷 Chito Harjo

　馬克印土希 McIntosh

　俄波齊雅何洛 Opothleyaholo

　威賽福 Weatherford, William

哈達 HAIDA

哈蒂拉 HATTERAS

胡倫 HURON

　德步納偉達 Deganawida

　半王 Half King

約古茲 YOKUTS

威安度 WAYANDOT

狐狸 FOX

十畫

席歐克斯 SIOUX

　（達科他 DAKOTA, 拉科他

　LAKOTA, 納科他 NAKOTA）

　密德瓦卡頓 MDEWAKANTON

　（DAKOTA）

　　大鷹 Big Eagle

　　小烏鴉 Little Crow

　　華巴沙 Wbasha

沙古比 Shakopee

孟加度 Mankato

席賽頓 SISETON（DAKOTA）

瓦皮古特 WAPEKUTE（DAKOTA）

瓦皮頓 WAHPETON（DAKOTA）

特頓布魯利 TETON BRULE
（LAKOTA）

征服熊 Conquering Bear

烏鴉狗 Crow Dog

空角熊 Hollow Horn Bear

短牛 Short Bull

班點尾 Spotted Tail

漢克巴巴 HUNKPAPA（LAKOTA）

烏鴉王 Crow King

大膽 Gall

坐牛 Sitting Bull

密尼康求 MINICONJOU（LAKOTA）

大腳 Big Foot

踢熊 Kicking Bear

跛鹿 Lame Deer

奧格拉拉 OGLALA（LAKOTA）

黑麋 Black Elk

瘋馬 Crazy Horse

包尼殺手 Pawnee Killer

紅雲 Red Cloud

飛鷹 Flying Hawk

鐵尾 Iron Tail

森沙克 SANSARC（LAKOTA）

席哈沙巴 SIHASAPA（LAKOTA）

楊克頓 YANKTON（NAKOTA）

戰鷹 War Eagle

楊克頓艾 YANKTONAI（NAKOTA）

倫比 LUMBEE

納拉甘賽特 NARRAGANSETT

納吉茲 NATCHEZ

納法荷（狄尼）NAVAJO（DINEH）

巴朋西土 Barboncito

德爾卡土 Delgadito

曼尤利土 Manuelito

特華 TEWA

祖尼 ZUNI

十一畫

莫比立 MOBILE

莫吉 MOCHE

莫達克 MODOCK

傑克上尉 Captain Jack

胡克金 Hooker Jim

疤臉查理 Scarfaced Charley

溫瑪（杜白瑞德）Winema

（Toby Riddle）

莫希甘 MOHEGAN

莫豪克 MOHAWK

　希華薩 Hiwathan

莫哈維 MOJAVE

華拉華拉 WALALAWALALA

　皮比莫克斯 Peopeomoxmox

華諾格 WAMPANOAG

　瑪薩蘇埃 Massasoit

　菲立普王（密太康）Philip King

（Metacom）

　史古安圖 Squanto

華納巴 WANAPAM

華平格 WAPPINGER

班諾克 BANNOCK

華效 WASHOE

麻薩諸塞 MASSACHUSET

曼丹 MANDAN

紹尼 SHAWNEE

　藍夾克 Blue Jacket

　德柯姆賽 Tecumseh

　坦斯克華達 Tenskwatawa（Prophet）

紹紹尼 SHOSHONE

　熊獵夫 Bear Hunter

　莎佳偉 Sacajawea

波加迪洛 Pocatello

坦度 Tendoy

華希克 Washakie

密諾米尼 MENOMINEE

密蒂茲 METIS

密沃克 MIWOK

十二畫

喬可道 CHOCTAW

喬華諾 CHOWANOC

雅希 YAHI

　伊希 Ishi

雅卡瑪 YAKAMA

　卡密亞金 Kamiakin

　歐希 Owhi

　瓜爾金 Qualchin

雅法白 YAVAPAI

雅瑪西 YAMASSEE

雅祖 YAZOO

斯波甘 SPOKAN

斯瓜克森 SQUAXON

斯托克布里吉─蒙西

　STOCKBRIDGE-MUNSEE

普布利克 PUBLIC

渥太華 OTTAWA

朋迪亞克 Pontiac

十三至二十畫

溫圖 WINTU

奧瑪哈 OMAHA

奧薩吉 OSAGE

奧土 OTOE

奧吉威 OJIBWAY

蒙他各納 MONTAGNIS

魯西諾 LUISENO

魯安吉 ROANOKE

歐爾密克 OLEMEC

歐尼達 ONEIDA

歐農達卡 ONONDAGA

邁亞密 MIAMI

　小烏龜 Littli Turtle

賽密諾利–密柯蘇吉

　SEMINOLE-MICCOSUKEE

薩克（紹克）SAC（SAUK）

　黑鷹 Black Eagle

薩孔尼 SAKONNET

薩土利巴 SATURIBA

薩斯圭查莫 SUSQUCHAMOCK

羅古河 RUGUE RIVER

註：（一）本表係根據《美國印第安歷史地圖集》等書資料集成。
　　（二）印第安部落極為複誌數以千計，但經美國聯邦政府承認的約為560個。
　　　　因為有些部落包括若干個支部落，故統計數字並不一致。

第三章
美國的西進運動

一、美國西部探險隊

美國第三任總統湯瑪斯·傑佛遜（Thomas Jefferson）不但是開國元勛之一，也是建國初期在開疆拓土方面有偉大貢獻的國家領袖之一。他就任總統後兩年決定派遣麥威賽·李威斯（Meriwether Lewis）和威廉姆·克拉克（William Clark）率領代表隊向美洲大陸西部從事探險的政策是最好的證明。探險隊的正式名稱是西部「發現隊」（Corps of Discovery）。

傑佛遜總統於1803年初獲得國會支持他的西部探險計畫，當時西部的絕大部分土地並不屬於美國。這些未開發的土地中的一大片分屬於法國及西班牙，而美國、英國、西班牙及俄國則對太平洋西北沿海土地的所有權發生爭執。但是，在西部探險隊成行之前，傑佛遜乘著法國皇帝拿破崙經濟困難之際，將法國的殖民地收購過來，在美國歷史上稱爲「路易斯安納購地案」（Louisiana Purchase）[1]。這一大片新領土就是李威斯與克拉克探險隊要探測的主要部分。傑

1　路易斯安納購地案。美國和法國於1803年5月2日在巴黎簽訂條約，美國以大約1,500萬元的代價，購入法國在北美的殖民地路易斯安納。其土地面積約82萬8千平方英里，位於密西西比河與洛磯山脈之間，使美國領土增加一倍之距。此大片土地後來劃分爲衣阿華、路易斯安納、密蘇里、阿肯色、科羅拉多、堪薩斯、明尼蘇達、蒙大拿、內布拉斯加、俄克拉荷馬、北達科他、南達科他及懷俄明共13個州。

佛遜總統希望美國探險隊在西部探險中能發現通達太平洋的水道路線，並且與各地的印第安人建立友好關係。

西部探險隊的隊長李威斯是傑佛遜的私人秘書，李威斯的軍中夥伴克拉克是探險隊的副首領，一般將西部探險隊稱爲「李威斯─克拉克探險隊」。1804年5月14日，他們帶領全體共29人，分乘一隻長55英尺的龍骨船和兩隻獨木船，從今天密蘇里（Missouri）州的聖路易（St. Louis）出發，循著密蘇里河向西北方向的上游前進，開始了美國史上一次里程碑性質的探險旅行。探險隊的任務，依據傑佛遜總統和李威斯之間的多次談話，擬定了細節的指示，第一個目的是探測密蘇里河和它的各支流的地理情況，越過洛磯山的山隘，以期發現通向太平洋的水道路線。此項地理上的目標，反映出傑佛遜總統的地緣政治雄心和商業雄心。西部廣闊的土地上的毛皮資源吸引著美國的拓荒者，並可與東方發生貿易關係。各國在太平洋西北海岸地區的激烈競爭，及在路易斯安納北方和南方存在著帝國主義的殖民地的情勢，使獨立未久的美國有必要在西部確立其地位，並且獲得最多可能的關於西部的知識。因此，西部探險不只是爲了收集有關印第安各部落族及它們彼此間關係的資料，也爲了與印第安人建立友好的外交關係和商業關係。再其次是爲了詳細記錄各地的土壤、植物、動物、礦產、天氣、地形等與科學有關的事項，以及外交與商業事項等等。

1804年的夏天和秋天，他們循著密蘇里河向上游地帶探測，到了10月間他們抵達今天的北達科他州的刀河（Knife River）口地區，在印第安人曼丹（Mandon）和希達沙部落族的村莊內停留下來，因爲北方天氣已冷，他們準備在此處度過冬季之後再繼續向前進行。他們在這裡搭建一個營地，就是今天的北達科他州首府卑斯麥（Bismark）市附近的曼丹堡。冬季期間，他們與部落人接觸，對他們加以了解，並詢問有關西部地區的情形等。探險隊中有一個貢獻相當偉大的印第安籍女嚮導和翻譯莎佳偉（Sacagawea）。她丈夫爲法國籍的加拿大商人查朋尼歐（Touissant Charbonnean），擔任探險隊的翻譯員。莎佳偉於

次年2月間在曼丹分娩一個男嬰，因爲帳篷營內沒有產科醫生，李威斯權充醫生爲她接生，母子均安。稍後，探險隊繼續向西方進行，莎佳偉背負著襁褓中的嬰兒隨隊旅行。美國政府造幣廠爲慶祝西元21世紀的來臨，特別發行的一元紀念硬幣的正面鑄像「背負嬰兒」的女子就是那位不平凡的印第安人女嚮導莎佳偉。這是極珍貴的一項榮譽。

1805年4月間，李威斯與克拉克探險隊從曼丹部落區啓程，繼續循著密蘇里河向西北方向進行。當他們在曼丹過冬停留期間，新造了六隻獨木船，連同原有的兩隻共有八隻獨木船及一隻長55英尺的龍骨船，結成船隊在密蘇里河上進駛。在整個夏季期間，都在密蘇里河上游探測，從6月13日到7月15日的一個月期間，都在今天蒙大拿州的大瀑布（Great Falls）城地區活動，旅行特別困難，遭到洪水、冰雹的阻撓，加上灰熊的打擾，十分不利。但是，他們終於在一個名叫三叉口（Three Forks）的地方找到了密蘇里河的發源地，並且將三條水源小溪命名爲傑佛遜、麥迪遜和加蘭汀（Gallatin，傑佛遜政府的財政部長）用以紀念他們的重要發現。他們在傑佛遜溪口上游的洛磯山區即今天的「大陸分水嶺」（Continental Divide），因爲山路特別崎嶇，溪水又淺，不得不將獨木船放棄，以致落於印第安人的部落族手裡。但是，他們萬分幸運，這個部落是紹紹尼族人，他們的女嚮導莎佳偉原爲紹紹尼族人，在大約5年前被希達沙部落族俘虜後輾轉落到原籍法國的商人查朋尼歐手裡成爲他的第二個妻子。在這次意外中，莎佳偉有機會與她的族人們團聚，並且協助探險隊與紹紹尼部落族之間建立友好關係。探險隊從這些印第安人方面獲得一批強壯的馬匹，騎著越過崎嶇的洛磯山區。

在1805年8月和9月份期間，探險隊天天都在崇山峻嶺間奮鬥，但他們不畏艱苦。險山終於對一條新的河流讓步。他們從苦根河繞過了山頭積雪的苦根山（Bitteroot Range），在最艱難的一段旅程中，從五千多英尺高的碌碌山隘（LoLo Pass）走過碌碌小徑下到清水河（Clearwater River）。李威斯與克拉克的隊員們在

這裡得到友好的印第安人尼茲比爾賽部落人的協助，以他們的馬匹換來印第安人皮舟，於是便在10月7日棄陸路再走水路，循著清水河向下游進駛，速度相當快，從清水河（在今日愛達荷州境內）轉入蛇河，越過邊界進入今日華盛頓州境內，不久便轉進大的哥倫比亞河（Columbia River）裡，航行方便。到1805年11月初已可以遙望到太平洋。領隊克拉克在11月7日的日誌中寫道：「帳篷營內十分喜悅。我們看到渴盼已久的海洋——偉大的太平洋。海浪沖擊岩石的聲音可以聽得到。」不過，他提到的是相當遼闊的哥倫比亞河入海口，太平洋仍在遠處。

他們終於在1805年11月18日看到了太平洋。探險隊領袖李威斯在這天的日誌中寫著：「看到海洋，我們在營內無比的高興。這偉大的太平洋，我們渴望看到久矣！」

探險隊在哥倫比亞河的入海口處建了柯拉蘇普堡（Fort Clatsop），就在那裡度過1805-1806的冬季。不斷的寒風冷雨，不友好的印第安人，沒有什麼活動，構成不快樂的生活。挨到3月間，大家歡迎的回程來臨。李威斯和克拉克帶著他們的隊員們，離開太平洋海濱的營地，再度循著來時的那些河流，碌碌小徑山路，重到苦根山。在他們的東基地內，探險隊分成兩組，李威斯和九名隊員循著黑足河（Blackfoot River）回到密蘇里河，繞道瑪亞斯河（Marias River，在今日蒙大拿州西北部）地帶探測，然後循著密蘇里河向下游回程駛去。同時，克拉克帶著其餘的隊員，先循著來時的水陸路線抵達苦根河，渡過傑佛遜溪，下行到三叉口。他們從三叉口穿過保茲曼（Bozeman Pass）山隘，到達黃石河（Yellowstone River）的上游（在今日蒙大拿州南部）進行探測，黃石河是密蘇里河的一條主要支流，那時在1806年7月間。

1806年8月12日，李威斯與克拉克分別帶領的兩組探險隊隊員，在黃石河與密蘇里河的匯流口（今日的蒙大拿州與北達科他州邊界處）會合一起，然後循著密蘇里河下游返抵聖路易。李威斯與克拉克的西部發現探險隊，於1804年5

月14日從聖路易出發，到1806年9月23日返抵聖路易，歷時達兩年4個多月，去回雙程共計八千餘英里，在美國西進史上寫下了極重要的一章。

李威斯與克拉克西部探險隊凱旋歸來，在聖路易登陸後受到熱烈的歡迎，因爲很久沒有他們的消息，似乎已被人忘掉了。傑佛遜總統獲悉他們安全歸來更感到高興，因爲兩位首領帶回來很寶貴的知識。很可惜的是，在探險歸來後的次年即1807年，傑佛遜總統爲了酬勞功績，任命李威斯爲路易斯安納領土的總督，但他因爲私人事務，延擱了一年才就任總督職位，在就任後時常與領土民政部長佛德烈・巴特斯（Frederick Bates）發生爭執。一年半後，李威斯回到首都爲他在任上的行動作辯護，並且監督他的西部探險日誌的出版事宜。1809年10月間，李威斯到田納西州的納吉茲楚斯（Natchez Trace）旅行，被發現在旅社內因槍傷而喪生，但一直無法確定他是否爲自殺或他殺。由於李威斯的逝世，及克拉克也忙於其他事務，致使他們的「西部發現」探險日誌和報告等文件延擱到1814年始出版，社會大眾才有機會看到蠻荒的西部的面貌。

李威斯與克拉克的西部探險報告書，爲西部的許多植物、動物、礦產、土壤、天氣等知識提供了可靠的基礎。他們對印第安人約50個部落族的記述是很珍貴的種族知識。他們的八千多英里的乘船、騎馬、徒步，冒著各種危險，經歷各種遭遇的旅行是極其動人又驚人的眞實故事。他們沿途繪製的地圖更受到地理學者的重視。

美國的西部歷史學家勞伯特・尤特萊（Robert Utley）說：「簡言之，李威斯與克拉克的探險啓開了美國人民的西進運動，此項運動一直到美國人民達到太平洋岸，將合眾國轉變成兩洋大陸國家之日方終止。」

2004年是「西部發現隊」探險兩百週年大慶，美國的李威斯與克拉克小徑傳統基金會（成立於1969年），與其他有關團體共同舉辦盛大的慶祝活動，全部計畫爲期兩年，即李威斯和克拉克兩百年前赴西部探險之行所用的全部時間。慶祝活動中最有意義的一項是，美國政府國家公園總管理處與美國火車客運公

司合辦的西部發現小徑原路紀念觀光旅行，全程經過七州土地，使今天的人士一嚐200年前的所謂「蠻荒西部」的風味。

二、西部探險隊的三位人物

1. 麥威賽・李威斯（Meriwether Lewis）

麥威賽・李威斯於1774年出生於維幾尼亞州，他的老家與傑佛遜的大莊園相去不遠。他受過良好的教育，具有進取心，這兩點對於他做一位軍人和探險家很有關係。

他在20歲那年參加維幾尼亞州的民團部隊，曾參與鎮壓「威士忌叛亂」的戰役。次年即1795年升為海軍少尉軍官。當李威斯駐防俄亥俄的格林維爾堡（Fort Greenville）期間，與威廉姆・克拉克成為好朋友。其後，他們雖然分別數年，但兩人仍保持書信聯繫。1800年左右，李威斯升為上尉軍官，擔任第一陸軍師的軍需官。

1801年3月5日，李威斯收到一封信，這封信將他的一生加以改變，而使他在美國歷史上占著一頁。寫信的是新就職的美國第三任總統湯瑪斯・傑佛遜，信中邀請李威斯到首都擔任他的私人秘書。傑佛遜或許早在心中決定這位年輕有為的軍官是前往西部探險的可能候選人。

傑佛遜總統西部探險計畫的主要目的是，希望發現一條穿過大陸通達太平洋的水道路線，以便與亞洲建立貿易關係。依照傑佛遜的指示，李威斯先接受與科學有關的廣泛訓練，以準備未來的需要。李威斯並且向傑佛遜總統推薦，由他的好友威廉姆・克拉克上尉擔任探險隊的共同領隊，因此稱為李威斯與克拉克探險隊，但此單位的正式名稱是：「西部發現隊」。李威斯因為受過科學訓練的關係，負責撰寫西部探險隊報告的大部分，但克拉克也有大的貢獻，而且沿途的地圖主要是克拉克繪製的。

在西部探險隊成功的歸來後，傑佛遜總統為了酬勞李威斯的功績，於1807年派任他擔任路易斯安納領土（尚未建州）的總督。不過，李威斯因為在東部的事務忙的關係，延擱了一年才就任總督之職，而且他在任上的工作頗不順利，時常與領土的民政部長佛德烈‧巴特斯發生爭執。他做了一年半的總督便返回華盛頓，為他在任內的措施作辯護，同時負責他們的西部探險報告的出版事宜。

李威斯在不順利的公務生活之後，又發生了一直無法判明的不幸事件。李威斯於1809年10月間到田納西州旅行，住在納吉茲楚斯（Natchez Trace）城的旅館裡，被發現因為槍傷而喪生，但他究竟為自殺或者他殺則一直無法判明。據傳說，在李威斯回到他的旅館房間之後，有人聽到兩聲手槍響聲，次晨他被發現死於槍傷，但他究竟係自殺或被謀害的疑問一直無法解決。因此，這位美國西進史上的重要人物的生命結局成為一個懸案，使人嘆息！

2. 威廉姆‧克拉克（William Clark）

威廉姆‧克拉克在美國歷史上是與麥威賽‧李威斯一對相提並論的英雄類型人物，因為他們對美國的發展作了歷史性的貢獻。他出生於170年，較李威斯大4歲。

克拉克出身於維幾尼亞州的一個世家，他的兄長喬治‧克拉克（George Clark）是美國獨立戰爭中的英雄。他在14歲那年隨著家人遷移到肯塔基州居住，他身體魁偉，6英尺高，紅頭髮，稍長參加民團部隊，磨鍊成一個標準的邊疆男兒和對印第安人作戰的青年鬥士。後來他參加正式陸軍步兵團，為綽號「瘋子」將軍安東尼‧威尼（"Mad" Anthony Wayne）將軍的部屬，曾參與1794年與印第安人的重要戰役「倒木村戰役」（Fallen Timbers）。

克拉克於1796年辭去正式軍職，在肯塔基州的路易斯維爾（Louisville）故鄉管理家庭的農場。1803年，他接到軍中舊友麥威賽‧李威斯的來信，邀約他參

加西部探險的工作。李威斯已擔任傑佛遜總統的私人秘書。於是，克拉克成為傑佛遜「西部發現探險隊」的兩名領隊之一。他們兩人率領西部探險隊，從密蘇里州聖路易的密蘇里河啓程，越過洛磯山區，最後到達太平洋岸，爲美國的西進開創下基礎，使李威斯與克拉克成爲美國史上的一對拓荒英雄。克拉克在探險途中繪製的地圖，尤其具有價值，因他將以往有關蠻荒西部的一些錯誤觀念加以改正。

克拉克的名聲幾乎完全與他在西部探險隊的角色有關。在探險歸來後，他在1807年，獲任命爲西部印第安部落族的總代理人，在聖路易服務，並一直生活在那裡。自從1813-1821年密蘇里正式建州時止，他一直擔任密蘇里領土的總督職務。1822年，克拉克出任泛密西西比區的印第安事務總監達16年之久，直到1838年逝世爲止。他在此職位任內的作爲，對西部社會的影響至大，全部西部印第安代理人和副代理人一律對他負責，一切赴西部做貿易或獵捕獸類的業者都必須向他領取執照。克拉克的綽號爲「紅頭」，他的寓所內有很多印第安人的工藝品及印第安名人們的繪畫。從密西西比河上游到密蘇里河廣大地區內的印第安部落領袖的代表們時常到聖路易克拉克的家裡與這位「紅頭」舉行會談。

克拉克在印第安事務方面有特殊的貢獻，有時他親自前往各地與印第安人談判條約，例如1825年他到威斯康辛領土的普拉瑞度金（Prarie du Chien），與薩克及狐狸等部落族談判簽訂條約。印第安人及白人同等的敬重克拉克，因爲他由於親身的經歷真正了解西部與西部的人民，而且他以了解和誠摯的態度與印第安人打交道。可以說克拉克是位少有的真正的西部專家。

3. 莎佳偉（Sacagawea）

莎佳偉是李威斯與克拉克西部探險隊的印第安女嚮導和翻譯，大約在1787年出生於今天蒙大拿州西部的林希谷（Lemhi Valley）的印第安人紹紹尼部落

區，父親是紹紹尼部落族的一位酋長。當她大約只有12歲的童年時，被敵對的希達薩部族人俘虜去，後來被帶到曼丹部落族的村莊生活，族地在今天北達科他州首府卑斯麥城附近的密蘇里河與刀河的匯流處。莎佳偉名字的印第安部落的意義是「鳥女」（Bird Woman）。

大約在1803年與1804年前後，僅約16歲的莎佳偉成為原籍法國的加拿大毛皮商人杜森特・查朋尼歐（Touissant Charbonnean）的第二個妻子。傳說，查朋尼歐是用金錢買得或者用貨物換得莎佳偉，更有傳說是查朋尼歐在與達薩部落人賭博時贏得了這個印第安女孩子。這些說法都表示當年的印第安人大都是不幸的、值得同情的。他們住在曼丹部落人村裡。

1804年冬天，李威斯與克拉克探險隊在曼丹和希達薩部落人村莊附近搭建帳篷營過冬。某天，李威斯向查朋尼歐探詢向西部探測的最佳路線問題，曉得查朋尼歐的西部知識頗為豐富，便決定僱他作嚮導，並且同意他的印第安人妻子莎佳偉也隨探險隊擔任嚮導和翻譯，後來證明莎佳偉對探險隊的貢獻大過她的法籍丈夫。

1805年2月11日，莎佳偉分娩生一個男孩，取名吉恩・巴迪斯特・莎佳偉（Jean Baptiste Sacagawea）。4月17日，探險隊離開曼丹部落區繼續循著密蘇里河向西部前進，莎佳偉背負著她的嬰兒同丈夫都隨著探險隊活動。在西行途中，很快便由事實證明，她對探險隊的價值超過其丈夫查朋尼歐。她擔任旅行嚮導，對在蠻荒地區的生存提供忠告，在與印第安人許多不同部落族打交道時，她擔任翻譯與外交任務。由於莎佳偉這位印第安多才女子的協助，使探險隊在全程中與五十多個印第安部落族都達到和平相處的關係。

莎佳偉做了許多其他隊員不可能做到的事情，例如在1805年8月間，探險隊走到密蘇里河的發源地三叉口，她帶領著隊員們沿著三條小河之一的傑佛遜溪，平安的通過困難的林希山隘（Lemhi Pass），到達她的故鄉紹紹尼部落區，與她的兄長卡密威特（Cameahwait）團圓，此時她兄長已做了部落首領。她特

別說服其哥哥以一批良馬贈給探險隊，以便他們繼續前進到清水河、蛇河及最後的一條大河哥倫比亞河旅行之需。莎佳偉隨著李威斯與克拉克一直探測到哥倫比亞河的太平洋入海口處，達成西部發現探險隊的最終目的。他們在太平洋海濱營站停留了3個月，度過1805年與1806年的冬季，然後在回程中繼續在沿途探測。1806年3月間探險隊分為兩組行動，莎佳偉與其丈夫查朋尼歐隨著克拉克一組活動。他們係採取新路線，循著黃石河到達與密蘇里河的匯流處，與李威斯帶領的另一組隊員會合。那裡是曼丹部落族地區，也就是莎佳偉參加探險隊工作的地點。任務結束，她和丈夫脫離了探險隊，返回曼丹人村莊。查朋尼歐的另一個印第安人妻子仍住在那裡。查朋尼歐因為替探險隊工作獲得了報酬，並且獲得承諾若他務農的話，當局將贈給他土地320英畝。但是，莎佳偉卻毫無所得，那時在1806年夏天。

不過，克拉克於8月20日在返回聖路易的途中有信給查朋尼歐表示很感激莎佳偉的貢獻。信中說：「你的妻子，在漫長、危險又辛苦的赴太平洋往返旅程中陪伴著你，她的參與及服務，理應獲得大於我們權力能給予的報償。」因此，克拉克表示遺憾。

莎佳偉在1806年夏天離開探險隊回到曼丹部落區以後的生活情形如何說法不同。有的說，她在1809年與其丈夫曾到聖路易和克拉克聚晤。那時，克拉克已因探險功勞獲任命為密西西比河廣大地區的印第安事務總監，與印第安人士的關係密切。因此克拉克將莎佳偉的兒子吉恩‧巴迪斯特加以收養並使這個男孩子在聖路易受教育到成年時代。巴迪斯特後來曾隨一位德國專家在西部服務。

1812年某時，莎佳偉與丈夫到今天南達科他州北部的曼紐爾‧利莎毛皮公司貿易站居住。那年秋天，她分娩一個女嬰取名利斯特（Lisette）。其後，莎佳偉的健康情形日差，終於1812年12月20日逝世，時年只有25歲。但是，另一種說法則說，莎佳偉於1884年4月9日，在懷俄明州的風河谷（Wind River Valley）

紹紹尼保留區去世，壽高90歲。

印第安籍的著名女作家嬌賽‧巴德格‧洪薩克（Joyce Badgley Hunsaker），在2002年出版一部關於莎佳偉傳記的新書《莎佳偉的話》（Sacagawea Speaks），其中有不少新的資料，最有價值的一篇題為：〈莎佳偉的話〉。原文如下：

「有人說，我的名字是莎卡佳偉亞。有人說，我的名字是莎克阿加偉亞。也有人說，我的名字是茶克加威亞或者莎佳珠亞。我丈夫很少喚我同一個名字兩次。通常他喚我『老婆』、『女人』或只有一個字『你』。隊長李威斯與克拉克也如此。但是，他們加個『珍妮』，因為方便他們發音。當他們將我的名字作為一條河名時，則稱為『鳥女河』（Bird Woman's River）。

「當我的兒子出生時，我的族人們給我個新名字『朋普的媽媽』。此後我一直念念不忘。」

「我出生於紐瑪阿貴德卡（Numa AGUI Dika，意為吃鮭魚的人）人中間，有時被稱為蛇族，這是由於紹紹尼部落人的手語樣子被白種人誤解的結果，對我們說，此手語的樣子看起來好像鮭魚在河中向上游動時的魚尾巴，而白人看來此手語的樣子好像蛇在移動。因此，白人稱我們為蛇族或紹紹尼族。

「那時候，我們有許多小的氏族，分散在各地。我與其他任何女孩子一樣，在長輩的照顧下，學習我們人民生活的一切。在我們的氏族內，對所有的女子，我都喚她們『媽媽』、『姊姊』或『奶奶』，對所有的男子，我都喚他們『老爸』、『兄弟』或『爺爺』。在舊時代裡，我們彼此都如此。

「關於我如何變為一位法國混血男子的妻子，我無法說明。有人說那是機緣，有人說那是一次賭博，或者是一次生意。那沒關係，結果都是一樣。杜森特‧查朋尼歐變成我丈夫（據說，他常常和某人結婚）。我搬入他的第二村房子裡，與他的另一名妻子及他們的兒子在一起。她也是紹紹尼族人，較我年紀大，已和查朋尼歐一起多年了。

「我們一同回到我們開始時的地方曼丹村（1806年8月間）。依照原協議，查朋尼歐因參與發現探險獲得500元報酬。他未為我獲得分文。於是，到了兩位領隊離去的時候。

「我站在河岸上，抱著我的兒子。李威斯和克拉克的船向一方面駛去，白人捕獸人及商販的船向另一方面駛去。不過，我曉得他們都前往同一處地方：明日之地。

這是我的旅程終點；這是一種大改變的開始。我明白，我經過的土地及我們和其他族人的土地，將永遠是不同了。我告訴你們這些事情，它們或許被真實的、鄭重的記著。你們記著就好了。」（據嬌賽・巴德格・洪薩克著《莎佳偉的話》，環球皮瓜特出版公司出版，頁5、10、62。）

上文的作者洪薩克對莎佳偉的評論說：「平凡的人創造歷史。有時候他們發現自己處於需要犧牲或有雄心的特殊環境中。有時候他們發現前人不曉得的事實。有時候他們只是走在別人之前一步，一天一天的走下去，最後達到他們只有在夢中所見的地步而創造了歷史。莎佳偉並非一個偶像。她有實力、也有弱點，與我們無疑。她有時失誤，有遺憾。她忍受無法想像的事情，克服不可能的困難。她的生活在歷史上留下跡印。她的生活今天在我們身上留下跡印。」

除了《莎佳偉的話》一書外，《美國西部百科全書》、《北美印第安歷史地圖集》及《美國印第安歷史傳記集》等有關印第安歷史的書籍中都有關於莎佳偉的事跡。

無論如何，莎佳偉畢竟是一個很不平凡的印第安人奇女子。只是在兩百年前的那個時代環境下，她必然下默默無聞的。但是，在兩百年後的今天，莎佳偉終於獲得她應得的報償、應得的榮譽。她的後代，她的族人應引以為榮是無疑的。

據《印第安歷史地圖集》一書的大事記章的2000年條下記載說：「美國政

府發行的面值一元的西元2000年紀念硬幣的鑄像是，紹紹尼女子莎佳偉。」[2]
對美國西進運動有貢獻的印第安人女子莎佳偉，在21世紀的今天，享受到美國
總統級的榮譽，這也證明美國是個有公平和正義的社會（按在莎佳偉以前，只
有不曾做過總統的革命元勛富蘭克林和漢彌爾頓的肖像印在美國鈔票上）。另
外，在美國西部探險的路線沿途，有一座山、一條河和一個關隘皆以莎佳偉命
名，特別紀念她。

三、美國的西部英雄

19世紀上期是美國西進運動發展的黃金時代，在短短的50年內，新建的美
利堅合眾國的疆土，從北美洲大陸極東的大西洋海岸，一路擴展到極西的太平
洋海岸。對此開疆拓土的偉業有貢獻的人士都不愧為西部英雄，他們在美國歷
史上各有其地位。除了最常提到的李威斯和克拉克兩人外，還有許多西部探險
家，以下是其中的一部分：

1. 約翰・查爾斯・佛利蒙（John Charles Fremont）

約翰・查爾斯・佛利蒙是位探險家、軍人和政治家，於1813年出生於喬
治亞州的薩凡納（Savannah），父親是法國移民，母親是維幾尼亞州的一個望
族。他嬰兒時隨著父母從家鄉先遷移到田納西州的納士維爾（Nashville），但是
在他們抵達那裡後才數天，在父母住的旅館外面發生一次手槍決鬥事件，兩位
當事人後來都成為美國的歷史性人物，一位是美國第七任總統安德魯・傑克遜
（Andrew Jackson），另一位是擔任國會參議員的湯瑪斯・哈特・班頓（Thomas
Hart Benton）。班頓後來變成佛利蒙的岳父，但他的女兒吉絲・班頓（Jessie

2　作者註：一印第安慈善機構首先將一枚莎佳偉鑄像紀念幣寄贈，這與寫本書的動
機有關。

Benton)是在15歲時與28歲的佛利蒙相偕「私奔」離家的。

幼年的佛利蒙隨著父母一遷再遷,從田納西搬家到維幾尼亞,然後自維幾尼亞遷到南卡羅來納州的查利斯頓(Charleston)。他父親在查利斯頓去世,使他們家變成貧戶。他在查利斯頓讀書,但在1828年因為「無法改正的疏忽」而被學校開除。他在1833年,由於著名植物學家與政要朱爾‧波西特(Joel Poinsett)的協助,獲得一個海軍工作,在駛往南美洲的軍艦納吉斯號上擔任數學教師,1836年擔任俄亥俄、肯塔基和田納西未開發地區的鐵路計畫路線的測量員。

1838年,朱爾‧波西特出任第八任總統馬丁‧范布倫(Martin Van Buren)內閣的軍政部長,佛利蒙獲派任為陸軍地形工程總隊的中尉軍階的測量官,並奉派隨同開拓家約瑟菲‧尼可立(Joseph Nicollet)前往西部領土,探險與繪製達科他及明尼蘇達領土的地圖。

1841年,當佛利蒙在首都為尼可立探險隊擔任測繪工作期間,與密蘇里州國會參議員湯瑪斯‧哈特‧班頓認識。班頓極力主張開發俄勒岡等西部新領土。當時28歲的佛利蒙與班頓的才15歲的女兒吉絲陷於情網,相偕私奔,並於那年10月19日結了婚。同年,尼可立準備另一次西部探險時,因健康問題而放棄計畫,於是由佛利蒙接任了探險工作。

佛利蒙於1842年6月,率領他的第一次西部探險隊從密蘇里州的聖路易城出發,循著堪薩斯河向西北方進行,到達普拉特河(Platt River)後轉入北普拉特河地區,再向洛磯山區前進。8月8日他們到達洛磯山的南關隘口(South Pass),稍後在風河山建一個營站。他們於回途中探測北普拉特河地區,在8月底到達拉瑞密堡,於10月間返抵聖路易。參加佛利蒙探險隊的人員包括德國籍的地形專家查爾斯‧普瑞斯(Charles Preuss)、獵夫魯新‧馬克斯威爾(Lucian Maxwell)及嚮導克利斯多福‧克蒂‧卡遜(Christopher Kit Carson)等。佛利蒙此次探險報告中附著普瑞斯沿途繪製的地圖,在發表之後獲得普遍的閱讀與好

評,因此,激起了大眾對西部拓荒的興趣。

佛利蒙的第二次西部探險旅行在1843年開始,此行共經14個月的時間。他先循著第一次探險的原路線,在抵達洛磯山的南關隘口後,轉向南行和東行向大鹽湖目標前進,而在9月9日到達大鹽湖。然後,他們抵達蛇河,循著蛇河到達保艾斯堡(Fort Boise),越過愛達荷邊界進入俄勒岡領土境內。他曾到今天與波特蘭相對的溫哥華堡的哈德遜皮毛公司的商站。此際,佛利蒙決心向當時屬於墨西哥領土的「上加利福尼亞省」(即今天的加州)境內探測,於是率隊進入今天的內華達州境內。到了1844年1月底,他們進入加利福尼亞境內,沿途他們發現了今天的勝地太浩湖(Lake Tahoe),翻越賽拉內華達山(印第安人稱為雪山及太浩湖稱為雪湖),進入沙加緬度河谷地帶,於1844年3月間抵達沙特堡(Fort Sutter)即今天的加州首府沙加緬度(Sacarmento)。他在回程中經過今天猶他州的南部,而於7月間返抵密蘇里州的獨立城,8月間回到首都與妻子吉絲團聚。

過了一年即1845年7月間,佛利蒙啟程從事他的第三次西部探險旅行。他這次的探險隊是史迪芬・克爾尼(Stephen Kearny)將軍的南部大平原軍事遠征的一部分。他在阿肯色河和里約格蘭德河地帶探測,然後向西方進入猶他和內華達境內,最後在1846年夏天到達當時墨西哥「上加省」的首府蒙特瑞(Monterey),但他被墨國軍方命令離開,佛利蒙便在5月間回到北部。一般相信,當時美國與墨西哥戰爭迫在眉睫,佛利蒙可能接到軍政部的訊息,要他集結人力,在戰爭爆發時乘機向加州重鎮舊金山推進。佛利蒙與加州的美國殖民聯合起來公開反對墨西哥政府,宣布成立「加利福尼亞共和國」(California Republic)[3],在舊金山北方的蘇諾瑪(Sonoma)城組織政府,以繪有加州產的熊的旗為國旗,故俗稱熊旗共和國。今日加州的州旗即當時的國旗。他的共和國

3　加利福尼亞共和國於1846年6月10日,由佛利蒙等人士宣布建國,到同年7月7日宣布解散,存在未滿一個月。

只存在了一個月,接著美國與墨西哥戰爭爆發。佛利蒙爲美國海軍司令任命爲少校軍官,他率部從加州北部一部掃蕩到南部的聖地牙哥。最後,墨西哥戰敗,將加利福尼亞及新墨西哥等地割讓給美國,使美國領土從東方的大西洋岸擴展到西方的太平洋岸。

加州歸屬美國版圖後,佛利蒙獲任命爲加州首任軍事總督,但他與華府派任的軍事總督史迪芬・克爾尼將軍不和,以致他被指控反叛而受軍法審判,但經樸克(James Polk)總統予以赦免。因此,佛利蒙脫離軍職,重操探險事業,又回到加州。那時加州的淘金潮正在高升中,他在今天加州的優詩美地(Yosemite)公園附近的瑪利波薩(Mariposa)發現金礦,不久便成爲鉅富。佛利蒙1846年重來加州期間,特別將舊金山灣的海口命名爲「金門」[4],是值得懷念的。

在加州獲准加入聯邦成爲合衆國的第三十一州後,佛利蒙獲任爲加州的第一位國會參議員,任期爲1850-1851年。1856年,美國政爭結束,共和黨創立,民主與共和兩黨制開始。佛利蒙獲選爲第一位共和黨總統候選人,但在大選中敗於民主黨總統候選人布甘南(James Buchanan)之手。

1863年,美國南北戰爭爆發,林肯總統任命佛利蒙爲西線總司令,爲內戰名將之一,但任職爲時不久。他的最後一任公職是亞利桑那領土(尚未建州)總督,在1883年辭職。佛利蒙於1890年7月13日,在紐約曼哈頓的寓所內逝世,時年77歲。

佛利蒙的妻子吉絲・班頓是一位不平凡的女性。她在十五歲與佛利蒙私奔結婚,一生協助丈夫奮鬥,成爲全國性的名女人,只差一點做了美國第一夫人。吉絲在1902年去世,時年78歲。

佛利蒙在西部歷史上占有重要的一頁,今天舊金山附近的佛利蒙市命名就

4　據《加州地名辭典》說,佛利蒙於1846年春天,將聖法蘭西士柯灣海口命名爲「金門」,但當時他使用的是希臘文 "Chrysopylae" 而非英文 "Golden Gate"。

是用以紀念他的。另外尚有佛利蒙縣（後改爲宇洛縣），佛利蒙谷（後易名爲賽拉谷），及佛利蒙峰（亦稱卡比蘭峰）等地名都是紀念這位西部史上的傳奇性人物。

（本篇係根據《美國西部百科全書》，頁161；《老西部百科全書》，頁189；及《美國印第安歷史傳記集》，頁133。）

2. 齊布倫・蒙哥馬利・皮克（Zebulon Montgomery Pike）

齊布倫・蒙哥馬利・皮克在1779年，出生於新澤西州蘇米斯特縣（Somerset）的蘭比頓（Lamberton），是個優秀的軍人和探險家。歷史家說，皮克在探險事業方面成就的重要性僅次於李威斯與克拉克的探險成就。他在15歲時參加陸軍，以自我教育方式研讀軍事歷史、數學、科學和語言等很有收穫。1797年，皮克在安東尼・威尼將軍部隊服務，駐防於俄亥俄谷。1805年8月間，他奉路易斯安那領土軍事總督詹姆斯・威金森（James Wilkson）將軍命令，率領20名人員前往探測密西西比河的水源，冬天到達今日明尼蘇達州的小瀑布附近，再轉往卡斯湖（Cass Lake），以爲是密西西比河的水源。該地雖然並非水源，但據眞正的水源伊蒂斯加湖（Lake Itisca）僅差25英里。

皮克於1806年4月返回出發地聖路易。7月15日他又奉威金森將軍命令，率領21名人員，任務是確定路易斯安那領土西南部地區的實際情形。他們抵達今天堪薩斯州與內布拉斯加州邊界的共和河（Republican River）附近，然後發現阿肯色河的水源，最後於1806年11月15日到達今天科羅拉多州的一個山嶺，即今天的「皮克峰」。在他們越過森格利克利斯土山到達今天科羅拉多州拉斯阿莫沙（Las Animsa）城附近的里約格蘭德河附近，不料被西班牙的巡邏隊俘虜，那是在1807年2月26日。他被押到聖他菲受訊，探險文件遭沒收，直到1907年始在墨西哥京城的檔案中發現並由美國收回。皮克在1807年獲釋放，於7月間返回路易西安那州的納吉土其斯（Natchitoches）。

後來，皮克曾被控與威金森圖謀控制西部領土，但獲得軍政部赦罪。他當時口述的探險記錄在1810年出版。皮克繼續在陸軍服務，在1810年升爲中校軍官，曾參加特比加（Tipoeca）之役，與印第安紹尼部落族作戰。

皮克在1812-1813年的美、英戰爭時已經晉升爲准將，並且在約克城（今天的加拿大多倫多市）之戰中獲得輝煌戰果，將該城攻佔。出人意外的是，正當皮克在一個防禦工事外面與其部屬舉行會議之際，附近發生砲彈爆炸，一個大石頭擊中他的背部遭受重傷。因此，皮克於1813年4月27日，在美國軍艦「安大略湖」號上不治逝世，身上帶著一面俘獲的英國國旗。

（本篇係根據《美國西部百科全書》，頁341）

3. 曼尼爾・利薩（Manuel Lisa）

曼尼爾・利薩於1772年出生於路易斯安那州的大西洋岸著名港埠紐奧連斯，是第一個西部毛皮商發展家與探險家。他不只是一位精明能幹的商人，也是一個卓越的組織家。他在密西西比河和俄亥俄河沿岸地帶經營生意，於1796年在文新尼斯（Vincennce）創設貿易站。當李威斯與克拉克在西部探險期間，利薩是他們的主要物資供應商，也是最早與聖他菲西班牙人做生意的商人之一。

利薩的商業活動範圍是密西西比河地帶，尤其是該河北端的盛產毛皮地區。他擁有十多艘龍骨船在河上做生意。當時的西部開拓門戶聖路易的商人最初反對利薩，但他們後來與他合作謀利，而使他在聖路易設立著名的聖路易毛皮公司。他的毛皮公司和約翰・賈可貝・阿斯特（John Jacob Astor）的美國毛皮公司在密西西比河上游地帶發生激烈的商業競爭，最後是利薩獲得大利。

由於做西部生意的緣故，利薩和許多印第安部落族建立友好關係。當1812年及1813年的美、英戰爭期間，他利用此種關係在促成西部印第安部落族對戰爭保持中立政策方面有很大的貢獻。在戰後，利薩恢復經營西部毛皮生意。

1820年冬季，他赴密西西比河上游地區期間不幸染疾，到了夏季去世。

（本篇係根據《美國西部百科全書》，頁257）

4. 約翰·柯特爾（John Colter）

　　約翰·柯特爾於1774年出生於維幾尼亞州的史陶頓（Staunton），五歲時隨家人遷到肯塔基州的梅斯維爾（Maysville）。1803年10月間，他被麥威賽·李威斯僱佣參加西部發現探險隊，因為他的能力強，不久便獲得兩位探險領袖李威斯和克拉克的信任，派他擔任多次重要但危險的探險任務，他的狩獵技術尤其受重視。清水河有一條支流命名為「柯爾特河」證明他的重要性。

　　當發現探險隊回程時，柯特爾脫離該隊，與兩名捕獸商人合組毛皮公司，但未能經營多久便解散。1807年春天，柯特爾獨自循著密蘇里河南下前往聖路易，在普拉特河口遇見毛皮商曼尼朵·利薩，經他說服參加利薩的公司。1808年，柯特爾為了與印第安烏鴉部落族等部落做生意，曾旅行懷俄明州西北部各地。他當時雖然未曾進入今天的黃石公園（Yellowstone Park）地區，但他是發現附近的溫泉和其他地熱現象的第一個非印第安人。一般相信柯特爾也是第一位在此洛磯山區的特頓山區探險的白人探險家。

　　柯特爾於1809年5月間回到聖路易，不久便參加安德魯·亨利的毛皮公司的密蘇里河上游探險工作。他被派遣與約翰·波特（John Pots）（亦曾參加李威斯與克拉克的西部探險隊）前往印第安「黑足」部落族地區捕獸，在密蘇里河的三叉口地區與黑足族發生衝突，波特被害，柯特爾倖能逃還。次年，柯特爾不怕艱險，擔任利薩公司的大約30人毛皮探險隊的嚮導前往同一地區，當他們在麥迪遜河和傑佛遜河之間建造營篷之際，遭到黑足部落人的攻擊，有5人死亡，柯特爾與其餘隊員又僥倖逃回，於1810年5月返到聖路易。

　　柯特爾不久結婚，居家於密蘇里州富蘭克林縣卡瑞特（Charette）城附近的農場上。西部探險隊兩領袖之一的威廉姆·克拉克曾約請柯特爾協助繪畫西部

地圖，包括於1814年出版的《李威斯與克拉克探險日誌》中。柯特爾的農人生活一直到他於1813年11月間病逝爲止，時年只39歲。

（本篇係根據《美國西部百科全書》，頁99）

5. 史迪芬‧哈里曼‧郎氏（Stephen Harriman Long）

史迪芬‧哈里曼‧郎氏，於1784年出生於新罕布什爾州的何普金頓（Hopkinton），在1809年畢業於達莫斯大學。他在1814年加入陸軍工程總隊，曾在西點軍校擔任數學教官一年，然後被任命爲地形測量工程隊的少校測量軍官。1819年，郎氏率領一個探險隊前往西部從事軍事與科學性的探險工作，他的貢獻深獲稱讚。他的同伴當中人才頗多，有植物學家、動物學家、地質學家以及景物繪圖家（薩莫爾‧塞茂爾，Samuel Seymour）。他們搭乘一艘汽輪向密蘇里河上游駛去，數月後到達康賽爾岩（Council Bluffs），在該地度過1819-1820的冬季。國會因爲他的探險進度太慢，花費又鉅，而決定將探險基金取消，郎氏被迫只好失望的回來。

但是，郎氏不久又獲准從事另一次探險旅行，任務是探測普拉特河、阿肯色河及紅河沿河地帶的情勢。他於1820年6月間自聖路易出發，循著普拉特河向上游進行到達一個地點即今天的科羅拉多州首府丹佛（Denver）。然後，他們向南方探險，經過紅河及加拿大河，在1820年10月回到聖路易。

郎氏在1823年從事他的第三次探險旅行，探險的對象是密西西比河與密蘇里河之間的地區。這次探險的結果是他三次探險任務中最成功的一次。他於1823年4月25日從歷史名城費拉得菲亞出發，率領一隊科學家，先由陸路到密西西比河，再循著密西西比河向上游進行，經過明尼蘇達州，並且進入加拿大境內，深入到溫尼伯（Winnipeg）城。於是他們在回程中，經過大湖地區進入紐約州境內，最後在1823年10月26日返抵費拉得菲亞。郎氏第三次探險的結果，帶回了很多有關過去一般人不曉得的地區的資料，具有高度的價值。因此，他

的第三次探險之行被認爲是最成功的一次。

（本篇係根據《美國西部百科全書》，頁259）

6. 威廉姆・畢克尼爾（William Becknell）

　　威廉姆・畢克尼爾於1788年出生於維幾尼亞州的阿姆希斯特（Amherst），青年時代遷到密蘇里州的富蘭克林縣，參加過1812-1813年的美、英戰爭。他因爲在西部探險有特殊成就，被尊稱爲「聖他菲小徑之父」（Father of Santa Fe Trail）。

　　在墨西哥於1821年將西部的西班牙政權推翻之後，畢克尼爾與友好們前往西部做生意。他們在短短的5個月內在聖他菲及陶斯（Taos）兩地賺了相當多的錢。受到經商獲利的大大鼓勵，使他開始著手第二次西部探險旅行的準備工作。他在報上登廣告，徵求70名同道人士參加他的探險隊。

　　1822年8月4日，畢克尼爾率領30名志願人員，帶著價値5千元的貨物，從事其第二次探險旅行。他們從富蘭克林城出發，向西經過俄克拉荷馬與德克薩斯邊區，通過十分困難的賽麥隆（Cimarron）沙漠，到達聖他菲的時間是1822年11月16日。他所經過的探險路線，即一般所說的「聖他菲小徑」，不久即成爲一條通往「大草地」地區的主要貿易路線。畢克尼爾因此獲得「聖他菲小徑之父」的綽號。後來，他至少又到過聖他菲一次。

　　畢克尼爾在1824年從事另一條路線的毛皮探險旅行，到過今天科羅拉多州的西部和猶他州的東部。他在1832年指揮一個民兵隊參加對印第安薩克部落族領袖「黑鷹」的戰爭，並且在1835年下期率領自願隊參加德克薩斯反抗墨西哥的獨立戰爭。畢克尼爾最後定居在德克薩斯州的克拉克維爾城（Clarkville），而於1865年在該地去世，時年77歲。

　　（本篇係根據《美國西部百科全書》，頁31）

7. 吉德迪‧史密斯（Jedediah Smith）

吉德迪‧史密斯在1799年出生於紐約州的貝爾利吉（Bairdirge），後隨家人遷到賓夕法尼亞州的伊爾縣（Erie），再遷到俄亥俄州的西瑞斯維（West Reserve）。他受過基本教育，是一個堅定的美以美教會信徒。當他決定從事西部探險事業時，正在伊爾湖的一艘貨船上擔任書記員，最後竟成為一位很傑出的西部小徑開拓家，到過西部名城舊金山和溫哥華堡。

史密斯在1822年來到西部拓荒的門戶聖路易，看到威廉姆‧阿希萊在《密蘇里新聞報》上刊登的徵求「有進取心的青年」前往密蘇里河的廣告，便決定參加阿希萊與其好友安德魯‧亨利組織的捕獸毛皮公司，其中尚有湯瑪斯‧費茲巴楚克、休伊‧格拉斯及勞伯特‧甘貝爾等人。他們在黃石河口的亨利堡度過冬季之後，史密斯被派回聖路易購置供應品和馬匹等及同阿希萊再返回亨利堡（Fort Henry）。他們在回程中將船停泊在中途與部落人做生意，不料遭到印第安部落人的攻擊。阿希萊的人員中有12人喪生及11人受傷，史密斯無恙。此案件發生於1823年6月1日。

1823年秋天，史密斯和詹姆斯‧克萊曼共12人，在黃石河南部尋找海獺區時，史密斯受到一隻黑熊的攻擊，被抓掉一個耳朵，幸由克萊曼將他的耳朵縫接在原處，成為他一生的一個記號。其後，史密斯與阿希萊公司的其他同人，曾探險到「俄勒岡小徑」地區，在阿希萊退休之後，史密斯與大衛‧賈可森及威廉姆‧蘇比利特合夥繼續從事毛皮探險工作。

史密斯的重要探險活動中包括，在1826年8月間，從猶他前往科羅拉多河地帶，再越過莫哈維（Mojave）沙漠進入加利福尼亞南部的聖蓋博谷（San Gabriel Valley）。他是第一位經過西南的陸上路線到達加州的探險家。因為當時加州是墨西哥的領土，墨國當局命令史密斯離開加州，但他未予理會，仍留在加州境內度過1826-1827年的冬季。當此期間，史密斯的隊員在聖荷昆谷（San

Joaquain，即今天的中央河谷）的史丹斯勞河（Stanslaus River）沿河地帶捕獸，他並且到過舊金山。然後，史密斯領著15名人員翻過賽拉內華達山，到達大鹽湖沙漠，在1827年7月間在猶他與愛達荷區的熊湖參加毛皮商人的大聚會。

1827年秋天，史密斯率領18名人員再度前往加利福尼亞州。他們在科羅拉多河畔的一個印第安莫哈維部落族村莊遭到印第安人的攻擊，半數隊員喪生。史密斯與其餘人員被迫回到先前的小徑再轉往加州，於9月18日到達聖荷昆谷的史丹斯勞城，接著他們被墨西哥當局囚禁在聖荷西天主教會內一個短時間。他們在加州南部度過1827-1828年冬季之後，恢復向北部繼續探險，於1828年5月到達俄勒岡境內的克拉瑪斯河（Klamath River），而在7月間在尤姆瓜亞河（Umpquah River）又遭到印第安人的攻擊，使14名隊員死亡。史密斯和倖存的數人於8月間抵達溫哥華堡，他們在該地停留數月後，於1829年春天重返洛磯山北區。

史密斯與其夥伴將毛皮公司財產出售後，在1830年回到聖路易過半退休生活。但是，史密斯無法閒下去，次年他成立一個有22部大篷車和74名職員的大車隊前往聖他菲做生意。1831年5月間，商車隊駛到阿肯色河與賽麥倫河（Cimarin River）之間的一個沙漠地帶，史密斯和好友費茲巴楚克為了尋找水源離開車隊。他們兩人在某處分手，從此史密斯失蹤沒有下落。後來，在聖他菲的印第安人報告說，史密斯被一隊柯曼奇部落族人攻擊死亡。

深知史密斯的人士說，史密斯是位身個高高的莊嚴人士，從來不吸煙不喝酒，經常帶著一本聖經。他是當時所謂「山地人」中的最卓越者，他的探險啟開了從洛磯山的南山隘通往太平洋岸的門路，並且開闢了從科羅拉多河到加利福尼亞州，又從加利福尼亞州向北通到哥倫比亞河的小徑。他確是一位將生命獻給探險事業的傑出人物。

在上文中提到史密斯是當時所謂「山地人」（Mountain Men）中的最卓異者。當西部探險時代，常見到「捕獸毛皮商人」（Trappers）一辭，此「山地

人」就是捕獸毛皮商人的另一種稱呼。西部歷史家說，「山地人」可以說是美國西進拓荒前鋒人士的好助手，因為他們曉得某地某處的特殊環境條件，可供旅行的路線，尤其是他們與許多印第安部落族人有良好的關係，能夠將他們介紹給白人探險者作嚮導和翻譯工作。「山地人」最活躍的時代大約是1820年代到1830年代期間，然後逐漸沒落，因為時代環境關係。

「山地人」的特性是喜歡過荒山野地的生活，充滿了印第安人般的攻擊精神，以及有與狗熊搏鬥的勇氣等等。據西部歷史記載著說，當山地人最活躍的大約二十多年期間，總共有3,000人左右。在本節中提到的吉德迪・史密斯、曼尼爾・利薩、湯瑪斯・費茲巴楚克及詹姆斯・布利吉等都是著名的山地人。他們與印第安人維持良好關係，有的娶個印第安人女子為妻，最著名的是原籍法國的加拿大毛皮商查朋尼歐的印第安人妻子莎佳偉。捕獸商人獵捕的主要目標是水獺，但他們也獵捕狐狸等動物。當年歐洲人士喜愛水獺皮帽子，所以捕獸商人生意很賺錢，但後來絲質帽子流行，山地人的生意隨著變沒落了。

（本篇係根據美國《西部百科全部》，頁405）

8. 詹姆斯・布利吉（James Bridger）

詹姆斯・布利吉在1804年，出生於維幾尼亞州的理吉蒙（Richmond），少年時到聖路易做鐵匠學徒。他18歲時參加威廉姆・阿希萊的探險隊，到密蘇里河上游地區做收取毛皮生意，不久轉入安德魯・亨利的毛皮公司。1823年，亨利公司的職員休伊・格拉斯被黑熊抓傷，布利吉和另一名職員負責照顧格拉斯，他們以為格拉斯活不成便將他拋下而回到站裡。後來，格拉斯情形稍好自行設法回到營站，他碰到布利吉並未加以報復，因為布利吉年輕的關係。

1824年，阿希萊公司的一個探險隊由約翰・威布爾領導，與布利吉等前往「大陸分界線」以西地區從事捕獸業務。在探險途中，布利吉可能是第一個看到猶他州大鹽湖的白種人，但當時他以為是看到太平洋的一部分。在其後的大

約20年的長久期間，布利吉一直在洛磯山區從事捕海獺工作。他在山區荒野工作的技術超過其他任何所謂「山地人」。他在脫離阿希萊的毛皮公司後，先後參加吉德迪·史密斯、威廉姆·亨利·傑克遜以及密爾頓·蘇比利特等的探險工作。布利吉不僅在捕獸技術方面超人一等，他在與印第安部落人的衝突中的英勇表現也十分驚人。有一次他遇到印第安「黑足」部落族人，被他們射中兩箭，有一個金屬箭頭留在布利吉的背內，有3年之久，才經教會首長兼醫生馬古斯·惠特曼（Macus Whitman）動手術將箭頭取出。惠特曼是一位俄勒岡的開拓先驅，爲印第安人傳教與醫病，但最後全家及教會人員都被部落人殺害。

後來由於毛皮生意逐漸沒落，布利吉將業務加以改變，在今天懷俄明州西南部的綠河附近設立一個供應站，以各種必需品供應前往俄勒岡及加利福尼亞的殖民。他的供應站開設於1843年，後來稱爲布利吉堡（Fort Bridger）。但是，因爲布利吉與摩門教徒長期衝突的結果，布利吉在1853年被迫放棄他的供應站。在1850與1860年代期間，因爲布利吉有十分豐富的西部拓荒經驗，他經常擔任殖民大篷車隊的嚮導及軍方開拓單位的嚮導。當1857-1858年的「摩門教徒戰爭」中，布利吉擔任聯邦進軍猶他州的阿伯特·強斯頓（Albert Johnston）將軍的嚮導主任。1866年，聯邦軍隊的賈令頓（Henry Carrington）上校在保茲曼小徑沿途建造軍堡時，布利吉擔任他的嚮導。布利吉的晚年在密蘇里州堪薩斯城的農莊度過，於1881年在該地去世，時年77歲。

布利吉與一位印第安平頭部落族女子結婚，有三個孩子。她去世後，布利吉先後與一位尤特部落族女子及一位紹紹尼部落族女子結婚，又添兩個孩子。布利吉的一生充滿了傳奇經歷，使他變成一位全國聞名的「講故事家」，但他所講的西部故事大都是西部拓荒的眞實故事。因此，許多人說布利吉是一位十足的傳奇人物。

（本篇係根據《美國西部百科全書》，頁50）

9. 史迪芬・華茲・克爾尼（Stephen Watts Kearny）

　　史迪芬・華茲・克爾尼可以說是許多美國西部探險英雄中的最後一位，因為當他的探險任務完成時，正值北美大陸最西的一片土地加利福尼亞州從墨西哥領土變為美利堅合眾國的領土，實際上已沒有任何西部地方可作為探險的對象了。

　　克爾尼在1794年出生於一個良好的家庭內，他是他父母的15個孩子中的最幼小者。他在紐約哥倫比亞大學就讀一個短期間便離開學校參加軍隊，在1812年美、英戰爭開始時擔任一名中尉軍官。他19歲時即1813年10月間，在加拿大境內的尼加拉河（Niagara River）上游的昆斯頓崗（Queenston Heights）戰役中受傷被英軍所俘，但他在交換戰俘中獲釋回。過了不久，克爾尼獲升為上尉軍官，在1819年奉調到西部邊區駐防，而且其後幾乎一直在西部服役。他的軍階不斷的晉升，1836年42歲那年晉升為上校騎兵團團長，而且他率領的重騎兵團戰鬥力最強，常被稱為「美國騎兵之父」。他的部隊在西部許多不安地點擔任巡邏警備任務相當的出名，同時監督西部領土內的開拓事務。

　　1846年6月間，美國與墨西哥戰爭爆發，克爾尼獲晉升為准將擔任陸軍西部軍區總司令職位。他率領1,660名騎兵勁旅將墨西哥的重鎮聖他菲攻陷，並擔任新墨西哥領土（尚未建州）軍事總督大約一個月的時間，在新墨西哥的民政機構成立後，克爾尼率領大約300名鐵騎勁旅開往西海岸。此際，他接到待證實的情報說墨西哥的加利福尼亞當局已向美軍海軍司令勞伯特・史托克頓（Robert Stockton）將軍和陸軍的約翰・查爾斯・佛利蒙投降。因此，克爾尼將其騎兵大部分遣回而只留下大約100人跟隨他。1846年12月16日，克爾尼進攻南加州的聖巴斯圭斯爾（San Pasqual），不料遇到優勢的墨西哥守軍的抵抗，美軍頗有損失，克爾尼亦負傷。幸史托克頓將軍派軍支援，克爾尼與其部隊才能到達聖地牙哥美軍勢力範圍內。美國各路軍隊在聖地牙哥會齊後，便向洛杉磯進軍，輕

易攻占此南加州的重鎮；不久，墨西哥戰敗，加利福尼亞州投降。依照1848年的美國與墨西哥的瓜達洛普希達哥（Guadalupe Hidalgo Treaty）條約，墨西哥將加利福尼亞和新墨西哥等地割讓給美國。

在加利福尼亞州投降之後，接著發生民政權利的爭執，克爾尼將軍和史托克頓將軍與州長佛利蒙之間發生激烈衝突。因為佛利蒙的職位是由史托克頓任命的，故他支持史托克頓。華盛頓方面則支持克爾尼為州長並命令佛利蒙返回東部。因為佛利蒙後來受到軍法審訊，但最後他仍然回到加州生活。同時，克爾尼繼續向墨西哥攻擊，並擔任維拉克魯茲（Vera Cruz）的民政長官。但克爾尼因為在該地患上熱帶疾病，健康情況日差，不得不返回聖路易，過了不久，便於1848年逝世，時年54歲。

10. 布理翰・楊（Brigham Young）

布理翰・楊（亦譯為楊百翰）是基督教一個特別教派摩門教的領袖，他繼承創教的約瑟夫・史密斯的領袖地位，帶領教徒從東部以西部開拓英雄的精神到達今天猶他州的大鹽湖地區，在該地興建基地，逐漸發展成為猶他州的首府鹽湖城，也是摩門教的聖城。

布理翰・楊幼年時代的環境相當窮困，曾做過房屋油漆工人等糊口性的工作。他生於1801年，在他母親於1815年病逝後，便自行謀生。他於1824年與味麗姆・安吉琳・伍克斯結婚，兩人同時參加美以美新教會，為他信奉宗教的開始。他在1832年31歲時參加耶穌基督後期聖徒教會（通稱摩門教）。那年9月間他的妻子伍克斯去世。後來他致力傳教工作，並在傳教中與瑪麗・安・安吉爾認識而結婚，時在1834年初。

摩門教教祖史密斯於1844年被人刺殺後，由布理翰・楊繼任教宗。因摩門教徒在東部受到歧視威脅，他決心率領教徒向西部尋求新基地。1847年，他率領大約1萬6000名教徒排除萬難，費了5年時間，抵達荒僻的猶他地區的大鹽湖

畔建立新基地，開始發展教務。到1850年猶他領土（尚未建州）建立，在布理翰·楊擔任首任領土總督。後因多項問題，他與聯邦政府關係惡化，導致布查南總統[5]於1857年派遣聯邦軍隊開入猶他州境內，與他形成敵對情勢，迫使他辭去總督職務，但幸未發生大戰。

1872年，布理翰·楊因一夫多妻案曾被政府一度逮捕。他的晚年致力於興建學校及電報系統等事業，為社會服務。這位摩門教領袖於1877年8月29日在鹽湖城逝世，享年77歲。他一生共有55位妻子與57個孩子，是很少有的例子。不過，摩門教信徒早已放棄一夫多妻的觀念。

除了以上的10位西部開拓英雄外，尚有數位對美國西部發展有貢獻的人物，其中包括：彼得·史肯·奧格丹（Peter Skene Ogladen）、約瑟夫·華爾克（Joseph Walker）、納太尼爾·威伊斯（Nathaniel Wyeth）、約翰·比德威爾（John Bidwell）及勞伯特·史徒德（Robert Sturt）等。

5　布查南總統係美國第十五任總統，民主黨籍，任期自1857-1861年。

第四章
美國的印第安政策

一、印第安政策的演變

1. 早期的政府政策

關於美國政府對印第安人的政策，在《美國西部百科全書》的美國的印第安政策第一節中說：「美國的印第安政策主旨是對付占據國境內土地的印第安人的全盤戰略與執行戰略的行動方針。對印第安政策隨著政府的改變和環境條件的改變而改變。但是，政策的中心只有一個基本問題，如何解決西進拓荒者與原住人民間因土地引起的衝突。」[1]

在美國革命成功脫離英國統治之後，美國聯邦政府承認在美國法律體系以內，印第安人對他們的故鄉土地具有所有權，政府政策的中心是，如何將土地權利移轉給國家，以使白人能夠開發這些土地。當美國向西部擴展期間，在1871年3月3日國會通過印第安撥款法案[2]以前，都是以簽訂條約作為解決土地問題及管理美國與其「國內的從屬國家」之間關係的主要手段。美國聯邦最高

1　《美國西部百科全書》，頁220。

2　1871年3月3日，國會通過印第安撥款法案。華盛頓將軍曾創始一項對印第安部族的政策，承認它們是「明確的，獨立的，政治社會」及「國內的從屬國家」。因此，它們在本質上是被認為有點像各州，與聯邦政府共有至上的主權。但印第安撥款法案將此項政策加以完全的改變。印第安部落將不再被認為是享有簽訂條約權力的獨立實體，而被宣布為州的受監護者。（《美國歷史大事記》，頁318）

法院首席大法官約翰・馬紹爾（John Marshall）在1831年裁定將印第安部落確定爲「國內的從屬國」（Domestic Dependent Nations）[3]。

然而，簽訂條約方式被指爲只不過是一個國家企圖將攫取另一個國家的土地予以國有化和合法化而已，若此種外交手段不能達成目的時便使用武力來加以完成。因此，直到今天爲止，印第安人仍然經常抱怨並指責聯邦政府並未誠摯履行許多條約中的條件。有關條約問題，2004年在首都華盛頓新創立的美國印第安國家博物館，特別將美國與印第安人簽訂的19項條約與有關的歷史性文件舉行公開展覽。國會參議院承認美國與印第安人之間的主權對主權關係，並且批准在1778-1871年的93年期間聯邦政府與印第安人簽訂的367項條約。

專家們說，此項聯邦政府與印第安人之間的條約制度有若干重大的缺點，例如，每當發生涉及重大利益問題時，國會或行政當局都對違反條約事件有些顧慮，就像與外國訂的條約那樣。至於印第安人也時常不能履行他們在條約中所作的承諾。部落族首領說話幾乎從來不代表他們的全體人民的意見，而且因爲語言的翻譯或者政府談判人員欺詐的理由，他們時常甚至不了解或者知道他們曾經同意的是什麼。因此，這些條約時常不是被一方面或另一方面所違反，而是被雙方加以破壞而引起許多爭執問題。

此種條約制度的缺點之一是年金辦法。年金辦法的主旨是，依據條約中的規定，在若干年的期間，政府每年爲印第安人讓給政府的土地償付一定數字的現金。年金辦法很容易被那些與政治有關的商人所濫用，因爲他們有機會參與每年將年金付給印第安人的會議，而且更容易使此種辦法被濫用的原因是，在習慣上是政府將年金的現金交給各部落酋長，再由他們分配給部落族人民，尤其是有些酋長和不肖的白人商人勾結成貪污夥伴，造成許多問題。條約中的年

---

3 1831年3月18日，美國聯邦最高法院，在「奇魯克國家對喬治亞州」的訟案中裁定說，奇魯克是「國內的從屬國家」而非外國，故不能在聯邦法院訴訟。（《美國歷史大事記》，頁323）

金辦法也有助於對印第安人社會的酒類貿易，不少白人商人利用機會賺錢而使印第安人間的酗酒問題惡化。

雖然，問題的根本原因在於白人的自私自利觀念，但政府的印第安人政策也有人道的一面。鑒於白人和印第安人間發生摩擦的主要原因是印第安人遭受白人商人的惡劣對待的結果。國會在1796年通過一種官方與印第安人直接貿易的制度，在印第安人社區設立貿易站，印第安人可以公平的價格交換白人製造的貨物。可是，此種官辦制度仍然不能與私營商人相競爭，更由於官方與人民爭利的理由引起商人的強烈反對，最後導致此種貿易站制度在1822年予以廢止。

美國第三任總統及獨立宣言主要起草人湯瑪斯‧傑佛遜，為了解決時常發生的印第安戰爭，他決定遷移印第安部落族的新政策，要將生活在東部各地的印第安人強制遷移到西部地區，因為那裡沒有白人居住，而且土地不屬於任何州。政府將西部土地定為「印第安國家」即今日的俄克拉荷馬州。印第安人在那裡可以自由、快樂的生活，孤立於白人社會之外。傑佛遜政策的原意可以說是相當不錯的。

在傑佛遜總統之後的第五任總統詹姆斯‧門羅及第七任總統安德魯‧傑克遜任期內，將東部地區印第安人強行遷往西部是政府對印第安人政策的最主要部分。在1830年代與1840年代的期間，依據聯邦政府與東部地區印第安部落族簽訂條約的條件，大約共有50,000名印第安部落族人從東部被迫遷到西部的俄克拉荷馬地區。此種迫遷政策，使印第安人遭受無限的折磨和痛苦。他們不論寒暑都必須長途步行，忍饑受寒，許多人支持不住就死在荒野途中。因此，在印第安人西遷史上留下了「血淚小徑」的悲慘名詞。在此政策執行結束時，印第安人將東部他們原有的故鄉土地面積高達一億英畝讓給了聯邦政府，換得了西部的大約3,200萬英畝的土地和總額6,800萬元年金的政府承諾。

但是，傑佛遜的將東部印第安人遷往西部「印第安國家」的政策並未能達

成原來的目標。將印第安人區與白人區分隔開的所謂「永久的印第安邊界」，只是由軍事基地構成的一條城堡鍊子，從明尼蘇達一直綿延到路易斯安納。此項措施後來事實證明只是很短暫的。由於1846年簽訂的俄勒岡邊界條約，及美國與墨西哥戰爭（1846-1848）美國勝利的結果，使美國西部邊界擴展到太平洋海岸。此種重大的演變，將所謂「永久的印第安邊界」破壞了，「印第安國家」觀念也隨著唯有失敗一途。大批的白人殖民在1850年代湧向俄勒岡及發現金礦的加利福尼亞地區。這種新情勢迫切需要新的對策，也就是新的印第安政策。

今天，在美國常聽到的名詞「印第安人保留區」（Indian Reservatoin）制度，就是大約150年前開始的美國政府的印第安人政策。所謂印第安人保留區制度早已存在於密西西比河以東地區的印第安人部落族區內，到了1850年代它變爲聯邦政府的國家政策，一直實施到今天還維持著。保留區制度的辦法是，將印第安人種種不同的部落分爲許多族群，使他們集中生活於面積有限的小地區內，獲得保護不受白人的「感染」，教導他們變成自給自足的農民，並且逐漸使他們接受白人的基督教文化。用中國人的說法就是「同化政策」。

當1850年代與1860年代期間，聯邦當局與印第安人簽訂的條約中，大都包括有印第安人同意居住生活的保留區地點。條約中不像以往那樣列有政府給予定額年金的條款，而改爲每年政府供應保留區定額的食物、衣服、農業工具與指導員，以及設立學校使他們有受教育的機會等等福利事項。同時，印第安人則必須將他們在保留區以外的一切土地的產權移轉給聯邦政府。但是，此項新的條約政策到1871年又告終止，因爲國會的衆議院要求參與批准政府與印第安人簽訂的任何條約的權力，而以前此等條約只需經過參議院的批准。不過，在1871年以後，政府與印第安人間簽訂的條約一律改稱爲「協議」，實際上等於原來的保留區政策仍然在繼續執行中。

美國的印第安人保留區政策，與1860年代及1870年代的大部分重要的印第

安戰爭有關，因為政府使用陸軍部隊強行將某些部落族人送入保留區內或將逃出保留區的部落族人強迫回到保留區內。當南北戰爭期間，印第安人的立場並不一致，有的部落族人支持林肯總統的北方軍隊，有的支持戴維斯總統的南方軍隊。

在內戰結束時，美國政府的印第安政策則轉向所謂的「以仁慈征服」政策。政府為了保障經過「大平原」地區旅行路線的暢通，聯邦的和平專員於1876和1868年，在懷俄明南部的拉瑞密堡（Fort Laramie）及堪薩斯的麥迪辛站（Medicine Lodge），與大平原印第安人簽訂的和平條約，並未能使印第安戰爭終止或者將印第安人限制在指定的印第安人保留區內。

和平專員制度是美國第十八任總統尤利西斯‧格蘭特的印第安政策的重心。他在1869年就職後宣布他的和平專員政策，但他被人批評說他的和平政策只是一個口號而已，只為了應付政府中要求改革印第安政策人士的意見。他的和平專員政策也稱為「貴格」（Quaker）政策（貴格是基督教的一個教派，通稱為貴格會或公誼會）。格蘭特總統為了改善印第安人保留區的管理效率和不良聲譽，派任基督教貴格會的教徒及其他宗教徒人士擔任印第安代理人。然而，那些宗教徒之間就存在著不諧和的情勢，自然要影響他們的印第安人保留區服務工作。格蘭特總統的印第安政策中另有一點是，他將聯邦政府的印第安事務局和陸軍兩個部門在印第安人保留區內的責任予以劃分：在保留區內一切都是和平的，但在保留區以外則為敵對的。

此項和平政策不久便證明，它在終止印第安戰爭及改善白人與印第安人之間關係等方面的成效並不較其他任何政策好多少。很顯然，宗教人士的涉入並不能保證印第安人保留區管理效率的提高與公正。而且，和平的印第安人出了保留區便常常與陸軍成為敵人。

到了1880年代最後一次印第安戰爭結束後，印第安人保留區首次實際上變成一種封閉式的印第安政策實驗所。使印第安部落族人民「文明化」的目標很

不容易達到，因此常常影響到政策制定人士。只有在印第安人的自由完全被剝奪後，此一目標才有些希望。在最後的印第安戰爭結束的同時，東部地區出現了一些要求改革印第安政策的團體這些致力於正義和公平的人道主義者，謀求將最偉大的禮物獻給印第安人：他們（白種人）自己的文化。這股主張以人道對待印第安人的潮流的出現，在美國的印第安政策史上占著重要的一頁。

改革主義者與政府中的贊同者的工作議程中包括，使印第安人在農耕方面自給自足，接受教育與基督教精神，愛國的效忠「美國主義」，依據盎格魯撒克遜法律而非印第安法律受保護或受懲罰，以及對個人的一筆土地具有產權。末一項稱爲土地分配，這是爲了促進在日常生活中的自給自足，同時著重家庭而犧牲部落結構；土地分配制度是依據1887年國會通過的參議員戴威斯提出的「土地分配法案」（Dawes General Allotment Act）開始實施的。法案中規定每一個印第安人家庭獲得政府分配給160英畝的土地，但是土地的信託權在政府，是爲了限制土地至少在25年內不得出售。此一制度的用意是，在一切都實現之後，印第安人保留區和管理保留區的印第安事務局最後將告消失。一旦所有的印第安人都有了自己的土地並變爲十足的美國公民之日，除了皮膚顏色外，他們將與其他任何美國人沒有任何區別。此制度的用意是不值得稱頌的，最後也歸於失敗！

改良計畫失敗的原因有三，管理不善影響效果，而且原初的理想後來證明並不健全，以及當時一般白人相信印第安人文化沒有保持的任何價值——此種觀點爲後來的世代所否定。當時的文化計畫是以新文化取代舊文化，實際上是破壞印第安人的舊文化。新舊文化不能相容的結果，引起了1890年的「幽靈舞」事件（Ghost Dance Uprising）。

雖然，印第安保留區計畫有些缺點，使印第安人遭受相當大的損失，但是此種政策卻一直維持到20世紀。尚未等到1930年代富蘭克林・羅斯福總統提出其「印第安新政」計畫之前，以往的那些舊的假定與舊的政策都被拋棄了。

美國的印第安政策史是一個漫長的故事，實際上是當英國人殖民地時代已經開始的，四百年來經過許多階段，從歐洲白人與印第安人間的和平相處，間或的小衝突，短暫的戰鬥，大規模的戰爭，土地的割讓，部落主權問題，簽訂條約，聯邦信託責任，印第安人遷移與集中，劃定界限和保留區，進行同化，以及土地分配等等，到現在的聯邦印第安政策都需要相當多的討論。簡單的說，印第安人從最早的完全自由的遊牧生活，經過被一步一步的逼迫，最後被限制生活於幾處面積小又貧困的保留區內。現在他們雖然在法律上與其他公民享有同等的權利與義務，但仍有許多許多問題有待解決，而且他們當中的有識之士也正在努力奮鬥中。就美國建國228年以來的情況來說，19世紀可以說是印第安人最不幸的時代，尤其是19世紀的下期，是他們沉淪黑淵谷底的歲月。從20世紀開始，他們才漸漸看到一線的生命光明。

印第安人是從被壓迫者、被征服者的地獄裡拚命掙扎起來的。在這方面貢獻最大的首推那些政治與民族活躍人士。從歷史記載可知，印第安人對抗白人的軍事力量亦即武裝的奮鬥在19世紀末葉已徹底被消滅。但是，他們對白人的政治的、經濟的、文化的控制以及壓榨的反抗努力一直持續到今天，不但沒有減退，而且更為積極、更為擴大。不過，隨著時代環境的演變，他們的反抗戰術是以政治的和法律的行動取代了往日的暴力行動。而且，他們奮鬥的理想目標仍然與他們過去數世紀的目標無異：為了祖宗的土地、經濟基礎以及文化的自由和表達。

（本節係根據《美國西部百科全書》，頁220-223）

2. 20世紀的政策

在20世紀初期，由於受到過去許多不幸事件影響的關係，仍然發生若干次小型的衝突事件。例如，1901年發生的「瘋蛇」暴動（Crazy Snake Uprising），是由印第安柯利克部落族首領吉土・哈荷（Chito Harjo）領導的，為了反對印第

安領土的土地分配制度。1912年，因為奇魯克部落族人拒絕生活在被政府分配的土地區內，聯邦警方曾拘捕一些部落族人。另外並發生若干騷動事件。

同時，由於聯邦政府先後將不少以往對印第安人很不合理、不公平、甚至壓迫性的法令規定等加以修改或廢除，使他們獲得較大的行動自由與權利。於是，他們和美國社會大眾的活動漸漸相近，開始組織團體，以集體的力量為自己爭取權利。最早成立的具有相當大影響力的組織是「美國印第安人協會」，其重要的貢獻包括促進同化運動，要求廢除聯邦印第安事務局，以及爭取印第安人的美國公民身分等項。特別是公民身分籍一項終於在1924年獲得實現，國會於是年通過印第安人公民籍法案，凡是尚未獲得公民籍的印第安人一律給予美國公民身分。

（甲）成立政治文化團體

後來，印第安部落際組織相繼成立，諸如1912年的阿拉斯加印第安兄弟姊妹會。1915年的美國印第安維護協會，1922年的全美普布洛理事會，1944年在丹佛市成立的美國印第安國民大會。當第二次世界大戰的1940年代到1950年代，印第安積極人士的行動都是著重於合法的措施而非暴力的行為。二次大戰期間，許多印第安人從軍參加對敵人作戰而犧牲，而且「艾洛卦」部落族同盟曾對德國宣戰。

1950年代後期和1960年代初期，許多部落族反對政府強制性的土地再收回計畫，例如西尼卡部落族謀求以法律基礎阻止在紐約州與賓夕法尼亞州邊界修築水庫，及土斯卡洛拉部落族反對紐約州電力局建造土斯卡洛拉發電廠計畫等。1958年，多個部落族對古巴卡斯楚的革命政府給予象徵性的承認。

1960年代和1970年代，印第安人的抗爭有了新的發展，許多新的活躍人士受過高等教育，而且受到社會上各種民權運動的激勵。他們大都生活在都市地區，活動範圍較以前為廣闊與有更大的影響力。他們關切繼續的種族歧視、住的問題、就業問題，以及警察的粗暴行為等等重要的一般社會問題。1960年代

的印第安人運動的主旨是為「紅權」（Red Power）而奮鬥，參與的有許多個人及團體組織。諸如，1961年在芝加哥舉行的美國印第安芝加哥會議，參加的有67個部落的代表多達500位，他們大都與美國印第安國民大會有密切的關係，會議中曾討論「泛印第安政策」及未來的計畫等議題，會議決定將它定名為「美國印第安憲章會議」，並且發表「印第安目標宣言」，其中要求印第安人在一切對印第安人有影響的政府計畫的決策過程中應該有更大的發言權。若干青年代表們要求多多直接參加政治活動。在會議過後不久，他們便在新墨西哥州的蓋洛普成立全國印第安青年理事會。

　　這一階段的印第安運動的成果是成立多個全國性的團體組織，有政治性的、法律性的和文化性的不一，例如：美國印第安協會、印第安國民大會、阿拉斯加土著聯合會、印第安土地權利協會、美國印第安人權理事會、全國印第安教育協會、美國印第安文化研究中心、美國印第安青年協會、印第安法律發展學會以及美國印第安權利基金會等。

　　這些團體中最受人注意的首推「美國印第安運動組織」，於1968年在明尼蘇達州首府明尼阿波利斯（Minneapolis）成立，其重要人物包括吉比華和歐吉比威部落籍的丹尼斯·班克斯（Dennis Banks）、喬治·密契爾（George Mitchell）和柯萊德·比爾考特（Clyde Bellcourt）以及席歐克斯的支族拉科他部落籍的羅素·密安斯（Russel Means）等。這個組織在1960年代後期和1970年代初期所採取的激烈性的政治行動，為其他印第安人團體所不及，尤其是它曾經將聯邦的土地加以占據造成戲劇性的行動。他們在1969年11月間，將舊金山灣的阿卡曲斯島（Alcatraz Island，俗稱犯人島，因曾作為聯邦的一所監獄）加以佔據並且發表宣言，提出多項與印第安人權益有關的要求，獲得全世界的注意和支持。此事件持續頗久的時間，但到1971年初，因為公眾的注意力消退，聯邦警方最後將這群異議人士驅離該小島。另外還有若干次不太令人注意的行動，例如，該組織的人士曾經對停於麻薩諸塞州普萊茅斯的「五月花二號」船作象徵性的

「捕獲」，及對科羅拉多州利特賴市的聯邦大廈加以象徵性的「占據」等。1972年，印第安運動組織的一項驚人行動是「破碎的條約小徑」篷車隊遊行，包括向首都進軍等活動，以及接著的六天連續示威運動，在示威當中積極人士曾將聯邦政府印第安事務局加以「占據」並將一些檔案文件予以破壞。

　　印第安運動組織的成員和支持他們的民衆，1973年將南達科他州的席歐克斯部落族的松樹嶺印第安人保留區加以「占據」，該地是1890年「傷膝河」印第安人被屠殺慘案的地點。不過，那次事件曾引起印第安人內部的爭執。反對人士的要求之一是，重行檢討被違反的印第安與聯邦簽訂的那些條約。此事件在經過71天的槍擊和談判之後獲得解決，但不幸有兩名印第安人喪生及一名聯邦職員受傷。1975年，在松樹嶺印第安人保留區發生第二次槍擊事件，導致兩名聯邦調查局探員死亡。在此案中的拉科他部落籍的利納德‧皮爾特（Leonard Peltier）曾被控告。他和數名活躍人士在此事件後曾逃到加拿大的哥倫比亞省流亡，後來也被引渡回美國在北達科他州的法爾古（Fargo）市受審。在較早的一次審訊中，被控的該組織成員已經獲得無罪的判決。然而，當時法爾古的反對印第安運動組織的氣氛激昂，並且謠傳有法律專家製作的有關皮爾特握有一支步槍的證據，而使皮爾特被法官判處「兩個無期徒刑」，至今仍在監獄內服刑期中。他的案件曾引起國際間的抗議。皮爾特案件的影響相當大，成爲1980年代和1990年代，印第安積極人士與其支持者力量的匯合點。

　　印第安運動組織的創始人之一的丹尼斯‧班克斯係印第安吉比華和歐吉比威部落籍的政治活躍人士，於1975年因在示威中暴動和攻擊罪嫌被判罪，那次示威行動發生於1973年，地點在南達科他州的柯斯特（Custer）城（該城名爲紀念最著名的小巨角河戰爭中被印第安人擊殺的聯邦第七騎兵團團長喬治‧柯斯特上校）。班克斯在那次爲抗議一名印第安人死亡事件而舉行的示威之後，先逃到俄勒岡州，再流亡到加利福尼亞州，又逃到紐約。他最後在南達科他州的瑞皮德城（Rapid City）向地方當局投案，被法官判處十八個月的有期徒刑。

　　1970年代期間，尚有多宗印第安運動組織發動的爭取權益的行動。例如，1974年組織初步的「國際印第安條約理事會」，並在1977年獲得聯合國承認爲一個非政府組織。莫哈克部落族人士於1974年，將莫斯湖（Moss Lake）的鷹灣（Eagle Bay）的紐約州屬土地加以「占據」，此事件導致最後在1977年部落族獲准得到附近的保留土地。1974年成立一個活躍的婦女團體「全體紅國婦女協會」。1975年成立部落族能源理事會，爲了保護各印人保留區內的能源並加以開發以利部落族。1977年，積極運動人士向日內瓦舉行的國際人權會議提出建議，要求聯合國組織承認印第安部落族是「主權國家」。1978年，印第安運動組織舉行前往華盛頓的「最長的步行」，作爲一切被強迫的印第安人的步行的象徵。

　　印第安積極人士的平和抗爭行動，一直持續到1980年代和1990年代，不過其規模不及1970年代那般宏大。有些此類抗議行動，是由加拿大境內的印第安人士發動的。

　　1981年，印第安運動組織成員將南達科他州境內的巴哈薩巴（Paha Sapa，黑山Black Hills）加以「占據」，要求將那個部落族視爲聖地的地點交還給拉科他部落族。在同一年間，烏鴉部落族人民將南達科他州的巨角河上的一座橋的交通加以阻斷，爲了抗議聯邦最高法院對有關蒙大拿州的一件案子的裁決，因法院的裁決認爲，蒙大拿州有權管理在穿過印第安人保留區的河流地帶捕魚和打獵事務。當奧林匹克運動會於1984年在加利福尼亞州洛杉磯市舉行的期間，印第安運動組織的重要領導人物丹尼斯・班克斯，在紐約州的歐農達卡印第安人保留區，協助組織「偉大的吉姆・索普長途跑步」（Great Jim Thorpe Longest Run），許多部落運動代表隊及部落族個人參加，他們從歐農達卡印第安人保留區起跑，途中經過14個州的地區抵達洛杉磯的奧林匹克運動會場。他們在洛杉磯舉行印第安籍著名運動員吉姆・索普的紀念大會。吉姆・索普是印第安薩克部落族的運動健將，曾在1912年的瑞典斯德哥爾摩的奧林匹克運動會中，榮獲

十項運動和五項運動的雙料金牌獎牌。但是，次年他的獎牌卻被奧會收回，因
爲他曾經參加「半職業性」的棒球比賽。吉姆‧索普於1953年逝世，而在他去
逝之後，重行獲得他的奧運會獎牌。

　　1985年，印第安西尼卡部落族人民阻止修建第十七號公路的一部分，因
爲他們指稱部落領袖無權在1976年將土地售給紐約州。1988年，兩名印第安土
斯卡洛拉部落族男子，在北卡羅來納州的倫比爾頓（Lumberton），將一家報社
的辦公室占據並將17名職員拘作人質，要求該報對有色人民的歧視案件加以調
查。

　　加拿大方面，1980年有多位「第一國家」的領袖，在倫敦舉行記者招待
會，發表聲明反對加拿大政府的修改憲法建議。次年加拿大修憲完成，憲法中
沒有保障印第安人的權利。因此，有大約三千人在渥太華向加國國會示威抗
議，結果導致國會在1982年將憲法中有關印第安人權利的部分加以修改。1985
年，約有150名印第安吉比華和密帝斯部落族人，在加拿大北部伍拉斯頓湖
（Wollaston Lake）的鈾礦區阻止工人工作，抗議當地野生物遭受污染。1988年，
卡納威克印第安人保留區的莫哈克部落族人，在兩條穿過保留區的公路上，阻
斷到蒙特利爾的交通。1990年，印第安莫豪克部落族人民與魁北克（Ouebec）的
警察發生衝突，因爲他們反對在甘尼斯特克的莫豪克部落族的「聖地」修建高
爾夫球場。另外尚有若干次加拿大印第安積極人士的抗爭事件。

　　美國印第安運動積極人士注意的一項仍在繼續中的問題是，許多體育隊以
印第安人作爲綽號、口號或者吉祥物。雖然大多數中學和大學的運動隊已經不
再使用此種標誌，因爲受到印第安人團體壓力的結果，但是職業運動組織仍有
此種作風。

　　1994年，美國印第安運動組織的領導人物丹尼斯‧班克斯等積極人士舉行
一次重要的抗爭行動「正義步行」。他們從加利福尼亞州舊金山灣內的阿卡
曲茲島（俗稱犯人島）起步，前往首都華盛頓。他們在國會參議院舉行一次會

議，參加的聯邦參議員、眾議員及白宮代表雖然人數不多，但會議具有重大的意義。在會中發言者批評核子廢物對印第安人土地造成的經濟損失，被拒絕進入各處的聖地，打獵權受侵害，以及印第安人囚犯受歧視等問題，特別是涉入1975年松樹嶺保留區事件被判囚禁的利納德‧皮爾特的案子。

印第安納法荷部落人家庭遭受到一次「現代的長途步行」，使他們想起他們的祖宗在1864年遭受的「長途步行」的苦難經驗。問題是，亞利桑那州境內的納法荷保留區包圍著何皮部落的土地，納法荷人自1800年代以來一直生活在為何皮人保留的土地上，該片土地在「大山」（Big Mountain）上，而大山被此兩個部落族的傳統主義人士視為一塊「聖靈」的土地。何皮部落族理事會在納法荷部落族理事會的支持下，要求將大山收回來以便出租給非印第安人的煤礦公司謀利。聯邦政府當局在1974年的納法荷與何皮「土地解決法案」中的決定有利於該兩個部落的理事會及煤礦公司，法案並將劃定永久性的邊界。依據1980年的納法荷和何皮「遷居法案」，若干個納法荷及何皮部落族家庭必須遷往他處。在1996年的納法荷與何皮土地爭執解決法案中，准許將納法荷人遷居的時限予以延長，但將使「聖地」遭受進一步的破壞，而且影響傳統的生活方式。雖然有許多的納法荷人家庭已經遷往他處，但是，仍有一些家庭繼續留住原處，而且他們和若干傳統的何皮人夥伴，誓言繼續反對「聖地」與文化的被破壞。

最近數年印第安積極人士行動的重點大都是在法律方面，其中包括土地權利要求等法律訴訟案件，及若干未獲得認可的團體要求獲得聯邦信託地位等。在法律行動方面成果最大的團體是1970年成立的「美國印第安人權利基金會」。據該基金會說，它是美國的最大的印第安人非謀利組織之一，「在原住民的重大問題方面，對個人、印第安部落族及團體等提供法律諮詢和擔任代表。自1970年創立以來，我們曾經在有關部落主權、宗教自由、聯邦認可、遣送、漁獵補助以及環境和教育支援等案件方面，在聯邦法律事務上協助二五〇

餘個部落族。本基金會在保持和實施部落族作為主權、自治團體地位的任務方面，我們今天的優先事項如次：

——維持部落族的存在。

——保護部落族的天然資源。

——促進原住民的人權。

——政府對原住民的責任。

——發展印第安人法律，教育公眾有關印第安人的權利、法律和各種問題。

印第安人權利基金會附設一個「國家印第安法律圖書館」，館內收藏極為豐富的與印第安人法律有關的書籍、聯邦文件、學者研究報告、學報論文、法律訴狀以及部落族文件等很有價值的參考資料，對律師、部落政府、部落團體、研究家、學者、新聞傳播家以及社會公眾都提供服務。

該基金會自1970年成立迄今，一直由包尼部落籍的聞人約翰・艾求豪（John Echohawk）擔任主席。該基金會在他的領導下，已獲得相當大的成就，得到很多的稱讚。他們經辦的案件的範圍廣泛，其中包括部落族的承認、土地權的要求、水權、漁獵權、條約權的賠償、部落教育委員權、部落族的法院管轄權、稅捐的豁免以及部落族神聖物品的收回等等。

該基金會經辦的許多案件中，以1996年代表許多印第安部落族提出的對聯邦政府內政部的集體訴訟案，為印第安人提出的規模空前的大訟案。案子的主旨是指控內政部對於涉及至少30萬英畝土地信託和多達50萬人的數十億元金錢的管理不當問題。所謂信託帳戶基金問題遠溯到19世紀後期的聯邦以土地分配給印第安人的政策。當時聯邦政府為消滅部落族的土地所有權老制度，而將土地分配給印第安的個人，那些土地大部分在所謂「印第安領土」內，亦即今日的俄克拉荷馬州境內。聯邦政府自那時以來負責管理有關出租給石油、瓦斯和森林等業界的土地的信託基金帳戶。但是，這些企業收入中的大部分金錢從來

未給予其印第安受益人，而且有些土地已被非法的出售，因此，造成一大問題。

　　印第安運動積極人士並且重視印第安文化的復興問題。這也是個相當複雜的問題。雖然社會的大多數對於特殊集團的利益漠不關心，但是已有許多非印第安的個人支持印第安人的參與，並且對印第安人的歷史和文化有相當濃厚的興趣。在積極方面，印第安藝術已有了「文藝復興」的現象。第（一）在美術項目方面的繪畫、雕塑及建築等作品都受重視，印第安人繪畫家和雕刻家，在一種融和傳統與現代的新美學方面，業已發展出國際的聲譽。第（二）在工藝方面，許多印第安人利用傳統的技術和形式的作品，在鄭重的收藏家和觀光客之間已獲得穩定的市場。同時，在戲劇藝術方面，印第安人也獲得重大的收獲，在芭蕾舞、戲劇、電影、電視和音樂等方面都建立了聲譽。印第安人在小說和詩——大部分含有政治性的——的文學領域內同樣的有其地位。

　　印第安文化已獲得相當份量的社會重視。例如，國會參議員丹尼爾‧艾諾伊（Daniel K. Inouye）於1987年提出的在華盛頓的斯密遜學會內建立「國家印第安博物館」案，經過十多年的努力後，此全國規模最大的印第安博物館，已於2004年9月21日至26日在華府舉行盛大的開幕典禮。此博物館在其「我們的使命」聲明中說：「國家印第安博物館將對土著社會和非土著社會承認和確認西半球土著的歷史的與現代的文化和文化成就。」在此全國最新的印第安歷史與文化機構成立之前，已有若干類似的團體成立，例如，1994年在紐約市揭幕的喬治‧柯斯特希伊中心，1998年在馬里蘭州修特蘭成立的文化資源中心，2002年文化資源中心在首都成立分會等。另外，在南達科他州黑山區山頭雕刻的印第安部落英雄「野馬雕像」於1998年揭幕，此巨形雕像有助於一般人對印第安人歷史的認識。野馬雕像的工作約在60年前開始，是一項十分艱鉅的藝術傑作，更有意義的是，這位部落領袖的雕像的山頭，距著名的魯希莫爾山的「四位美國總統雕像」只有15英里，而且野馬雕像大過四位總統面部雕像。

　　印第安部落復興或再造情勢也是他們文化甦生的重要發展，這與20世紀初以來美國實施的強制同化政策有相當大的關係。就團結一點來說，部落是擴大的家庭。雖然印第安人保留區制度經常發生很貧窮的問題，但是在美國和加拿大社會中發現有顯著的社會與社區的融合。再者，就企業或公司方面來說，部落的任務是爲個人的利益提供保護和服務。印第安人參與部落階層社會活動的普遍，大過多數其他階層社會活動的參與程度。

　　當印第安部落復興的同時，在印第安的認同方面也有了新情勢。數目不斷增加的泛印第安聯合機構、組織、出版品和電腦網址等等，都有助於此種共同目標的意識，甚至在國際階層也如此。部落與部落間；保留區印第安人與都市區印第安人間；老年人與青年人間；同化主義者與傳統主義者間；保守人士與積極人士間；贊成賭博與反對賭博之間，不論什麼歧見都不斷的獲得解決，因爲有了共同的政治的和法律的覺悟。今天的印第安人遭受官僚和商人剝削的事件較以往爲少。宗敎在此泛印第安新生方面有其重大的貢獻，例如，美國印第安敎會的信徒中有許多不同部落的信徒。1978年國會通過的美國印第安宗敎自由法案與1994年的修正法案，加強了對印第安人宗敎儀式和聖地的法律保護。1990年國會通過的保護原住民墳墓與歸還法案，使各部落族能夠從聯邦機構重行獲得他們的神聖的物品及死者遺骸等。在這些保護措施中，最重要的是1990年國會通過的原住民語言法案，使各部落族人保持其土著語言的能力大爲加強，而語言是他們文化中絕對不能缺少的一項。

　　印第安歷史家卡爾‧華德曼說：「印第安積極行動主義，是一種部落層次和泛印第安層次的自決形態的運動。積極行動主義是一種爲認同及問題下定義和維護的途徑。部落領袖會議、各種出版品及網路等已有助於主張的統一。政治權利遭剝奪、經濟窮困、文化被忽視、疾病率高，以及土地威脅等一天不止，積極行動主義運動也一天不停。」

　　（本節係根據《北美印第安歷史地圖集》，頁233-238）

（乙）開設賭場富裕經濟

在政治權利與文化復興之外，經濟富裕也是今日印第安人努力的目標之一。最受人注意的事業就是開設賭場。印第安保留區內最初的公開賭博方式是「賓果」，這是印第安人商業賭博的開始。許多印第安部落區內相繼開設賓果俱樂部，與免稅香煙和汽油生意的不斷增加有關。因為這兩種免稅生意將許多非印第安人吸引入印第安人生活區內。1976年，聯邦最高法院的一項裁定說，各州當局對州境內的印第安部落具有刑事和民事管轄權，但是對它們並沒有制定規章的權力。此項聯邦法院的裁定的影響很大，因此各地印第安保留區的賭博業開始了大規模的發展。1985年，全國印第安賭博協會成立，係一個非謀利的組織，它說，迄今全國已有將近兩百個印第安部落依靠賭博生意謀求經濟自足。

1987年，聯邦最高法院在一宗關於佛羅里達州對印第安賽密諾利部落的訟案中裁定說，由於州當局對境內的印第安人土地沒有管轄權，所以反對賭博的州法律不能對部落區實施。此一裁定的影響也相當的大。1988年，國會通過「印第安賭博管理法案」，其中訂明三類賭博為傳統的賭博、低賭注的賭博及高賭注的賭博。法案中說，如果聯邦或州法律不禁止高賭注賭博的話，部落有權與州當局簽訂高賭注賭博合同。法案中並規定設立「國家印第安賭博委員會」，負責管理印第安人的賭博業，用以促進部落的經濟發展、自給自足，提供規章防止罪惡組織等，以確保印第安人是賭博業的主要受益者，並且確保賭博業的經營對業主和賭客都是公平誠實的。2003年的報導說，全國已有大約200個部落都經營賭場。雖然這些賭場一般都獲得相當鉅大的利潤，但是據報導說，在新墨西哥州和亞利桑那州等地由於賭場業的經營已引起一些新的問題。

賭場業已成為印第安人經濟命脈的首要問題，因為這一行業一年的營業總額高達170億美元之鉅，自然成為印第安各部落族儘力爭取的目標。依據有關

法律的規定，只有獲得聯邦政府正式承認的部落（約爲562個），有合法經營賭場的資格，而且只有正式登記在案的部落成員才能享受賭場利潤的資格。此類限制印第安賭場業帶來的問題之一。因爲涉及印第安身份認同問題。據2004年10月4日一期的《美國新聞與世界報導雜誌》報導說：「在此多種族和部落際通婚的時代，印第安身分認同已成爲美國印第安社會的一項重大的關切問題。聯邦政府印第安事務局現在遇到兩百多件與認同有關的案子，使此問題已擴大爲主流社會亦關切的問題。批評家說，賭場的準投資家在全國各地尋求具有印第安部落族身分的集團，而且不惜以百萬計的金錢僱請家系學者、歷史家及律師等，純是爲了獲得經營賭場的執照。」

該雜誌說，康涅狄格州東南部森村地區有一家名爲「狐狸林」（Foxwoods）大賭場的印第安人賭場，占地達70英畝廣，是一個所謂多種設施的機構，有賭場、旅館、飯店、建造費1億9,300百萬元的博物館與研究中心，以及多達7,273台的吃角子老虎機。對皮瓜特瑪山土克部落族說，這是好事，但此部落族是在1983年才獲得政府正式承認的。30年前，他們的面積214英畝的保留區，只是一名年邁單身老婦人的住家。今天，該部落族登記有案的族人880人，據報導說他們每一個人每年獲分得賭場利潤達10萬元之鉅。他們的部落族人不僅遠逆英國殖民統治時代，也包括20世紀初期時生活於保留區的11名部落人。此種極微少的族系關係，加上他們大部分的白人和黑人面貌，致使批評人士懷疑其中許多是否確是皮瓜特族系的人，或者是否根本不是印第安人。但是，皮瓜特部落的約翰・圭爾蒙特（John Querement）說，狐狸森林賭場使分散的人民重回到一起，有助於幾乎滅亡的文化。部落的辯護人士說，那些說法是妒忌或者是種族歧視，及不了解部落族的同化與通婚的歷史。不過，「印第安賭場業仍然有不好的名聲，批評人士指出，如政府的監督不夠嚴密，某些部落的批評人士可能被排除，以及經營賭場的部落將千百萬鉅款用於遊說和政治捐獻等方面」。

《美國新聞與世界報導雜誌》對今天印第安人現狀的總括評語說：「他們在聯邦的每一個州內，有的過著沈浸於傳統中的生活，有的過著比節慶歡樂更安逸的生活。」「由於受到數十年來努力爭取自決，近代教育的改善，以及部落新企業成功等的激勵，今天有更多更多的印第安人，發現過融和重返傳統的文化及價值與成功的事業的雙重生活的途徑。」美國印第安全國大會主席德克斯・哈爾（Tex Hall）說：「有很長久的時間，在這個國家作為一名印第安人不是一件好事。但是，現在這是重為一件好事的開始。」

另外，在美國及加拿大以外地區的印第安民族主義運動也隨著時代環境的改變而有了新發展。據《紐約時報》2004年7月17日的報導說：「在經過數百年之久的被異族統治和歧視之後，中・南美洲的印第安人正在進行大反撲，展現他們的政治力量，準備從歐洲裔統治者手中奪回政權，並以建立印第安國為目標。」報導中說，南美玻利維亞（Bolivia）的高地有一個小城市的印第安人說，將當地的警察和中央政府勢力趕走並升起「印第安國的七色旗」。印第安人甚至討論新國家的幅員可能從安第斯高地擴及祕魯和智利兩國境內。這大片土地是古老的印第安印加部落帝國時代的領土。

二、歷屆政府的政策

1. 喬治・華盛頓（George Washington）

美國的印第安問題由來已久，早在美利堅合眾國建立之前已經存在，也就是當英國殖民地時代已經存在。此問題以時間來劃分的話，可分為三個階段，即殖民地時代、美國成立後發展時代和20世紀時代。美國的印第安問題，與美國政府的政策有密切的關係，亦即和美國歷任總統的政策有密切的關係。除了歷任總統之外，其他的重要政治家對印第安問題的意見也值得重視。

美國開國元勛及第一任總統喬治・華盛頓將軍，也是第一位與美國政府對

印第安政策有關的總統。因爲，當英國殖民地時代他已經接觸到印第安問題，並且親自參與過和印第安部落人的種族戰爭。當18世紀中葉，兩個歐洲帝國主義殖民大國英國和法國，在北美洲地區的殖民競爭十分激烈。東部大西洋沿岸地區和加拿大是英國的勢力範圍，中部和南部是法國的勢力範圍，而西部太平洋沿岸地區則是西班牙的勢力範圍。

　　英、法兩國在東部地區的殖民競爭，首先將當地的原住民印第安人拖入衝突漩渦中，而且持續相當久。當時，華盛頓是英國殖民地軍隊中的一名測量官，奉派在邊界地區服務。1752年，華盛頓由維幾尼亞州副州長勞伯特‧丁威德（Robert Dinwiddle）派任爲維幾尼亞州民團的少校軍官。丁威德是俄亥俄谷（Ohio Valley）地區土地發展商俄亥俄公司的老闆之一，在土地財產方面有重大的利益。

　　1754年，法國殖民侵入俄亥俄公司在今天賓夕法尼亞州西部地區的地產，引起英、法雙方的衝突事件。因此，丁威德派遣華盛頓率領一隊民兵前往驅逐法國殖民。華盛頓在此次軍事行動中，獲得印第安「艾洛卦聯盟」的民格支族長達查里遜（綽號半王）和若干艾洛卦部落勇士的協助。這是華盛頓生平首次與印第安人間的接觸。但是，法國殖民拒絕華盛頓所提出的撤退要求。於是，維幾尼亞的英國政府，派軍隊在阿利根尼河（Allegheny River）與莫諾加拉河（Monongahela River）的匯流處（今日的匹茲堡）修築防禦工事，稱爲尼西斯蒂堡（Fort Necessity）。華盛頓獲晉升爲民兵中校軍官，率兵駐防此新軍事基地。1754年稍晚，華盛頓的民兵在尼西斯蒂堡附近的大草地（Great Meadows）突襲擊敗一小隊的法軍大兵。這次小戰役成爲1754-1763年期間的法國和印第安人戰爭的開始。但是，出人意外的是，在華盛頓突襲法軍的行動中，印第安艾洛卦部落人勇士因爲不同意對法軍的無故攻擊而撤回對華盛頓的支持。不久，法軍發動反攻，華盛頓在面臨優勢的法軍與印第安人聯合勢力的壓力下，不得已而於1754年7月3日投降。不過，華盛頓和其部隊獲得法人的保證，返回維幾尼亞

州的東部。

　　1755年夏天，華盛頓擔任英軍愛德華‧布拉度克（Edward Braddock）將軍的侍從，奉派進攻杜克森堡（Fort Duquesne）的法軍。7月9日，法軍和印第安人聯合勢力發動反擊，英軍慘敗，幸賴華盛頓的沉著指揮，使英軍和維幾尼亞的民兵有秩序的撤退。3年之後，華盛頓率領民兵在英軍約翰‧福比斯（John Forbes）將軍的領導下將杜圭森堡終於攻占，並將此基地易名爲匹特堡（Fort Pitt），即今日的名城匹茲堡。不久，華盛頓出任維幾尼亞州議會的議員，並且繼續負責維幾尼亞邊區英人殖民的安全任務，在法國與印第安人戰爭期間防備印第安人的攻擊。

　　美洲歷史的新時代來臨，1775年美國獨立戰爭爆發，華盛頓將軍出任革命軍總司令，指揮美軍在大西洋沿岸中部各地與英國殖民地的軍隊作戰。由於部分印第安人支持英軍，使他也與印第安人戰鬥。例如，在英軍支持下的艾洛卦部落族，對紐約和賓夕法尼亞兩州境內的殖民的攻擊，及1778年秋天，莫豪克部落族對櫻桃谷（Cherry Valley）的攻擊等事件。爲了消除印第安人對革命軍的阻撓，華盛頓將軍於1779年策劃大規模的對印第安人的懲罰性反擊行動。他命令約翰‧蘇立文（John Sullivan）將軍和詹姆斯‧克林頓（James Clinton）將軍指揮作戰。對賓夕法尼亞州的懷俄明谷及紐約州南部地區的印第安人區域進行掃蕩，將印第安艾洛卦部落族的村莊及田禾等予以徹底銷毀，使成廢墟。另外，在獨立戰爭期間，由喬治‧克拉克（George Clark）將軍指揮的革命軍，在俄亥俄谷和肯塔基等地也對支持英軍的印第安部落人施以嚴重的打擊。當革命戰爭期間，生活在南部地區的印第安奇洛克及柯利克部落族，亦時常攻擊擁護獨立的白人殖民。

　　1783年，華盛頓在軍事上獲得勝利後向國會建議，不要將印第安人逐出美國領土之外，而是劃定邊界限制白人在印第安人土地內殖民開發。革命成功合衆國誕生，華盛頓於1788年獲選爲首任總統，並且連任兩屆而謝絕再連任，爲

美國民主政治樹立下千古的典範。華盛頓總統任內的印第安政策的主要制訂人
為軍政部長亨利‧諾克斯（Henry Knox）[4]，政策的主旨是，聯邦政府承認印第
安人對他們的領土的權利主張，及拒絕政府有征服這些土地的權利。華盛頓與
諾克斯一致認為，聯邦政府的權力中包括與印第安人談判收購他們的土地的特
權。

當華盛頓總統任內期間，「老西北」[5]地區的印第安部落人在英軍的支
持下，繼續攻擊俄亥俄谷的美國殖民。1794年，華盛頓與英國簽訂介伊條約
（Jay Treaty）的結果，使老西北的印第安部落人不能獲得英軍的支持。同時，
安東尼‧威（Anthony Wayne）將軍，在毛密河（Maumee River）的倒木村（Fallen
Timbers）之戰中獲勝，使「小烏龜」戰爭告終。1795年簽訂的格林維爾條約的
結果，部落族同意聯邦收購他們在老西北俄亥俄谷的土地。華盛頓在任內曾與
部落領袖們會晤，以貴賓相待。他於1797年退休，兩年後在其維幾尼亞州維農
山的莊園內逝世，享年67歲。

（本篇係根據《美國印第安歷史傳記集》，頁403-404）

2. 湯瑪斯‧傑佛遜（Thomas Jefferson）

傑佛遜是美利堅合眾國的開國元勛之一、美國獨立宣言的主要起草人、美
國第三任和第四任總統，以及美國對印第安政策的重要制訂者。而且，就印第
安政策一項來說，傑佛遜所定的政策影響深遠，其後大約一百年之久的期間，
歷任總統政府的印第安政策都未越出其範疇。換句話說，傑佛遜總統的政策實
際上決定了美國印第安人的民族命運。

傑佛遜總統的印第安政策影響深遠的理由是，他自己是一個印第安事務專
家，對印第安人的文化、歷史、傳統等都有相當功夫的注意和研究，而且研究

4　亨利‧諾克斯生平，見本節之8. 亨利‧諾克斯。
5　老西北地區，係指今日賓西法尼亞州匹茲堡以西與俄亥俄河以北的大湖地區。

印第安語言也是其專長之一。批評傑佛遜的人士說，雖然他對印第安人的民族和文化頗有興趣，但是，他的政策卻使印第安人的傳統及土地陷於危險中。

　　早在1781-1784年，傑佛遜擔任維幾尼亞州議員期間，對於維幾尼亞州獲得俄亥俄谷地區的大片土地一事很有貢獻。這些土地後來稱為「老西北領土」，原住在該地區的印第安部落人被迫遷走。他主張在使印第安人讓出他們的土地交涉時，政府以個別的部落為對象，期使問題簡單化。他也支持以軍事行動對付俄亥俄谷的印第安人的政策。例如，在1790-1794年期間，聯邦政府在部落領袖綽號「小烏龜」（本名為密士吉納華，可參閱第六章人物誌第二節印第安名人之6.小烏龜）。

　　傑佛遜在美國第二任總統麥迪遜（James Madison）任內（1797-1801年）擔任副總統。他在1801年當選首屆總統後，任命亨利・德爾朋（Henry Dearborn）為軍政部長兼主管印第安事務。傑佛遜總統首先建議將生活在東部地區的印第安部落族，予以遷移，作為解決印第安人與白人殖民間衝突問題的手段。他深信美國為了成為一個民主大國，需要向西部擴展，將以低廉的土地供貧人開發的需要，以免他們受富人的控制。傑佛遜的印第安政策的主旨用今天的術語來說就是「種族隔離政策」、種族歧視政策。

　　傑佛遜總統在1803年乘法國經濟困難之際，從拿破崙手裡以廉價購入法國在北美的重要殖民地路易斯安納（Louisiana）[6]，並且特別撥款派遣麥威賽・李威斯（Meriwether Lewis）和威廉姆・克拉克（William Clark）帶領人員赴西部探險。此等措施都與他計畫將東部地區的印第安人遷往密西西比河以西的荒漠地區的政策有關。傑佛遜總統的此項種族隔離政策，後來成為美國政府的基本印第安政策。

6　路易斯安納購地案協定，於1803年5月2日在巴黎簽字，美國以大約1,500萬元購得法國在北美洲的重要殖民地路易斯安納，其土地面積約82萬8000平方英里。此大片土地後來劃分為衣阿華、路易斯安納、密蘇里、明尼蘇達及懷俄明等13個州。

　　傑佛遜曾經草擬一項修訂美國憲法的建議，其中規定總統有權與印第安人部落舉行談判，以他們在東部地區的故有土地交換遷往密西西比河以西地區的土地。但是，他的此一建議從未獲得採納。他並且建議，為了鼓勵印第安人向西部遷移，白人殖民要儘可能接近印第安部落地區，以期阻止印第安人的遊牧生活方式的影響。不過，傑佛遜也希望至少在50年的期限內，保護印第安不受白人文化的干涉，以待種族同化。

　　傑佛遜總統的印第安政策是多方面的，其主旨是要改變這個民族，使用的手段有文有武。他命令西北領土的軍事總督，在他的轄區內對印第安人部落施實「教化政策」。1802年國會通過的印第安人貿易及往來法案獲得傑佛遜的支持，其中規定總統有權管制在邊界貿易站對印第安人出售酒類，以期防止印第安代理人及商人的欺騙作風。1806年，他命令在軍政部內設立印第安貿易商，意欲使官方的印第安政策統一化，並且希望由文職人員掌管來取代軍事人員。國會根據傑佛遜的建議批准撥款，供支付印第安人代表團到首都訪問的費用，此項辦法一直持續到19世紀結束之時，這證明傑佛遜的政策具有遠見。

　　從學者的角度來說，傑佛遜認為印第安人符合所謂「高貴的野蠻人」論調，並且同意印第安人社會是發展中的僧侶統治制度的看法。他認為印第安文化與西方文化的早期階段是相平行的。傑佛遜研究印第安文化，研究印第安語言；與此等興趣一致的作為是，他特別指示美國第一個西部探險隊的領隊李威斯和克拉克以及另一位探險家齊布倫‧皮克（Zebulon Pike），要求他們提出他們在探險途中所遇到的印第安部落族的民族學資料報告以供參考研究之需。因為傑佛遜對印第安文化有濃厚的興趣，所以他特別對在俄亥俄谷何普威蒙德（Hopewell Munds）考古中發現的印第安古文物加以研究。

　　由於傑佛遜對印第安文化頗有研究和在這方面的特殊知識，印第安歷史文化專家卡爾‧華德曼（Carl Waldman）在其傑佛遜傳記中說：「一直有推測說，傑佛遜參與起草的1776年獨立宣言，可能曾參照印第安人的艾洛卦聯盟。」

（本篇係根據《美國印第安歷史傳記集》，頁178-179）

3. 班傑明‧富蘭克林（Benjamin Franklin）

富蘭克林是一位科學家、哲學家、文學家、政治家及美利堅合衆國開國元勛之一。同時，在美國對印第安政策方面，富蘭克林也是一位很重要的人物。富蘭克林在美國歷史上的偉人地位是舉世公認的。他雖然不曾做過總統，但美國人對他的崇敬絕不亞於對一位總統。最顯明的例證是，美國鈔票上印的都是總統像，富蘭克林並非一位總統，但他的肖像也印在鈔票上。除了富蘭克林享有此種特殊榮譽外，另一人是對美國建國財政有卓越貢獻的政治家亞歷山大‧漢彌爾頓（Alexander Hamilton）。

在印第安事務方面，富蘭克林早期與印第安人的接觸是在費拉德菲亞。他在費城經營印刷事業，當英國殖民地時代，他的公司曾經出版賓夕法尼亞州議會與印第安人間簽訂的條約。1753年，州議會在賓州的卡利斯爾（Carlisle）與俄亥俄的印第安部落族簽訂條約時，富蘭克林曾任代表。英、法兩個帝國主義強國，在北美地區的殖民競爭十分激烈，土著人民也被拖入爭執。由於法國人和印第安人結爲同盟對抗英國，富蘭克林曾於1754年建議英國殖民地各州締結同盟對付法國人及印第安人的威脅。但那年稍晚，法人反而與印第安人發生戰爭，戰區在賓夕法尼亞州的西部地區。1755年夏天，英軍愛德華‧布拉度克（Edward Braddock）將軍進攻杜克森堡的法軍，富蘭克林曾給予英軍補給支援，但是英軍大敗。他也曾發動賓夕法尼亞的民兵，在格林丹胡屯（Gnaddenhutten）修築防禦工事，戒備印第安部落人的攻擊。

當英國殖民地時代，富蘭克林認爲印第安人有他們自己的生活方式，並且認爲非印第安人士在印第安事務方面應該注意道德行爲。這是他的獨到見解，很有價值。

富蘭克林在有關涉及印第安人的事件中，一向都力主公正與和諧的立場。

例如1763年發生的賓夕法尼亞州的巴克斯頓（Paxton）自衛團團員屠殺基督化的印第安康尼斯圖加部落族人慘案，富蘭克林將巴克斯頓團員斥爲是「基督教白種野蠻人」。次年即1764年2月間，當該自衛團團員結隊到費城檢查該市的印第安人時，富蘭克林親自帶領一個代表團前往自衛團員的辦事處擔任和平使者任務，協助解決問題。

富蘭克林強調說，由於和白人接觸日增而帶給印第安人的酗酒行爲和各種疾病的害處，最後的結果將使他們歸於消滅。富蘭克林在擔任賓夕法尼亞州議會議員任內，主張爲了白人發展而需要印第安人的土地時，政府應該付給金錢而不能以軍事行動將他們強行遷移走。他也要求英國殖民政府當局管制邊界的白人商人，保護印第安免遭剝削。

印第安歷史文化專家卡爾・華德曼，在其富蘭克林傳記中說：「富蘭克林曾協助起草美國獨立宣言和組織美國新政府，據說有若干政治觀念是以印第安的艾洛卦聯盟（五國聯盟後擴大爲六國聯盟）爲基礎。」傳記中並且說：「在1783年簽訂的結束美國獨立戰爭的巴黎條約中，由於富蘭克林的影響，英國承認五大湖及密西西比河爲新合衆國的北部和西部疆界，因是成爲後來俄亥俄谷地區印第安部落族他遷的基礎。」

美國建立後，富蘭克林在擔任駐法國大使期間曾發表若干有關印第安人的專論。他在1784年發表的〈關於北美野蠻人的評論〉一文中，駁斥隨便將印第安人稱爲「野蠻人」，並且發現印第安人生活方式的價值。此等言行證明富蘭克林確確實實是一位偉大的政治家，值得世人的崇敬和效法。他在1790年逝世，享壽84歲。

（本篇係根據《美國印第安歷史傳記集》，頁133-134）

4. 安德魯・傑克森（Andrew Jackson）

傑克森是美國的軍事家、政治家，等七任總統，也是曾經與印第安部落族

人作戰最多的將領。他可以說是從戰鬥中長大的，因為當他參加美國獨立戰爭時，還是個僅僅13歲的男孩子。他在傑佛遜總統任內的1804年，曾擔任田納西州的法官，後來擔任田納西州民團部隊的少將級指揮官。

傑克森與印第安人作戰的經驗開始於1813年，時值第四任總統麥迪遜詹姆斯‧麥迪遜（James Madison）的任內。那年8月間，印第安部落領袖綽號「紅棒」的威廉姆‧威賽福（William Weatherford）率領印第安柯利克部落人攻打密姆斯堡（Fort Mims，在今日阿拉巴馬州境內），傑克森為了保衛白人殖民而組織一支民兵義勇軍，從田納西州的法伊特堡出發，於11月間先後在塔拉沙哈吉（Tallassahatche）和塔拉德加（Talladeger）兩地與印第安人作戰都將敵人擊退。但是，到了1813年的年底，他的民兵部隊中的大部分士兵因為服役期滿而離去，而使戰爭暫時中止一段時間。

1814年初，傑克森獲得援兵，其中有不少印第安人。於是，他恢復對印第安柯利克部落人的作戰，初期曾遇到敵人頑強的抵抗。不過，他於1814年3月27日，在塔拉普薩河（Tallapoosa River）的馬蹄鐵灣（Horseshoe Bend）之役中獲得決定性的勝利，迫使部落族不久提出和議。1814年8月1日，印第安人在傑克森堡簽訂和約，傑克森要求印第安人對政府軍的作戰提出賠償。印第安人被迫將他們的大片土地割讓給政府，土地面積達2,300萬英畝，亦即今日的阿拉巴馬州和喬治亞州面積的大部分。同時，傑克森在1812年開始的美、英戰爭中也大顯身手。特別是他於1815年的紐奧連斯（New Orleans）之役中獲得大捷。因此，傑克森成為對英戰爭和對印第安戰爭的大英雄。

傑克森於1817年（第五任總統門羅 James Monroe任期內）擔任聯邦政府的印第安事務局長，曾在田納西州的分局內與奇洛克部落族領袖舉行會議，印第安人同意將他們在東部的土地讓給政府來換取密西西比河以西的土地。

1818年初，傑克森發動對佛羅里達境內的印第安賽密諾利部落族的攻擊，因為白人和賽密諾利人間發生土地問題爭執，及白人指控部落人窩藏私自逃亡

的非洲人黑奴。此次戰爭在印第安戰爭史上稱為第一次賽密諾利戰爭（Seminole War）。參加戰爭的有賽密諾利部落和柯利克部落族人。因為當時佛羅里達是西班牙的殖民地，傑克森以賽密諾利事件作藉口而對佛羅里達的西班牙基地發動攻擊，西班牙人失敗求和，同意以500萬美元的代價將佛羅里達出賣給美國。美國獲得佛羅里達之後，建立佛羅里達領土，門羅總統任命傑克森為佛羅里達領土總督。但傑克森只做了一年的總督，便在1821年回到田納西州，積極從事政治活動，從田納西州的國會參議員做起，到1828年當選為美國第七任總統。

傑克森於1824年首次以民主黨候選人競選失敗，但他終於在1828年當選為總統並在1832年獲得連任。傑克森在其八年的總統任內，在印第安事務方面做了不少事情，對美國的開疆拓土很有貢獻。

他在其8年的總統任內，曾與「老西北」地區和東南地區的印第安部落族簽訂將近一百項條約，內容都與土地有關，為美國政府獲得密西西比河以東的印第安部落族的剩餘故鄉土地，大大的擴展了合眾國的疆域。

傑克森曾經接受其副總統約翰·加洪（John Calhoun）的建議，批准1830年的「遷移印第安人」[7]法案。此一法案對印第安人影響至大，直到今天仍使印第安人士難以忘懷。此法案中規定，聯邦政府撥款資助印第安人，以其東部的故鄉土地交換密西西比河以西的土地以便遷往西部。

1836年，國會批准傑克森政府當局與印第安奇洛克部落族簽訂的條約，其中規定部落人應遷往密西西比河以西的所謂印第安領土（今日的俄克拉荷馬州）。奇洛克部落人被迫遷移案在1838年加以執行，他們在極端困難的情況下被政府軍隊押著徒步前往當時很荒蕪的地區。部落人中大都是老年人、病人、婦女及兒童們。他們在遷移途中，因疾病、天氣、饑餓及路途艱苦等原因造成大批人的死亡，因此歷史上有「血淚小徑」（Trail of Tears）的悲慘記載。

7　可參閱第二章美國的印第安人第三節印第安人大遷移。

　　印第安人對強迫遷移政策加以強烈的反對。賽密諾利部落由於反對迫遷而引起戰爭，稱爲第二次賽密諾利戰爭，戰場在佛羅里達境內進行，自1835年開始，到1842年才結束。傑克森總統任內另一次印第安戰爭是「黑鷹戰爭」。黑鷹是薩克部落族領袖的綽號。戰爭發生在1831年和1832年。黑鷹在戰敗投降後，傑克遜總統曾在華府接見過他。在黑鷹戰爭中，有兩位參加政府軍隊與印第安人作戰的軍人後來都做了總統，一位是第十二任總統泰勒，另一位是第十六任總統林肯。在戰爭中揚名是成爲國家領袖的重要因素，古今中外皆然，爲什麼？

　　（本篇係根據《美國印第安歷史傳記集》，頁176-177）

5. 威廉姆・亨利・哈里遜（William Henry Harrison）

　　哈里遜是一位軍事家、政治家，但也是一位很不幸的總統。他於1773年出生於美國南方的一個富裕的大地主家庭，後來在維幾尼亞州長大。他在漢普丹席尼學院（Hampden-Sydney）畢業後，於1790年17歲時遷到費城修讀醫學。

　　1791年，印第安部落領袖綽號「小烏龜」（本名是密希吉納克華）領導的邁亞密等部落族叛亂，將政府軍指揮官約西亞・哈瑪爾（Josiah Harmer）擊敗之後，哈里遜當時在陸軍中做一名低級軍官，被派到華盛頓堡（今日的辛辛那提）的邊區基地服役，後來他被調到綽號「瘋子」將軍安東尼・威尼（"Mad" Anthony Wayne）的部隊服務，擔任威尼將軍的侍從參謀。哈里遜參加過1794年8月20日的倒木村戰役。第二年，威尼將軍在俄亥俄領土（尚未建州）的格林維爾堡（Fort Greenville）與「老西北」地區的數個印第安部落簽訂條約時，哈里遜曾參加會議。1797年，哈里遜獲升爲上尉軍官，擔任華盛頓堡基地指揮官。

　　哈里遜於1799年辭去軍職而從事地方政治活動，先擔任西北領土總督亞瑟・克拉爾（Arthur ST. Clair）的秘書，不久被任爲駐首都的代表。他在華府建議在印第安人新近讓給政府的土地地區成立新政府；因此，聯邦政府於1800年

命令建立「印第安納領土」，並任命哈里遜為新領土的總督。他在總督任內，曾與印第安的紹尼、波達華土密、薩克、狐狸及邁亞密等部落，簽訂條約15項之多。依據這些條約，印第安人將面積廣大的土地讓給聯邦政府。這些土地就是今天的印第安納、威斯康辛、伊利諾和密西根州地區面積的大部分。哈里遜為美國取得的印第安人土地代價低得驚人，每英畝的價款不到一分錢。

1804年9月間，哈里遜在聖路易召開會議，薩克和狐狸等部落族領袖與哈里遜會晤時表示關切他們的土地。官員們以醇酒款待部落族代表痛飲，乘機說服他們將其土地讓給政府，作為政府釋放一名部落人勇士的條件，此案解決的辦法是僅僅2,000元現金和每年大約1,000元的補助金。此類協定是聯邦政府獲得印第安人土地最便宜的方式。但是，由於此種不公平條約的結果，終於在1832年引起了「黑鷹戰爭」（Black Hawk War）。

1806年春天，哈里遜表示反對紹尼部落預言家坦斯克華達化（係另一部落領袖德柯姆賽的兄長）能預測天災人禍的說法。但是，坦斯克華達化在那年6月16日在格林維爾舉行的部落會議中預言說，日蝕預示明尼蘇達以西地區的部落將支持德柯姆賽的部落同盟反對官軍。依照1809年的威尼堡（Fort Wayne）條約中的規定，波達華土密及邁亞密等部落，將他們在印第安納領土境內的兩百五十餘萬英畝土地讓給政府。這是印第安人對政府不滿的理由之一。1810年8月間，紹尼部落領袖德柯姆賽與哈里遜總督在文新尼斯會晤，表示反對政府攫取印第安土地的手段。因此，哈里遜與印第安人間的緊張情勢不斷的上升，終致發生了戰爭。

1811年11月7日，哈里遜的陸軍和印第安部落民兵大約1000人，進攻紹尼部落領袖坦斯克華達化指揮的部落族人。當時，紹尼部落的另一領袖德柯姆賽（坦斯克華達化的兄長）正在印第安納東北部的華巴希河（Wabash）地區的狄皮加諾（Dippecanoe）與官軍交戰。哈里遜將坦斯克華達化的部落人擊敗，使德柯姆賽的聯盟勢力削弱。

1812年，英、美戰爭爆發，哈里遜獲升為陸軍准將，在大湖地區與英軍及支持英軍的部落人作戰。1813年，他在俄亥俄中部的毛密河（Maume River）畔建造麥吉斯堡（Fort Megis），防備英、印軍的攻擊。1813年1月間，哈里遜的部隊在密西根中部的瑞新河（Raisin River）受挫。但他後來進攻底特律，於同年9月間將底特律攻占。不久，哈里遜乘勝追擊英軍普洛克特（Henry Proctor）的部隊和印第安民兵，於1813年10月5日在伊爾湖（Lake Erie）附近的泰姆斯（Thames，今天的安大略，Ontario市）之戰中獲得決定性的勝利，將英軍對「老西北」地區美軍的威脅解除。

哈理遜於1814年從陸軍退休重返印第安納，曾擔任駐國會代表20年之久。1836年，哈理遜以輝格黨（Whig[8]自由黨，共和黨前身）候選人參加總統競選，結果敗於民主黨候選人馬丁·范伯倫（Martin Van Buren）之手。但在4年之後，哈里遜反而擊敗爭取連任的范伯倫，終於當選為美國第九任總統。非常令人意外的是，哈里遜在就職後只有一個月的時間，就因患染肺炎症於1841年4月4日逝世，享年68歲。於是，由副總統約翰·泰利爾（John Tyler）繼任為美國第十任總統。

（本篇係根據《美國印第安歷史傳記集》，頁157-158）

6. 阿布拉漢·林肯（Abraham Lincoln）

林肯是一位演說家、政治家，美國第十六任總統——以悲劇為終的總統。他的「解放黑奴運動」在美國和人類自由史上占著極光榮的一頁。他的〈蓋茲堡演講辭〉（Gettysburg Address）更為全世界人士奉為民主政治的圭臬。林肯出生於肯塔基州，後隨家人遷到印第安納州，1830年再遷到伊利諾州的春田城。1832年，發生政府軍與印第安人間的黑鷹戰爭，時年23歲的林肯，以地方民兵

8　輝格黨（自由黨）成立於1834年，1852年發生分裂，北派黨員加入共和黨，南派黨員加入民主黨。哈理遜、泰利爾、泰勒及菲爾摩4位總統皆輝格黨籍。

上尉軍官身份參加官軍與印第安薩克及狐狸等部落人的戰爭，但為時不久。這是林肯第一次接觸印第安事務。

林肯於1860年當選為美國第十六任總統，也是第一位共和黨籍的總統。林肯的第一屆總統任期自1860-1864年。他雖然當選連任，但他在第二屆總統就職後剛剛三個月，便遭暗殺身亡，成為美國歷史上的一大悲劇事件。他逝世於1865年4月15日，即南北戰爭結束後僅僅7天。

當林肯擔任總統的4年又3個月期間，他的政府全力用於應付黑奴和因黑奴而引起的南北戰爭問題。因此印第安事務的重要性自然要差一點。在內戰期間，聯邦政府的正規軍隊全力在東部各地與南方叛軍作戰，無力他顧。只有各州的軍隊和民團在西部各地對付印第安人事件。當南北戰爭期間，印第安各部落的立場並不一致，有些部落人參加聯邦政府軍隊即北軍作戰，另些部落人參加邦聯政府即南軍作戰。例如，在印第安領土（今日的俄克拉荷馬州）內，柯利克部落的俄波齊雅何洛支族支持政府軍作戰，而奇洛克部落的支族斯坦華特則支持南軍作戰。

1862年春天時，由於政府軍隊已將西部新墨西哥境內的叛軍逐出，壓力緩和。政府軍的詹姆斯·加利頓（James H. Carleton）將軍，開始將兵力轉向對付印第安人的阿巴奇部落和納法荷部落的攻擊。同時，「大盆地」（Great Basin）地區的印第安部落族人對白人殖民和旅客攻擊事件不斷增加的結果，導致政府軍隊對印第安紹紹尼部落人的反擊。政府軍的巴楚克·康諾（Patrick E. Canor）上校的部隊從加利福尼亞州境內出動，越過賽拉內華達山（Sierra Nevada，印第安人稱為雪山），進攻猶他領土（尚未建州）境內的部落族。官軍在1863年1月間，在大熊河攻擊一個紹紹尼部落人村莊，共有兩百多名印第安人死亡及一百餘名印第安人被俘。此一事件稱為「大熊河之役」。當南北戰爭期間，「大平原」地區也發生若干次部落人攻擊白人殖民事件，這和其後持續30年之久的白人與印第安人間衝突及戰爭很有關係。

林肯總統在1862年簽署的土地分配法案，准許白人殖民在堪薩斯及內布拉斯加的印第安人生活地區內開發，是引起暴戾事件的基本原因。1862年秋天，因為政府的印第安事務代理人的貪污腐敗的理由，使政府承諾給印第安人的補給品和食物等受到擱延。同時，由於內戰影響，聯邦政府依照早先的條約中所規定的每年應付給印第安人的補助金未能按時支付。所以引起印第安人的不滿。那年8月間，明尼蘇達州境內的達科他部落領袖「小烏鴉」，領導部落人開始攻打白人殖民，造成不安。最初是小的衝突，有四個部落人殺死5名白人，情勢隨著變惡化。那4個印第安人被官方逮捕後遭到苛刑對待，激起部落人的憤怒，他們便武裝起來與白人戰鬥，相當的激烈，戰事持續了數天。在事件終了時，白人死亡多達400人，部落人有306人被官方逮捕並被判處死刑，那時在1862年的2月間，稱為「明尼蘇達叛亂案」（Minnesota Uprising）。

此鉅案經過林肯總統的親自審查：決定從寬處理，命令將地方當局原判處死刑的306名印第安人中的39人處以絞刑，其餘的人予以減刑。該39名印第安部落族人，在1862年聖誕節期間的12月26日被當局執行絞刑處死。這是美國史上一次處人數最多的絞刑，發生於林肯總統為了黑人的自由正在與敵軍戰鬥之際。

（本篇係根據《美國印第安歷史傳記集》，頁216-217）

7. 尤利西斯・格蘭特（Ulysses S. Grant）

格蘭特是一位軍事家、政治家，美國南北戰爭的聯邦政府陸軍總司令及美國第十八任總統。他在印第安政策方面是位新政策的倡議者，深得印第安人的擁護。但是，在格蘭特的兩屆8年的總統任期滿後，他對印第安人的和平政策及改革運動受到保守人士的反對而受挫，十分令人可惜。

格蘭特於1869年3月就任總統後，便著手實施其新的印第安政策，其主旨是對印第安人進行同化計畫，以期最後使他們變為美國公民。為了便利推行

新政策，他特別任命印第安籍的艾萊‧巴克（Ely Parker）（見本節之9. 艾萊‧巴克）為聯邦印第安事務局長，使巴克成為第一位總管全國印第安事務的最高聯邦官吏，開美國史上的先例，這證明格蘭特對印第安問題的特別重視。

他並且命令將聯邦政府的印第安事務局加以改組，局中大部分職位由軍人充任，其餘的職位任者與基督教貴格會（Society of Quakers，亦稱教友會）[9]信徒有關。1870年國會通過法案禁止軍人擔任印第安事務局職位後，格蘭特總統命令將該局的職位分配給各種宗派的基督教人士擔任，唯有摩門（Mormon）教徒除外。他決定使宗教人士參與印第安事務的主要用意是，希望安撫印第安人民及終止邊界地區的種族衝突事件。他的此項政策亦稱為「貴格政策」，因為那些宗教人士多為基督教貴格會信徒之故。

格蘭特力主以和平方式將東部地區的印第安人遷移到西部的印第安人領土內，並且由軍事力量保護印第安領土。不過，如果印第安人不肯遷往保留區的話，官方仍將以強制執行方式實施政府的政策。當時，印第安人對聯邦政府已感到不滿，因為有關當局未依照以前條約中的規定，按期將補助金付給他們，這與數年內戰政府支出龐大的影響有關。

他為了維持其對印第安人的和平政策，在國會的合作下通過「1869印第安撥款法案」，案中規定以兩百萬元基金用於印第安事務方面，其中包括解決部落族所提出的補償要求。當時，在格蘭特總統的倡導下，聯邦政府內的「印第安之友」集團變得相當的活躍。政府以基金供給印第安人作同化計畫之需，以期使部落人美國化。政府的第一筆基金就用在最基本的印第安人教育計畫方面。

格蘭特的印第安和平政策能夠生效的另一個理由是，他從自身做起。他曾在白宮多次親自接見多位印第安部落領袖，其中包括由綽號「紅雲」率領的席

9　貴格會為基督教的一宗派，由喬治‧福克斯（George Fox）於17世紀時在英格蘭創立，特點是沒有牧師職位。

歐克斯(包括達科他、拉科他和納科他三個支族)部落代表團。當格蘭特的總統任期內,並有許多印第安人士到大都市參觀,及訪問主張改革印第安政策的團體等活動。美國印第安委員會的慈善家彼得‧古柏(Peter Cooper)曾在紐約市的古柏協會主辦印第安事務講演會,波士頓的若干團體也舉辦此類活動。

在格蘭特總統的8年任期內,雖然他採行用意很好的和平政策,但仍然發生多次白人與印第安人間的衝突事件。引起衝突事件的因素是多方面的,其中包括西部地區的開發速度日益加速,及內戰退役軍人的涉入印第安事務。例如兩位內戰英雄威廉姆‧薛爾曼(William Sherman)將軍和菲立普‧希立丹(Philip Sheridan)將軍。薛爾曼是南北戰爭中北軍的名將,於1884年從軍中退休後曾積極參與印第安事務,在內戰結束後的一段期間的多次印第安戰爭幾乎都與他有關。他堅決主張以軍事手段解決印第安問題,曾要求將聯邦政府的印第安事務局從內政部重行劃歸到軍政部,但未能如願。希立丹將軍在內戰中曾擔任波多馬克(Potomac)軍區(包括首都華盛頓地區)的騎兵司令,戰功卓著,內戰結束後擔任密蘇里軍區司令,曾指揮對印第安人南向尼、南阿拉巴何、拉科他以及柯曼奇等部落的戰爭。格蘭特總統任期間的重要印第安戰爭如,1872-1873年的加利福尼亞州的莫達克戰爭,1874-1875年的德克薩斯州的紅河戰爭,1876-1877年的南達科他州境內的很著名的黑山戰爭,以及1877年的俄勒岡州境內的尼茲比爾賽戰爭等。

權威的印第安歷史文化專家卡爾‧華德曼,在其格蘭特總統傳記中說:在格蘭特的第二屆總統任期屆滿後,出現了公眾對印第安人侵擾的反對,及對其和平政策和改革運動的斥責。由於對印第安敵對問題的關切,導致國會未能將印第安事務局重行劃歸給軍政部管轄。

(本篇係根據《美國印第安歷史傳記集》,頁146-147)

8. 亨利・諾克斯 (Henry Knox)

　　諾克斯是美國的卓越軍事家，革命軍總司令華盛頓將軍的得力助手，曾繼華盛頓將軍為總司令並擔任美國首位軍政部長達10年之久，為聯邦政府對印第安政策的主要策劃者，力主和平政策，在美國印第安政策史上占著重要的一頁。

　　在美國獨立戰爭勝利後，依據美國與英國於1783年在巴黎簽訂的條約，新的合眾國政府除了獲得英國殖民地時代原有的十三州領土之外，並且獲得更多的領土，使美國疆域向西延伸到密西西比河地區。但是，這些新土地大都在印第安人手裡，聯邦政府必需設法解決這個相當複雜的土地和民族問題。解決問題不外兩種途徑，合理的和平方式與激烈的強制方式。諾克斯是一位和平政策的有力倡議者，因為他堅信印第安人對這些土地已經有了早先的及合理的權利主張。

　　諾克斯在印第安政策方面有多次具有深遠影響的貢獻。他在1785年宣布簽訂的何普威 (Hopewell) 條約中規定，印第安柯利克、奇洛克及吉卡沙等部落放棄他們的土地，用以交換聯邦政府給予各種貨物。他在1789年宣布簽訂的哈瑪爾堡 (Fort Harmar) 條約中亦規定，艾洛卦部落及「老西北」領土的各部落放棄他們的土地，用以交換聯邦政府給予各種貨物。不過，諾克斯與東南部地區的部落人談判條約時則遇到些問題，因為有些事項與維幾尼亞、喬治亞及北卡羅來納等州政府先前簽訂的條約內容有衝突。

　　諾克斯在土地政策問題上也有良好的先見主張。他主張將印第安部落擁有的土地分配給印第安個人，因為他相信，如此將使印第安人變為私有的地主，將使他們同化於「歐美文化」中。至於分配後剩餘的土地則予以開放供開發之需，將可避免引起涉及土地的重大衝突。在諾克斯的主持下，聯邦政府首次制訂有關與印第安人貿易及購買印第安土地的規章。其中規定所有關於取得印第

安人土地的案件，都必須符合聯邦條約的規定，而且規定軍方保護印第安人免遭非印第安人殖民非法侵入他們的領土內。他的政策中還包括關於邊界商人的管理和申請執照等規章，這些措施證明諾克斯確實是一位真正的和務實的印第安政策專家。

諾克斯在1796年即46歲那年自公職退休，但他仍然關心印第安問題，曾協助當局建立印第安「代理人制度」，華盛頓總統根據他的建議，任命班傑明・哈金斯（Benjamin Hawkins）為第一名聯邦的印第安代理人。哈金斯被派為柯利克部落的代理人及南部印第安人的督導。

諾克斯的最後歲月是在緬因州的湯瑪斯頓（Thomaston）的莊園內度過。他於1806年因為吃飯時不慎吞下雞骨頭而不治，時年56歲。他在1750年出生於波士頓。

（本篇係根據《美國印第安歷史傳記集》，頁201）

9. 艾萊・巴克（Ely Parker）

2001年，首都華盛頓新建的聯邦政府內政部印第安事務局大樓，經當局決定命名為「巴克大廈」，用以紀念美國史上第一位印第安籍的印第安事務局長艾萊・巴克。巴克為南北戰爭中的名將，獲得聯邦陸軍總司令尤利西斯・格蘭特將軍的特殊倚重。格蘭特於1869年就任總統後，任命巴克為聯邦政府的印第安事務局長。他擔任局長將近三年，於1871年被迫去職，顯然是種族歧視政策下的犧牲品。羅德島印第安納拉甘賽特部落後裔的新聞記者與作家約翰・何普金斯（John Hopkins），在2004年9與10月份的《美國原住民雜誌》發表紀念專文如次：

巴克以一位原住民身分擔任印第安事務局長，他的批評者發現這是指控他的各種決定偏袒部落族的最輕易的口實。批評者叫囂要求將他免職，指控他的行動是後見之明，以及隨便指誣他的行為不當或者非法。再加上他所服務的聯

邦政府，被指控為在政治上腐敗，在道義上破產。在此種惡劣環境之下，巴克只有下台一途。這種可悲的故事，不只適用於擔任聯邦政府印第安事務局第一位印第安籍的局長艾萊、巴克，及前任局長克文・古維爾（Kevin Gover）、現任局長大偉・安德遜（David Anderson）也遇到類似的情勢。

歷史對巴克不公平，在印第安人英雄榜內很少看到巴克的名字。很多原住民與巴克相似，發現他們一隻腳走在兩個世界上——都不被完全接受。

巴克於1828年出生於紐約州土納玩達西尼加（Tonawanda Seneca）部落族的狼支族家庭。他應該被視為他那個時代最傑出的人士之一。他生活的那個時代正是一般人常提到的反印第安人的菲立普・希立丹將軍所說的一句話：「唯一的好印第安人是一個死印第安人。」在那個時代裡，印第安人不被視為美國公民，很難進入公共生活圈內。雖然遭到很多困難，但是巴克憑著他的智慧終能成為兩個世界的一位傑出人物：西尼卡部落族領袖、律師、工程師、陸軍准將以及美國主流社會的聯邦政府高級官員。

巴克的童年時代，在住家附近的一個陸軍基地的馬廄內當小兵，因為他的英語不好常被士兵們嘲笑。因此，他決定學習英語，準備將來能為他的同胞說話。巴克的部落語名字是「度尼何吉威」，其意義是「艾洛卦聯盟西門的守護者」。他先進入一所教會辦的學校讀書，畢業後修讀法律，然後在紐約市一家律師事務所服務3年很有收穫。但是，當他申請律師資格考試時，卻被告知說，「只有白人才可以做律師」。

巴克希望做律師的努力遭受打擊後，對一般人來說，很可以可能沮喪不已，只好回到他的保留區生活。但是，素有抱負的巴克並不如此。他細心考慮、研究各種行業，希望發現印第安人可以從事的職業。結果，他決定重回學校深造，不久獲得土木工程學位。1850年代，他做了幾年出色的工程師，而且擔任聯邦政府的工程計畫主管。當巴克在伊利諾州卡利納工作時，與當年他在陸軍中認識的一名士兵而此際做店員的人成為好朋友。此事後來成為巴克一生

的轉捩點。這位朋友就是後來成為美國第十八任總統的南北戰爭英雄尤利西斯・格蘭特將軍。

1861年，美國南北戰爭爆發。巴克返回故鄉紐約州，並向有關方面建議，籌組一個艾洛卦志願兵隊參加聯邦軍隊作戰。但是，他的報效國家的建議還是遭到拒絕。巴克永遠不氣餒，他曉得政府方面需要工程師，於是他到了首都華盛頓，請求參加軍中工程工作。想不到，他的希望再一次變成失望，而且他被告訴說，要他回老家去種田，因為這是「白人的戰爭」。巴克雖然遭到再三再四的挫折，但他要為美國服務的志向則是百折不回的堅定。

巴克的機會終於來了。他的好友尤利西斯・格蘭特此際已成為政府軍的名將。格蘭特十分需要工程人員，他記得一名印第安人好友巴克，便親自邀他參加政府軍。巴克與他的老友重聚，並且參加格蘭特將軍指揮的著名的維克斯堡（Vickesburg）（密西西比州西部重鎮）之役。其後，巴克一直隨著格蘭特將軍服務。1865年4月9日，內戰結束，南軍總司令勞伯特・李（Robert Lee）將軍，在維幾尼亞州的阿波麥克斯（Appomatto）的法院向政府軍總司令格蘭特將軍簽署降書，巴克以格蘭特的秘書身分記錄南軍的投降條件。因為巴克的皮膚是黑色，勞伯特・李最初拒絕與他握手，但當李將軍聞知巴克是印第安人時，便說，至少有一位真正的美洲人在場。

如果不是命運中另一次天定的話，巴克勢必被人忘置。過了3年，格蘭特將軍以共和黨候選人當選第十八任總統。格蘭特於1869年就任後，立即任命他的印第安人好友巴克擔任聯邦政府的印第安事務局長，使他成為主管全國印第安人事務的聯邦最高官吏。這也證明格蘭特總統是一位英明的領袖。巴克自1869年出任印第安事務局長，到1871年因政府的腐敗而被迫離職。在任職期間，巴克執行聯邦政府的印第安人同化政策，他並且盡力確保政府對印第安人的條約義務的履行，以及謀求消除印第安事務局系統內的腐敗作風。但是，巴克發現華府的官僚弊病太深和種種狗咬狗的政策，實在無法改善。他就職後不

久便發現印第安事務局的腐敗，而且有一個所謂「印第安幫」，專做貪污不法的勾當。這個作惡集團中包括政客及商人等，而且格蘭特總統的兄弟也在其中。這批人不但阻撓巴克改革弊政的措施，而且利用報紙等來破壞巴克的聲譽，其中包括一向反對印第安人的高級軍官喬治‧阿姆斯莊‧柯斯特將軍（他後來在小巨角河的印第安戰役中全軍覆沒，屍骨無存）。

巴克的敵人捏造理由，向國會提出13項對他的指控，國會借機將他的預算加以凍結。印第安事務局沒有金錢，自然無法以食物與衣服等供給各保留區的印第安人。許多部落族受到饑餓，但他們相信是白人在搞鬼，十分氣憤，甚至以戰爭作威脅。巴克為了消弭戰禍以信貸方式購買補給品供應各部落族。他的措施又給敵對派以口實，指控他未經過投標購買糧食為違法。巴克努力防止戰爭，使許多生靈免於塗炭，終於在國會中獲得勝利，使敵人敗退。

巴克是位很有自尊心的大丈夫，他受到了最後的侮辱。他儘力試圖適應白人的世界，但卻不斷的遭受打擊，終於再也不能忍受下去，便於1871年離開了印第安事務局，與官場告別，重返私人生活。曉得巴克的人士說：「他是位誠懇、完善、聰敏、肯奉獻的人士。」巴克在1895年去世，享年67歲。他有了不平凡的一生，但他從未謀求什麼榮譽、表揚。（Form *NATIVE PEOPLES*, Sept./Oct. 2004）

權威的《國家地理雜誌》，2004年選出艾萊‧巴克為印第安名人之一，可謂實至名歸。

第五章
印第安戰爭與慘案

一、百年之久的種族戰爭

「美國的印第安戰爭，是美國白種人西進運動對部落族人的土地與生活方式構成威脅的結果。」[1] 這是美國西部歷史學者勞伯特‧尤特萊（Robert Utley）對印第安戰爭的一句總評語。

尤特萊並且說，美國的印第安戰爭前後長達400年之久。這是說，在哥倫布發現新大陸之後，自從法國人於1605年和英國人於1620年以及其他歐洲人相繼來到北美大陸後便引起了印第安戰爭問題。印第安戰爭問題包括零星的、局部的爭執事件，有限的武力衝突到大規模的流血戰爭。本章的內容則以敘述美利堅合眾國建立以來的印第安戰爭與有關問題為主，但也間或涉及美國獨立以前也就是英國13州殖民地時代的事件。

美國的印第安戰爭大都發生在19世紀前後的大約一百多年期間，亦即從美國建國以前的大西洋海岸13州，向西拓展到太平洋海岸計48州（48州中的新墨西哥和亞利桑納兩州建於1912年。夏威夷和阿拉斯加兩州則於20世紀中葉）的西進期間。換句話說，美國的西進和印第安戰爭有極密切的關係，有了美國的西進才有更多印第安戰爭。美國的印第安戰爭與其他國家的內部戰爭或國際

---

1   《美國西部百科全書》，頁223。

戰爭有一個比較不同的點是，印第安戰爭沒有確切的開始時間，也沒有確切的結束時間，似乎有點週而復始的性質。在美國境內，從東海岸的紐約港口到西海岸的金門灣口，和從北方的加拿大邊界到南方的墨西哥邊界，東西南北廣袤367萬5,031平方英里（951萬8,323平方公里）的土地，原都是印第安人的產業，而且歷史久遠；學者專家說，他們大約於西元前4000-8000年之間，從亞洲大陸經過白令海峽的陸橋到達美洲境內。

由於印第安人遍布全美各地，隨時隨地都有可能和白人殖民發生衝突及戰爭，有時同時可能發生不只一次事件，問題可以說相當的複雜。印第安戰爭最初在東部開始，但規模較小，後來隨著白人向西拓展的關係，戰爭不但次數逐漸增加，規模也不斷擴大。

當19世紀初期，美國聯邦政府對印第安人的基本政策是，以軍事力量支持外交手段，將東部沿海地區的印第安部落族人強制遷移到密西西比河以西的地區稱為「印第安領土」，即今日的俄克拉荷馬州，其目的在於將印第安人與白人的區域加以劃分以防止民族衝突事件。此項政策為印第安人帶來很大的苦難，有短期的效果，但在1845-1848年期間，聯邦政府取得德克薩斯、俄勒岡、加利福尼亞及新墨西哥等領土後，這種隔離政策就逐漸失效。

美國歷史中的所謂印第安戰爭又稱西部戰爭，因為這些戰爭主要發生於密西西比河與密蘇里河以西的地區。因此，敘述印第安戰爭，以西部地區戰爭最受人重視。美國白人向西部開拓的一個劃時代事件是1848年在賽拉內華達山區（印第安人語稱為雪山）美利堅河畔的柯洛瑪[2]發現金礦引起淘金熱浪潮，使各州甚至外國人都湧向加利福尼亞州。後來在1859年，內華達（當時未建州）境內發現銀礦，又引起新的殖民潮。加利福尼亞、內華達、俄勒岡等地有許多

2　柯洛瑪位於加利福尼亞州的艾爾度拉多縣境內，由於詹姆斯・馬紹爾（James W. Marshall）於1849年1月24日在此地沙特磨坊水道內發現砂礦而著名，現為一歷史名勝。

山區，到處都是印第安部落族人的家園，不論普通殖民也好，礦工也好，都是外來的入侵者，他們與當地的印第安人發生衝突是無法避免的情勢。在賽拉內華達山地金礦場區的工人有自衛的能力，將許多小群的印第安部落人壓制住了。但是，在加利福尼亞北部和俄勒岡南部等地的強悍的印第安部落族，則繼續騷擾攻擊殖民及礦業人員，使聯邦的陸軍對付印第安人的軍事行動持續整個1850年代的10年期間。最嚴重的一次衝突是發生於1855年的羅古河戰爭（Rogue River War）。同時，在哥倫比亞河北方的雅卡瑪部落族區因為發現金礦而引起殖民潮使衝突增加的結果，發生了部落族領袖卡密亞金的叛亂事件。羅古河戰爭和雅卡瑪戰爭（Yakama War），在1856年被聯邦軍隊敉平。不過，兩年後部落領袖卡密亞金又欲圖將哥倫比亞盆地的數個部落族聯合起來反抗政府。軍官喬治‧芮特（George Write）上校採取激烈的攻勢行動，於1858年9月1日在「四湖」和9月5日在「斯波甘」的戰役中，將印第安人擊敗，而使太平洋西北區的印第安人戰爭告結束。

當1850年代的大約10年期間，由於白人殖民的快速擴張，使印第安戰爭幾乎蔓延到美國西部的大部分地區。有兩次特別事件為非印第安人口劇增的原因，也是民族衝突激增的原因，那就是在1848年的美國與墨西哥戰爭中美國勝利後從墨國獲得西南部的廣大土地，及加加利福尼亞州在1849年發現金礦引起的淘金潮。

在這10年期間，西部發生的重要印第安戰爭有：加利福尼亞州的瑪利波薩戰爭（Mariposa War）（1850-1851年），涉及密沃克及約古茲部落族；加利福尼亞州南部的加拉部落族（1851年）的暴動；亞利桑納州和加利福尼亞州的玉瑪和莫哈維部落族（Mojave Uprising）的暴動（1851年）；猶他州的華克戰爭（Walker War）（1853年），涉及尤特部落族；華盛頓州的雅卡瑪戰爭（1855-1856年），涉及雅卡瑪、巴勞斯、華拉華拉、加宇西、尤瑪蒂拉、哥倫比亞及尼斯瓜萊多個部落族；俄勒岡州的羅古河戰爭（1855-1856年），涉及達克爾瑪及土土尼部落

族;華盛頓州的斯波甘戰爭〔(Spokan War),即柯尤爾‧德阿林戰爭(Coeur d Alene War, 1858)〕,涉及柯尤爾‧德阿林、斯波甘、巴勞斯、雅卡瑪、哥倫比亞及北巴尤特多個部落族。

當1850年代期間,其他白人殖民區也發生不少民族衝突事件,情勢最緊張的地區是德克薩斯州。德州境內的白人向西部發展,遭到印第安部落族人的阻擾,要依靠軍隊的保護,印第安人中主要是克歐華、柯曼奇和阿巴奇等部落族。軍方在沿紅河和里約格倫德河(Rio Grande River)地帶修建多個基地堡來保護殖民人士,但是並未能達成預期的目的。在德州相鄰的新墨西哥地區(尚未建州),早期來此的西班牙人殖民,和阿巴奇及納法荷等部落族是老對頭,現在又添了美國白人殖民,自然使民族間的問題更加複雜與嚴重。攻擊與反攻擊的軍事活動,使這塊新土地的動亂不已。聯邦軍方雖然建造軍堡系統保護殖民,但得到的秩序與和平並不好過德州情勢的程度。新墨西哥和亞利桑納兩州,因為開發較晚,到1812年才獲准加入聯邦,為原48州中的最後加入聯邦的兩個州。

在大平原方面,沿俄勒岡—加利福尼亞小徑、聖他菲小徑及德克薩斯小徑各地帶都發生印第安戰爭。席歐克斯與向尼兩部落族首先與官軍發生衝突,從1854年持續到1855年。1854年8月19日,發生在拉瑞密堡(Fort Laramie)附近的格拉坦中尉屠殺案,導致哈尼(William S. Harney)將軍在1855年的軍事行動。1855年9月3日,哈尼將軍在「藍水戰役」中將席歐克斯部落族的村莊毀滅,並殺害部落領袖「小雷霆」。南方的克歐華、向尼和柯曼奇等部落族,對聖他菲的商業造成威脅,並且深入德克薩斯境內攻擊。軍方在聖他菲小徑等沿線建造的基地堡與軍隊的保護措施只做到暫時的緩和作用。

當1861-1864年美國內戰期間,由於聯邦政府正規陸軍部隊忙於和南軍作戰,對付印第安人戰爭的主要依仗各地的志願軍。1862年明尼蘇達發生的席歐克斯部落族暴動事件擾攘了很久,造成四百人喪生。明尼蘇達境內的暴亂雖然

經亨利・席布萊（Henry Sibly）將軍平服，但是此種行動卻蔓延到達科他領土（尚未建州）境內的席歐克斯其他部落族群中，他們反對許多淘金分子越過他們的保留區前往達科他西部的黑山金礦區淘金。淘金者和其他殖民與印第安部落族衝突日多的結果，導致席布萊將軍和蘇萊（Alfred Sully）將軍於1863年在密蘇里河上游地區採取軍事行動，將席歐克斯部落族擊敗。次年夏天，蘇萊將軍的部隊再度攻擊席歐克斯部落族的基地，在1864年7月28日的克德爾山戰役中，將著名的拉科達部落領袖坐牛的勇士隊消滅，使其遭到嚴重的打擊。

新墨西哥方面，阿巴奇和納法荷等部落族的戰爭仍在繼續中。詹姆斯・加利頓（James Carleton）將軍接任總司令派出部隊前往進剿。在1863-1864年期間，吉帝・卡遜（"Kit" C. Carson）上校的部隊將阿巴奇和納法荷兩部落族的反抗制服，並迫使他們離開故鄉被限制生活在保留區內。在中央平原方面，當1864年夏季，印第安部落族的擾亂威脅到東部與科羅拉多（尚未建州）的丹佛城間的要道小徑。1864年11月29日，琪維頓（John M. Chivington）上校指揮官軍對沙河的向尼部落族村莊發動很嚴苛的掃蕩。南向尼部落族領袖「黑水壺」雖然豎白旗投降，但作戰的七百餘官軍仍毫不留情的將28名男子及105名婦女和兒童殺害，此事件在印第安戰爭史上稱為「沙河屠殺案」。沙河屠殺事件是一宗萬分慘忍的事情，激起印第安人的沖天怒火，也引起一些白人的同情。他們的怒火於次年在整個中央平原燃起了一場大戰。在北平原方面，由柏楚克・康諾（Patrick E. Connor）將軍發動的三路攻勢，因為部隊遇到惡劣天氣，補給不濟，歸於失敗。

在美國內戰於1865年結束後，正規陸軍恢復其對付印第安戰爭的任務，志願軍隨著退役。亞利桑納和新墨西哥境內的阿巴奇部落族的擾亂繼續不止。德克薩斯境內的印第安部落族的騷擾使邊界地帶的白人殖民十分不安，甚至擴延到墨西哥國界內。大平原地區的印第安戰事也沒有終止。著名的席歐克斯拉科達部落領袖「紅雲」的部屬，將通往蒙大拿金礦區的保茲曼小徑的交通阻斷，

並且將沿小徑保護行旅的三個軍堡加以圍困，軍方情勢相當不利。1866年冬季12月21日，印第安勇士隊在懷俄明境內的菲立‧乾尼堡附近，將華特爾‧菲德曼（Walter Fetterman）上尉的80名部隊一舉殲滅。

菲德曼挫敗事件及政府軍遭到的其他不利情勢，使聯邦政府決定改變軍事清剿印第安戰亂的政策，發動和平攻勢，主要措施是與部落族簽訂條約，允諾供給他們食物及年金等，用以交換他們放棄其土地與自由而遷居生活於保留區內。依據在懷俄明的拉瑞密堡（Fort Laramie）和堪薩斯的麥迪辛站（Medicine Lodge）簽訂的條約的規定，平原地區的部落族同意遷居保留區內。在1868年的拉瑞密堡條約簽訂後的印第安戰爭，大都是有關迫使部落族遷入保留區的行動，或者是將逃出保留區的部落人驅回保留區的行動。

在南平原方面，1868年與1869年戰爭的結果，印第安人向尼、克歐華及柯曼奇等部落族被迫遷入保留區內生活。這與1868年11月27日的華希達河（Washita River）戰役有關。喬治‧柯斯特的騎兵進攻向尼部落領袖黑水壺的華希達河畔村莊。他先前曾逃出沙河（Sand Creek）戰役，但在此次戰鬥中，他和其妻子在官軍第一波的攻擊中即喪生。到1874年，這些部落族人因不滿保留區內的生活條件，許多人便逃往西部。與他們有關的紅河（Red River）戰爭，拖到1875年春天才告結束，逃亡的部落人相繼向軍方投降，使南平原地區和德克薩斯邊界的印第安戰爭告終。從南北戰爭於1865年結束，到1890年傷膝河大屠殺事件（Wounded Knee Massacre）的大約二十五年期間，印第安戰爭烽火遍及各地，以下是個簡明的戰史：

(一)懷俄明與蒙大拿境內的保茲曼小徑戰爭（Bozeman Trail War, 1866-1868），涉及的印第安人主要是席歐克斯拉科達部落著名的領袖「紅雲」的族人，與其結盟的北向尼部落和北阿瑞巴何部落族人。

(二)俄勒岡與愛達荷境內的蛇河戰爭（Snake River War, 1866-1868），涉及的是北巴尤特部落及華爾巴皮部落族。

(三)中央平原的漢柯克戰爭（Hancock War, 1867），涉及的是南向尼、南阿瑞巴何及數個席歐克斯部落族。

(四)南平原和中央平原的希立丹戰爭（Sheridan War, 亦稱南平原戰爭, 1868-1869），主要是對付向尼、阿瑞巴何、席歐克斯、柯曼奇及克歐華等部落族。

(五)加利福尼亞境內的莫達克戰爭（Modoc War, 1872-1873）涉及的是傑克上尉（金特普希）領導的莫達克部落族人。

(六)南平原的紅河戰爭（1874-1875），涉及的是魁納派克領導的柯曼奇部落和沙丹達領導的克歐華部落族。

(七)南達科他、懷俄明和蒙大拿邊區的黑山戰爭（Black Hills War, 1876-1877），涉及的是「坐牛」和「瘋馬」領導的席歐克斯拉科達部落，及向尼和阿瑞巴何等部落人。數次戰役中以小巨角河之戰（Little Bighorn War）最著名，因為印第安人大捷而聯邦軍隊慘敗。

(八)西北區的尼茲比爾賽戰爭（Nez Perce War, 1877），涉及約瑟夫（欣瑪雅拉吉特）領導的尼茲比爾賽部落人的數千里邊戰邊逃的動人事件。

(九)愛達荷和俄勒岡境內的班諾克戰爭（Bannock War, 1878），涉及班諾克、北巴尤特及加宇西等部落族。

(十)北向尼部落族逃亡的中央平原戰爭（Central Plains War, 1878-1879），涉及「鈍刀」領導的北向尼部落族。

(十一)愛達荷的希皮特戰爭（Sheepeater War, 1879），涉及班諾克及紹紹尼兩部落的支族希皮特人。

(十二)科羅拉多的尤特戰爭（Ute War, 1879），涉及尤特部落族。

(十三)西南的阿巴奇連綿戰爭（Apache Wars, 1872-1886），係柯魯克將軍在敦土盆地對阿巴奇及雅法白兩部落的多次戰爭。其中以吉洛尼莫抵抗（Geronimo Resistance）最重要。

(十四)南阿拉斯加的特令帝戰爭（Tlingit War, 1869-1872），涉及特令帝部落族
　　　的數個支族。

(十五)南達科他的傷膝河戰爭（Wounded Knee River War, 1890），涉及席歐克斯
　　　拉科他部落領袖「大腳」領導的部落族人。此事件通稱爲傷膝河大屠殺
　　　案，因爲當時印第安人並非爲了與政府軍隊作戰。在此事件之後，印第
　　　安戰爭實際上已告完全結束。

　　（印第安戰爭係根據《美國西部百科全書》，頁223-226，與《北美印第安
歷史地圖集》，頁128-130、頁147-182、頁151-161及頁161-168等）

二、重要戰爭

1. 席歐克斯戰爭（Sioux Wars）

　　席歐克斯戰爭係記述美國政府軍隊，與印第安席歐克斯部落族間的多次戰
爭。席歐克斯是印第安著名而且重要的大部落之一，在美國印第安戰爭史上占
著相當重要的地位。一般將席歐克斯列爲美國大平原的印第安部落族之一。席
歐克斯是個龐大的部落群，其中包括三個主要的部落，即達科他部落、拉科他
部落和納科他部落，而且這三個主要部落中又分爲若干個支部落族。

　　席歐克斯戰爭有時打，有時停，前後長遠半世紀之久，約可劃分爲五個
階段，其中以最後的兩場大戰「小巨角河之戰」和「傷膝河之戰」爲最著名。
席歐克斯戰爭的第一階段，在1851年的拉瑞密堡和平條約簽訂後不久便開始。
引起衝突的原因是，1854年8月間摩門敎徒的一頭牛失蹤事件，由小的爭執演
變成流血衝突。1855年9月3日，哈尼將軍（Williams S. Harney）率領600名官軍
攻擊內布拉斯加領土（尙未建州）境內藍河的席歐克斯拉科他部落族村莊，結
果有85名印第安人死亡，及70名婦女和兒童被俘虜。死者當中包括部落族領
袖綽號「征服熊」。此慘案激起一名青年勇士的憤恨，而使他成爲後來的席

歐克斯戰爭的著名人物，他就是綽號瘋馬的達森吉‧威特柯。第一階級的戰爭發生於1854-1855年期間。其他四階段的戰爭是，1862-1864年的明尼蘇達暴動（Minnesota Uprising），亦稱小烏鴉戰爭（Little Crow War），1866-1868年的保茲曼小徑戰爭（Bozeman Trail War），亦稱紅雲戰爭；1876-1877年的黑山戰爭（Black Hills War）以及1890年的傷膝河戰爭（Wounded Knee River War）。

第二階段期間的戰爭，以1862年8月間的明尼蘇達暴動事件為最重要，達科他部落族突襲白人殖民和貿易站，殺害多達400人。9月間部落族又攻擊官軍的一支掩埋隊，殺害士兵23人。亨利‧席布萊將軍實行報復，他於九月間以優勢兵力和砲兵攻擊森林湖（Wood Lake）的部落族村莊，部落領袖「小烏鴉」逃逸，許多部落人投降，其中有303人被判處死刑。但此案經林肯總統審核的結果，有39人被判處絞刑，其餘的獲赦免。該39人在1862年耶誕節期間被執行絞刑，為美國史上一次處決人數最多的絞刑。

席布萊將軍和蘇萊將軍繼續對印第安人進行清剿行動，如1863年的比格蒙德之役及死牛湖之役，1864年的白石山之役及克德爾山之役。部落領袖小烏鴉於1863年在他從加拿大回到明尼蘇達後被白人殖民擊殺。

第三階段期間的戰爭以保茲曼小徑戰爭為中心，因為此項戰爭的主要人物為拉科他部落族領袖「紅雲」，故又稱「紅雲戰爭」。商人約翰‧保茲曼（John Bozeman）於1862年首次從蒙大拿金礦區，循著一條經過印第安部落區的新路線回到懷俄明，新路線較以前的路線為便捷，很多白人相繼利用他的路線故名「保茲曼小經」。印第安部落領袖「紅雲」、「坐牛」和「斑點尾」等，反對白人路線破壞他們的鄉土，聯合北向尼部落領袖「鈍刀」和北阿瑞巴何部落族領袖「黑熊」等採取反抗行動，對保茲曼小徑及俄勒岡小徑（Oregon Trail）沿途的官軍巡邏隊及旅客等加以攻擊。1865年，巴楚克‧康諾將軍的官軍對部落族實施懲罰行動，但除了將「黑熊」的帳篷村破壞之外沒有什麼收穫。次年，若干名部落領袖參加簽訂拉瑞密堡和平條約。但「紅雲」要求軍方廢除沿

小徑的軍堡，因軍方拒絕其要求，「紅雲」便率領其部落勇士憤而離去並準備對白人戰爭。

官軍為了應付戰爭，亨利·賈令頓（Henry Carrington）上校的部隊在懷俄明北部和蒙大拿北部各建一個新堡以維護保茲曼小徑的開放。年輕善戰的部落領袖「瘋馬」，在對官軍的作戰中顯示他是一個不平凡的軍事家。他的游擊戰術令官軍屢次受挫敗。1866年，菲德曼上尉的一支80人的騎兵部隊，被1500名部落勇士徹底消滅。在菲德曼失敗後，官軍以新部隊增援，並使用火力強的新步槍。在1866年後期的「海菲德之役（Hayfield War）」和「篷車廂」之役中，拉科他部落族雖然損失頗重，但他們仍能將官軍驅回到軍堡內。

印第安反抗部落繼續他們的突襲，聯邦政府明白要維持保茲曼小徑沿線的軍事基地必須付出鉅大的代價。最後軍方同意「紅雲」的要求，在1868年的拉瑞密堡和平條約中雙方協議，如果部落族終止其突襲的話，軍方同意放棄沿保茲曼小徑的軍堡。在軍方自各堡撤退之後，部落族人在慶祝勝利中將各堡放大燒毀。在大平原戰爭的這一回合中席歐克斯部落族獲得了勝利。可是，白人仍保持他們的優勢。同時，在中央平原和南平原方面，柯曼奇、克歐華、南向尼及南阿瑞巴何等部落族，在1867年的麥迪辛站和平條約中，迫使白人作出讓步。

第四階段的戰爭稱為「黑山戰爭」，也稱為「瘋馬和坐牛戰爭」，因為兩名部落著名領袖「瘋馬」和「坐牛」是這些戰役中的重要人物。黑山戰爭發生於1876-1877年，在開始的三次戰役中，印第安部落族獲得輝煌的勝利，但在後期的五次戰役中則是聯邦官軍獲捷，而且使席歐克斯、北向尼及北阿瑞巴何等部落族的抵抗實際上告終。黑山戰爭起因於1874年懷俄明與南達科他邊境的黑山地區發現金礦，吸引來很多新殖民與當地的印第安人發生衝突。

當時，部落領袖紅雲與斑點尾已經在保留區內生活，另兩名部落領袖坐牛和瘋馬，則與其族眾們拒絕放棄他們的傳統遊牧生活。與印第安人敵對的是兩

名南北戰爭期間的將領時任陸軍總司令的威廉姆・薛爾曼將軍和密蘇里軍區司令菲立普・希立丹將軍。負責野戰的有數名重要軍官，其中包括曾與阿巴奇及巴尤特部落族作戰的喬治・柯魯克將軍及曾與向尼部落族作戰的喬治・柯斯特（George A. Custer）上校等。軍方命令印第安人回到保留區內，在他們拒絕之後，軍方於1876年年初開始採取清剿行動。在那年內，大平原發生多次戰役，開首三次印第安人獲得輝煌的勝利，但其後的五次是官軍告捷。

1876年3月間，發生在蒙大拿粉末河（Powder River）的戰役中，拉科他部落族和北向尼部落族的勇士隊在拉科他部落領袖瘋馬的指揮下，將官軍約瑟夫・雷諾（Joseph Rwynolds）上校的騎兵攻擊擊敗。同年6月間，在蒙大拿玫瑰苞河的戰役中，瘋馬的勇士隊，將官軍喬治・柯魯克的白人和紹紹尼及烏鴉部落人混合部隊徹底消滅。接著在六月底的小巨角河戰役中，三位部落族領袖瘋馬、坐牛和大膽率領的拉科他勇士隊及向尼部落族盟友聯合大軍，將官軍喬治・柯斯特上校的第七騎兵團徹底消滅，至少有250人死亡，柯斯特亦陣亡。這是大平原戰爭中印第安人最大的勝利，一般認為主要原因與柯斯特的魯莽個性有關。

但是，在小巨角河之役以後的戰爭中，席歐克斯部落族和其盟友卻遭到嚴重的挫敗。在1876年7月間的內布拉斯加朋納河（Bonnet River）戰役中，威斯萊・麥利特（Wesly Merritt）上校的部隊擊敗大約1000名北向尼的勇士隊，在1876年9月間的南達科他斯利姆布特戰役中，又擊敗拉科他部落族的「美國英雄」隊。在1876年11月間的懷俄明「鈍刀」戰役中，瑞納・麥肯齊上校的部隊擊潰北向尼部落領袖鈍刀的勇士隊。在1877年1月間的蒙大拿狼山戰役（Wolf Mountain）中，納爾遜・密爾斯（Nelson Miles）將軍的部隊擊敗部落領袖瘋馬的勇士隊。在1877年5月間的蒙大拿拉密狄爾戰役中，密爾斯將軍的部隊擊敗拉科他部落領袖「跛鹿」的勇士隊。

瘋馬於1877年5月間，在監獄內發生的爭執中被刺傷不治。但有關他當時

死亡的確切情形則有不同的說法。那個時代的印第安重要人物中，有些有照片留下來，但並沒有瘋馬的照片，因爲傳說他拒絕爲他拍照。另一著名部落領袖坐牛等逃到加拿大，待到1881年返美國向官軍投降。他曾參加劇團的演出，扮演關於著名的「傷膝河事件」戲劇中的角色。

北平原的印第安人勢力已經被摧毀。中央平原和南平原的部落族柯曼奇、克歐華、南向尼及南阿瑞巴何也都已降服。不過，在洛磯山以西的印第安部落如阿巴奇、尼茲比爾賽、班諾克及尤特，仍繼續抵抗若干年。不過，印第安戰爭正在結束中。由吉路尼莫領導的最後一次阿巴奇部落族叛亂在1886年失敗。

第五階段的戰爭稱爲「傷膝河戰爭」，因爲這一階段的戰爭以發生在南達科他境內西南部的傷膝河畔的戰鬥爲主。傷膝河戰爭亦稱爲「傷膝河屠殺事件」。評論家一致認爲，此次戰鬥也就是此次對印第安人的大屠殺是不必要的，也是不應該發生的事件。傷膝河戰爭的起因是巴尤特部落族領袖吳佛加（Numaga）倡導的「幽靈舞敎」（Ghost Dance）。他宣傳的宗敎主旨說，世界不久將告終，然後又新生。包括以往逝世的全體土生美洲人將繼承新世界，將遍地是大草原，和無數的野牛群。他的宗敎活動中包括默想、祈禱，特別是舞蹈等等。幽靈舞敎義對印第安人有很大的鼓舞作用，因爲他們失掉了原來的自由與驕傲的生活，現在過著征服者安排的貧困與沮喪的保留區生活。此一宗敎運動在西部的印第安部落族中間快速的發展和擴大。席歐克斯拉科他部落族的醫生「跛熊」和「短牛」，將敎義擴大解釋，並聲稱穿著幽靈舞衫能防避白人的槍砲子彈，這些很類似中國的義和團運動。

幽靈舞運動不斷的蔓延，自然引起官方的注意與警覺。於是，當局下令禁止席歐克斯部落族保留區內的幽靈舞運動。因此，官軍開入南達科他州境內的松樹嶺（Pine Ridge）和玫瑰苞（Rosebud）保留區內執行此項禁令。但是，幽靈舞信徒們反抗官方的禁令，他們大舉集聚在松樹嶺西北角一處稱爲堡壘的峭壁地點，並且散布消息說，當時在北達科他州境內的峙立岩保留區的著名部落領

袖坐牛將前來參加他們集會。負責執行禁令的納爾遜‧密爾斯將軍，深恐具有影響力的坐牛可能使事件擴大，便下令逮捕坐牛。坐牛在反抗官軍的拘捕抗爭中，和他的7名勇士部屬都被官軍擊殺。此一事件類似13年前另一著名席歐克斯拉科他部落領袖瘋馬的被殺害案件。

密爾斯將軍同時也下令逮捕另一名曾支持幽靈舞運動的拉科他部落重要領袖「大腳」，但他此時因患肺炎症只希望和平，贊同著名部落領袖紅雲等與白人和好的建議。因此，大腳帶著大約350名族眾──其中約230人是婦女和兒童前往松樹嶺保留區與紅雲會合。紅雲並未與幽靈舞首腦跛熊及短牛在一起。但是，官軍派惠西德少校帶一支部隊前往途中攔截大腳等，他命令部落族人在距離松樹嶺保留區南方大約20英里的傷膝河邊搭帳篷營停下。稍後，官軍的詹姆斯‧福西斯（James Forsyth）上校抵達該地擔任指揮官，他命令四門哈奇克斯式加農砲布置在印第安人帳篷營的四週警戒。那天是1890年隆冬的12月28日。

次晨12月29日，是除夕的前三天，遍地積雪，荒野茫茫。福西斯派士兵進入印第安人帳篷內沒收一切武器。一個綽號「黃鳥」的部落人醫生要求實行反抗，他說穿著幽靈舞衫的勇士能夠防避子彈。但是，部落領袖大腳主張和平。當士兵試圖將耳聾的印第安人「黑野狼」的武裝解除之際，他的槍突然走火，士兵亦開槍還擊。槍擊開始是近距離的戰鬥。但是，當砲兵以加農砲轟擊時，不論男的女的兒童和老人都紛紛倒下，有些向四下亂跑逃命之際被殺。槍砲聲與呼喊慘叫聲震動了酷寒的荒野清晨，白雪皚皚的大地上到處是鮮紅的血漬。部落領袖大腳在死亡者中。

在這場大屠殺中，可能有多達300名印第安人死亡，其餘的也受了傷。幽靈舞運動不久也告消滅。傷膝河事件標示著印第安戰爭時代的結束。就在同一年即1890年，聯邦政府人口局宣布說，在全國的人口地圖上不再有什麼邊界線，換句話說就是，除了分散於全國各地的印第安人保留區外，全國廣大的印第安人原野，白人可以自由的開發了。

印第安歷史文化專家卡爾·華德曼，在有關傷膝河屠殺事件的評論中說：

「聯邦政府曾主持一項爲期14年的計畫，自1927年開始，在南達科他州黑山區的魯希莫爾山（Mount Rushmore）山頂雕刻四位總統的面部像，侮辱印第安席歐克斯部落族。對印第安人來說，此項舉動類似一座教堂，因爲在他們的宗教信仰裡黑山是神聖的。」（按四位總統是華盛頓、傑佛遜、齊奧道·羅斯福和林肯。）

「1998年，在距離魯士莫爾山15英里，南達科他州野馬市（Crazy Horse City）附近的黑山山頭上，另一座雕刻像舉行揭幕典禮。此項計畫自1939年開始，一個人頭部所占的面積，大過魯希莫爾山頂四個人頭部面積的總和，這就是瘋馬雕像。」

（席歐克斯戰爭係根據《北美印第安歷史地圖集》，頁177-182）

2. 紅雲戰爭（Red Cloud War）

紅雲戰爭係記述美國政府軍隊，與印第安席歐克斯部落領袖「紅雲」爲首的戰爭（亦稱保茲曼小徑戰爭）。紅雲的本名是瑪克皮亞魯泰（Mockpeahlutah），於1822年出生於內布拉斯加領土（尚未建州）北部普拉特河（Platt River）地帶，有個孿生兄弟。他們出生後不久，父親就去世，由一位叔父撫養成人。由於他勇敢好戰，有領導天賦，在部落中快速變成首領。

1860年代，因爲發現金礦白人大增，使蒙大拿和懷俄明地區拉科他部落人的土地受到開發的影響。商人約翰·保茲曼發現一條新路線，從蒙大拿經部落人土地，通往懷俄明的俄勒岡小徑，然後向南到達科羅拉多。因爲此新路線比較方便，殖民和礦工等隨著紛紛使用此小徑，並將它稱爲「保茲曼小徑」。1865年，聯邦政府當局開始修築一條大路，從懷俄明的拉瑞密堡，經過粉末河通往蒙大拿，此路線穿過部落族的主要野牛行獵場。

聯邦的新路引起許多拉科他部落支族人民的反對，其中包括紅雲領導的歐

格拉族勇士，坐牛領導的漢克巴巴人及班點尾領導的特頓布魯爾人等。另外，與他們結盟的北向尼部落族及北阿拉巴何部落族首領小狐狸和黑熊等也參與反對新路行動。這些部落族人，便開始對保茲曼小徑和俄勒岡小徑沿途的篷車隊、礦工及軍事巡邏隊等加以攻擊。一次重要的攻擊事件發生於1865年7月26日，紅雲等部落族，對保茲曼小徑與俄勒岡小徑交口附近的普拉特河橋警衛站進行攻擊，官軍加斯伯‧柯林斯中尉的一隊騎兵被消滅，藉以報復前一年官軍在沙河對部落族的屠殺事件。同年8月間，粉末河指揮官巴楚克‧康諾將軍，派出三支部隊去懲罰印第安人，部落族運用靈活的游擊戰術對付官軍，使他們一無所獲，只好於8月29日在頓古河（Tongue River）一戰中將黑熊的北阿拉巴何部落族帳篷區加以摧毀來洩恨。

聯邦政府軍方於1866年6月間在拉瑞密堡召開會議，與數位印第安部落族領袖簽訂互不侵犯條約。紅雲堅持軍方不能在保茲曼小徑沿線有軍事基地堡，但是軍方拒絕同意他的要求，紅雲一氣之下便帶著他的勇士離去而準備從事戰爭。政府方面也著手加強軍力。加利頓上校一方面增援雷諾堡（Fort Renow，在懷俄明境內），並且增建兩個堡以維護保茲曼小徑交通的通暢，兩新堡是建於懷俄明境內的菲立‧乾尼堡（Fort Phil Kenny）和蒙大拿境內的斯密斯堡（Fort Smith）。

同年秋天，紅雲等領袖集合部落勇士達兩千人圍攻菲立‧乾尼堡，紅雲、瘋馬及大膽等首領，使用游擊戰戰術，使官軍的騎兵損失不小。到了12月間，部落勇士攻擊一個伐木隊，然後逃逸。官軍菲德曼率領80人追趕，被隱蔽的部落族全部消滅，在菲德曼上尉受挫之後，官軍增援部隊，而且使用新式步槍，火力加強。次年即1867年8月2日，在斯密斯堡附近的海菲德（Hayfield）的戰鬥中和3日在菲立‧乾尼堡附近的戰鬥中，部落族勇士雖然因官軍新武器的火力損失相當大，但他們仍能將伐木隊逐回去。

經過一段時間的不安之後，聯邦有關當局明白要維持保茲曼小徑沿線的基

地堡必須付出鉅大的代價，最後決定接受紅雲早先的要求將那些堡放棄，以換取部落族停止攻擊。在將近兩年的期間，保茲曼小徑戰爭（紅雲戰爭）的結果，平民死亡大約一百五十人，官軍也損失一百多人。在此種情勢下，官方於1868年4月間，在拉瑞密堡與印第安部落族簽訂條約。依據條約規定，軍方在那年夏天放棄了雷諾堡、斯密斯堡和乾尼堡。這表示拉科他部落族領袖紅雲在軍事上的勝利，他是第一位也是唯一印第安戰爭勝利者。

紅雲在獲得勝利後，雙方休戰，他和其族眾安居在粉末河鄉間新成立的大席歐克斯保留區內。到了1871年，有關當局在拉瑞密堡以東數英里處成立新的紅雲保留區，紅雲與其族人被說服遷往該地，紅雲雖然感到不滿意，但他對此只表示口頭反對之意。

紅雲於1870年首次赴華盛頓會晤聯邦政府印第安事務局長艾萊‧巴克（Ely Parker）[3]，其本名是敦何加華（Donehogawa）。其後，紅雲並多次到華府等地為其部落人爭取權益，但也引起席歐克斯部落同胞的批評，指他將其個人的利益置於族人利益之上。紅雲曾盡其所能，期使其族人能適應聯邦政府不斷改變的印第安政策，因政策常變而使部落族人民遷來遷去，生活無法長期安定。他是個愛同胞的部落領袖。1877年，紅雲和其族人最後被遷移到南達科他領土（尚未建州）的松樹嶺印第安人保留區。他在那裡協助其族人度過動盪不安的時代。其間發生過另一位著名部落領袖坐牛遭殺害的事件，及傷膝河印第安人被屠殺的事件，這兩次事件相繼發生於1890年12月15日和29日。1893年，紅雲年紀已大，但他仍前往芝加哥參加哥倫布世界博覽會。20世紀來臨，紅雲的眼睛逐漸失明，到1909年12月間，這位曾經風雲一時的印第安席歐克斯部落英雄終於逝世，享年87歲。

（紅雲戰爭係根據《北美印第安歷史地圖集》，頁169-178）

3　艾萊‧巴克於1869年經格蘭特總統任命為首位印第安籍的印第安事務局長，有關生平見第四章美國的印第安政策第二節歷屆政府的政策之9. 艾萊‧巴克。

3. 向尼戰爭（Cheyenne War）

　　向尼戰爭係記述美國政府軍隊與印第安向尼部落族之間的多次戰爭。在美國西進史上與印第安人發生的若干次著名種族戰爭中，向尼部落族人士占著重要的一頁，而且他們在美國西進過程中所損失的族人數字也最大，最後剩下的人數不過數百名，很令人嘆息。

　　向尼部落族原生活在明尼蘇達地區，大概在1675年與1700年期間，因為和其他部落族衝突的結果被迫遷離該地區，而且從原先的農業生活方式逐漸改變為遊牧生活方式。當李威斯與克拉克西部探險途中，在蒙大拿的黑山地帶首先遇到向尼部落族人。到1832年左右，約有半數的向尼部落族人向南方遷移到科羅拉多的阿肯色河一帶，被稱為南向尼，仍留在原地的被稱為北向尼。在1851年印第安人與官方簽訂的拉瑞密堡條約中，正式記載南北向尼之分。自1840年開始，白人向西部遷移者日眾，他們侵入的結果，和當地向尼族人自然會發生衝突，隨著時日的增加，不僅衝突的次數愈來愈多，規模也愈來愈大。向尼戰爭難免了。

　　較早的一次向尼戰爭發生於1857年7月29日，地點在堪薩斯西部的所羅門河（Solomon Fork）地帶，約有三百名向尼部落族人勇士被官軍擊敗。1864年，科羅拉多領土（尚未建州）總督約翰‧伊凡斯（John Evans），決定將南向尼和阿拉巴何兩部落族的土地開放給白人殖民，但印第安人拒絕此項計畫。伊凡斯便命令第三科羅拉多騎兵團對付他們。1864年9月間，官方與印第安部落族領袖在丹佛城郊的威爾德堡（Fort Weld）舉行會議，但未獲結果。向尼部落族領袖綽號「黑水壺」一向是主張與白人和平相處的。他帶領大約六百名向尼和阿拉巴何部落族人，住在里昂堡地區的沙河岸邊，並將此事告知里昂堡的官軍方面。不久之後，琪維頓（John Chivington）的第三騎兵團約七百人進駐里昂堡，而於1864年11月29日下令攻擊沙河畔的向尼部落族帳篷營，除了騎兵部隊外，並有

四門大砲。當時,向尼部落族領袖黑水壺已經在帳篷頂懸起美國國旗和白旗表示投降,但琪維頓仍然命令猛烈攻擊,印第安人婦女兒童在驚慌中四下亂逃,只有少數向尼部落勇士拚命抵抗一陣。大屠殺很快就結束,共有兩百餘名印第安人被殺害,其中半數以上是婦女和兒童。黑水壺和少數族人得逃脫大難。事後,在國會調查此慘案時,琪維頓受到指控,他終於被迫辭職。此事件在印第安史上稱爲「沙河屠殺案」(Sand Massacre)。

在南北戰爭結束後,軍方決定對中央平原地區的印第安部落族人採取剿滅攻勢。溫菲德・漢柯克(Winefield Hancock)將軍在堪薩斯西部的萊納堡設立總部,他指派喬治・柯斯特上校爲野戰指揮官,負責對向尼部落領袖綽號「高牛」和「白馬」的族衆的剿伐任務。在1867年夏天,柯斯特的第七騎兵團,在堪薩斯西部、科羅拉多東北部和內布拉斯加西南部的中央平原廣大地區內,與向尼部落族及其席歐克斯部落族盟友追逐戰鬥數個月之久,雖然官軍將印第安人的村莊破壞燒毀,但到7月中旬攻勢結束時並未獲得預期的成果。那年秋天,聯邦政府感到強硬的清剿政策,非但不能解決印第安人問題,反而使情勢更加惡化與困難。因此,政府決定將軍事政策改爲和平政策,於1867年與向尼和阿瑞巴何部落族在堪薩斯的麥迪辛站簽訂和平條約,並於1868年在懷俄明的拉瑞密堡與席歐克斯部落族簽訂和平條約。這些部落族同意放棄他們的土地,遷居到官方指定的印第安人保留區內生活。

雖然簽訂了和平條約,但條約並未爲中央平原帶來和平。印第安人的土地繼續遭吞蝕,部落族仍然突襲白人殖民。不久戰爭又來了。1867年9月間,菲立普・希立丹出任密蘇里軍區總司令,次年夏天他著手對印第安人清剿行動。1867年9月間發生的共和河小島事件中,官軍喬治・福西斯少校的大約五十名部隊,受到向尼及席歐克斯部落族勇士大約六百人的圍攻。結果雙方各有數人死亡及若干人受傷。因爲官軍的菲德烈・比吉爾(Frederick Beecher)中尉在戰鬥中陣亡,故此役稱爲「比吉爾島」(Beecher Island)事件。

　　希立丹將軍於次年即1868年冬天發動一次大規模的清剿行動。官軍三路分別自新墨西哥的巴斯康堡（Fort Bascon）、堪薩斯的里昂堡（Fort Lyon）及堪薩斯的萊納堡（Fort Larned）出動，進攻印第安領土俄克拉荷馬境內的印第安部落族人。此一戰役是希立丹最著名的一場戰役，戰場在今日俄克拉荷馬州西部華希達河的北岸羅吉爾密爾斯（Roger Mils）縣向尼市西北大約十四英里地帶，時間是1868年11月27日。在印第安戰爭史上稱爲「華希達戰爭」或「華希達屠殺案」，指揮攻擊的是第七騎兵團團長喬治・柯斯特。住在華希達河畔的是黑水壺爲首的向尼部落族人，他雖然在沙河事件中遭受官軍的打擊，但他仍然力圖與白人和平相處。可是，一向對印第安人十分仇視的柯斯特並不作此想。他指揮大約八百名部隊分四組，於11月27日拂曉對印第安人帳篷村進行包圍攻擊。部落人倉促應戰，將20名官軍殺死及另15人擊傷。部落族領袖黑水壺和大約一百人死亡及更多人受傷，另有許多婦女和兒童被俘虜。

　　希立丹的清剿行動繼續進行到次年春天和夏天，重要戰役如1869年3月間的德克薩斯州甜水河戰役，1874年與1874年的德克薩斯州紅河戰役。經過這些戰爭後的南向尼部落族在中央平原的情勢已大不如前。在北向尼部落族方面，他們曾參與席歐克斯部落族與官軍的戰爭，而且在1866年與1867年的保茲曼小徑戰爭中，及在1867年的小巨角河戰役中，與席歐克斯部落族共同獲得勝利，但他們和席歐克斯部落族一樣也遭受相當大的損失。北向尼部落族在1876年7月17日的內布拉斯加州朋納河（Bonnet Creek）戰役中，及1876年11月25日懷俄明領土（尚未建州）境內的「鈍刀」戰役中都遭受損失。北向尼的著名領袖「鈍刀」和「小狼」兩人，於1877年在內布拉斯加州的魯賓遜堡（Fort Robinson）向官軍投降，這也是他們的重大損失。

　　北向尼部部落族人投降後，他們原期望被送到蒙大拿領土（尚未建州）的黑山區故鄉保留區與友好的席歐克斯部落族人生活在一起，但他們卻被軍方押送到俄克拉荷馬（尚未建州）境內的雷諾堡（Fort Renow）附近的南向尼和阿瑞巴

何保留區。該地區土地貧瘠,與他們過去的生活環境大不相同,政府的供應品不足需要,日子十分難過,許多人因此死亡。同時,北向尼部落族人中發生瘧疾疫症,使他們情勢更加困難。向尼部落領袖鈍刀、小狼等決心返回他們在懷俄明和蒙大拿境內的頓古河地帶的故鄉。他們於1878年9月9日結隊離開俄克拉荷馬的雷諾保留區,同行的共有297名男子、婦女和兒童。他們的為時六星期的逃亡是一場驚人的悲劇行動。他們設法躲避過大約一萬名官軍和大約三千名平民的追捕,雖然多次遭到困境,有些被擊殺,有些被俘虜,但大部分倖能逃脫。他們分兩組,身體好的在小狼領導下繼續逃向頓古河地帶,身體病弱及老年人在鈍刀的領導下前進內布拉斯加魯賓遜堡的紅雲保留區,謀求席歐克斯部落族領袖給予協助。鈍刀一行人於10月23日在暴風雪中被官軍俘虜並帶往魯賓遜堡,因為有問題,他們希望前往南達科他的新紅雲保留區。他們由於對官方的處置不滿而發生圖逃事件,官軍實行鎮壓,大部分向尼部落人死亡。鈍刀與其妻子兒子媳婦及孫子等,倖能逃到南達科他的松樹嶺新紅雲保留區,但被軍方囚禁起來。小狼一行人逃到內布拉斯加的喬克奇利河地帶躲藏過冬季,但到次年3月間終被官軍發現而投降。

在經過很多官樣文章之後,這些北向尼部落族人終於獲准回到他們原初所希望的頓古河印第安人保留區。但是,在飽受戰鬥、疾病及供應不足等種種磨難之後,他們原有的297人當中最後只剩下約80人。南向尼部落族人的命運和他們差不多。

(向尼戰爭係根據《北美印第安歷史地圖集》,頁169-173)

4. 納法荷戰爭(Navajo War)

納法荷戰爭係記述美國政府軍隊與印第安納法荷部落族之間的多次戰爭。納法荷部落族一向生活在美國的西南部即亞利桑納與新墨西哥地區,而西南部在歷史上最早是西班牙的殖民地,後來墨西哥脫離西班牙而獨立,隨著成為墨

西哥的一部分，美國與墨西哥戰爭結束後，美國獲得西南部及西部廣大土地。由於三次領土改隸的關係，居住在西南地區的印第安部落族如納法荷、阿巴奇、巴尤特及向尼等土著人民與先後外來的西班牙人、墨西哥人及美國人或者歐洲白人，在大約四百年之久的期間時常有衝突與戰爭。此處所說的納法荷戰爭，係指在1846年美國與墨西哥戰爭以後所發生的美國聯邦政府軍隊和納法荷部落族之間的衝突與戰爭。

在墨西哥與美國戰爭爆發的前一年即1845年，美國軍隊在史蒂芬・克爾尼（Stephen Kearny）上校和亞歷山大・杜尼芬（Alexander Donipher）上校的領導下，將當時屬於墨西哥國的新墨西哥占領，克爾尼對境內的墨西哥人和歐洲白人保證將不再受印第安人的騷擾，因為他們已變為美國公民，但是印第安人仍然不是美國公民。不久之後，印第安人曉得他們被視為「外人」，美國人的統治對他們來說，將不會比墨西哥人的統治較公平。在此種情勢下，納法荷部落族人對美國人的立場不問可知。印第安人對美國人的騷擾攻擊與美、墨戰爭以前無異，甚至有增無減，接著而來的自然是聯邦軍隊的武力行動了。

1848年冬季，杜尼芬的美國軍隊開始攻擊納法荷部落族人，但是因為天然環境對部落人有利，尤其是在科羅拉多平原南部的山區地帶，他的軍事行動成效有效。納法荷部落人的基地也就是他們的聖地吉萊峽谷（Canyon de Chelly，在亞利桑納與新墨西哥邊境），他們的領袖明白，美國軍隊雖然行動不順利，但他們一定不會停止攻擊政策。因此，納法荷部落族人在1848年和1849年兩次與官軍簽訂和平條約。雖然簽有和平條約，但並沒有真正的和平，雙方間的攻擊與反攻擊仍然不斷。當1850年代的大約十年期間，官軍曾經對納法荷部落族發動多次剿伐行動，但還是沒有什麼結果。戰事的中心地點是波尼突峽（Cayon Ponito）南口的狄菲斯堡（Fort Defiance）四週的牧場地帶。拖到1860年4月30日，納法荷部落領袖巴朋西土（Barboncito）和曼尤利土（Manuellto）率部落勇士群猛攻狄菲斯堡，幾乎將該堡攻陷。官軍愛德畢・甘貝（Edward Canbey）上校的軍

隊在報復攻擊中，也是因爲山地條件不利而無功，於是又陷於對峙階段，到1861年1月再度簽訂和平條約。

由於美國南北戰爭爆發的影響，聯邦軍隊忙於在東部作戰，西部兵力削弱。當1861年與1862年期間，此地區的聯邦軍隊被印第安人驅逐向東方。於是，詹姆斯・加利頓（James Carleton）上校的加利福尼亞軍隊開入西南地區，他被任命爲新墨西哥軍區陸軍總司令。加利頓指派對印第安事務有經驗的聯邦軍官克蒂・卡遜（"Kit" C. Carson）上校爲野戰司令。他們的新政策重點是要將納法荷和阿巴奇部落族從亞利桑納強迫遷往新墨西哥東部接近德克薩斯邊界的蘇米爾堡地區的波斯貴・瑞頓度（Posque Redondo）。該地距納法荷族基地吉萊峽谷東方300英里。

在1862與1863年初的期間，阿巴奇部落族的密斯卡利洛支族人被大遷移之後，加利頓與卡遜開始對付納法荷部落族。加利頓於1863年6月23日對納法荷部落族發出最後通牒，命令他們在一個月內遷往新墨西東部皮柯斯河畔（Picos River）的波斯貴・瑞頓度。但是，部落人在限期屆滿後並未遷移，卡遜上校便命令他的新墨西哥志願軍對納法荷部落族採取攻擊行動，志願軍中包括白人和若干印第安人。但是，卡遜的軍事行動與以前的作法則完全不同，過去是以消滅納法荷部落的基本實力即勇士群爲主要目標，這次則以徹底摧毀印第安人的生活方式爲主要目標，以往的措施可以說是軍事性的，而這次可以說是經濟性的。卡遜的軍隊破壞消滅的是納法荷部落人的農田、果園、產品、住房以及沒收他們牲畜等等。在卡遜的六個月的掃蕩行動中，受影響的大約有1萬2000名納法荷部落族人民，據報告其中只有78人死亡，而官軍也只有數人受傷。可是，納法荷部落族的生活方式卻徹底被摧毀了。

次年即1864年1月間，卡遜的軍隊開始直接攻擊納法荷部落族的基地即聖地吉萊峽谷（在亞利桑納北部接近新墨西哥和猶他邊界）。他的軍隊先將峽谷的西端口加以封鎖，再命令皮菲爾（Albert Pfeiffer）上尉的部隊從東口攻入步步

清剿。雖然納法荷部落族人盡力抵抗阻擋，但官軍不久即將整個峽谷地帶完全控制住。到3月中旬時，約有六千名印第安人因為飢餓疲憊不堪而向官軍投降。軍方將第一批約兩千四百名部落人強迫步行300英里從他們的亞利桑納故鄉前往新墨西哥的波斯貴·瑞頓度，其中有約兩百人死於跋涉途中。到年底續有兩千多部落族人投降，共有八千餘人，先後都被軍隊押送到蘇米爾堡（Fort Summer）附近的波斯貴·瑞頓度印第安人保留區內。12,000名納法荷部落族人中的其餘約四千人，在曼尤利土的領導下逃往西部，但他最後於1866年9月1日在新墨西哥西部的文卡特堡（Fort Wingate）向軍方投降。到1868年，曼尤利土和巴朋西土等部落領袖到華府陳情的結果，政府同意在曲斯卡山設立新的保留區，倖存的納法荷部落族人，終於有機會回到故鄉重建他們的生活。

（納法荷戰爭係根據《北美印第安歷史地圖集》，頁167-168）

5. 小巨角河戰爭（Little Bighorn War）

小巨角河戰爭於1876年6月25日發生於蒙大拿州東南部的小巨角河沿岸的泥濘草地，是印第安戰爭史上規模最大，也是聯邦軍隊損失最慘重的一次大會戰。印第安人著名部落領袖坐牛、瘋馬、大膽及黑月等在此次會戰中，發揮了聯合作戰的最大效果，顯示出他們不平凡的軍事智慧，使全美為之驚震。

小巨角河戰爭也稱為大席歐克斯戰爭，席歐克斯是個龐大的部落族，包括達科他、拉科他和納科他三個主要部落族。這場大戰的起因是，當1874年與1875年期間，在南達科他（當時尚未建州）西部的黑山（Black Hills）地區發現金礦，吸引白人殖民湧到該地區，與印第安部落族人發生衝突事件。依據1866年聯邦軍方和部落族簽訂的拉瑞密堡條約，將黑山地區劃為大席歐克斯印第安人保留區的一部分。

對於印第安人問題，當時的聯邦陸軍總司令威廉姆·薛爾曼（William Sherman）將軍和密蘇里軍區司令菲立普·希立丹（Philip Sheridan）將軍（兩人

皆爲南北戰爭英雄)都主張武力解決。希立丹有一句純爲種族主義的名言是:
「唯一的好印第安人是一個死印第安人。」

　　軍方爲了取得黑山的控制權,欲圖使用強制談判的方式達到目的,因此通
知各部落族前往參加談判,並且限期定爲兩個月,如逾限未前往軍方報到即被
認爲是敵對行爲。因爲各部落未理會軍方的要求,希立丹將軍下令組成兩支部
隊準備採取冬季攻擊行動。一支部隊是自懷俄明的菲德曼堡出動的喬治‧柯魯
克(George Crook)將軍,另支部隊是自北達科他的林肯堡出動的喬治‧阿姆斯
壯‧柯斯特上校。柯斯特的部隊因遇到大雪延誤行程。柯魯克將軍所屬的約瑟
夫‧瑞諾德(Joseph Reynolds)上校的騎兵部隊,於1876年3月間首先攻擊蒙大
拿境內的粉末河地帶的拉科他和向尼兩部落族人,但是官軍迅速被拉科他著名
部落領袖瘋馬的勇士擊敗,官軍損失慘重。次一場接觸發生在1876年春末時,
官軍分三路出擊,柯魯克從南方出擊,約翰‧吉朋(John Gibbon)上校從西方
出擊,阿夫瑞‧泰利(Alfred Terry)和柯斯特從東方出擊。此際許多部落族已
經在蒙大拿境內南部地區建立強固的聯合帳篷基地。1876年6月17日,柯魯克
將軍的部隊從南方沿著玫瑰苞河前進遇到部落族部隊,與著名部落領袖瘋馬指
揮的席歐克斯和向尼兩族勇士大約七百人發生戰鬥。官軍正規部隊達一千人並
附有烏鴉和紹紹尼兩部落族人輔助部隊大約三百人,官軍雖居優勢,但戰爭力
相當差,抵擋不住部落族勇士們很有組織的連波攻擊。結果官軍遭受許多損失
後被迫退回他們的基地。印第安人雖然獲得一次重要的勝利,但這只是一場更
輝煌勝利的前奏。此次戰役在印第安人戰爭史上稱爲「玫瑰苞之役(Rosebud
War)」,因爲發生於蒙大拿南部的玫瑰苞河地帶。

　　在玫瑰苞之役過後,印第安人各部落將其部隊重行加以整頓,特別在玫
瑰苞河以西大約三十英里的玫瑰苞山區的小巨角河灣建立新帳篷基地,稱爲泥
濘草地營區。此時正值夏天,各部落族人在其保留區度過冬季後相繼抵達此營
區,其中包括:特頓布魯利拉科他、山迪達科他、北向尼、溫楚斯及北阿瑞巴

何等六個部落人，總數達7000人，其中約一千八百人為素有戰鬥經驗的勇士部隊。在玫瑰苞戰役之後四天即6月21日，泰利將軍的部隊和吉朋上校的部隊在黃石河（Yellowstone River）地帶會合起來。當雷諾（Marcus Reno）少校的偵察隊探知印第安部落族在小巨角河沿岸地區時，泰利將軍指派柯斯特上校的騎兵第七團從南方攻擊他們，並命令其他部隊從北方進行攻擊。但是，泰利的計畫並未能順利執行。6月25日，生性急燥的第七騎兵團長柯斯特（印第安人給他的綽號是「長頭髮」軍官）在其偵察隊發現印第安人部落族營區後，未等到泰利和吉朋兩支部隊會齊便立即發動攻擊。柯斯特將其騎兵團分為四部分，補給車隊和一個掩護單位留在後方，由菲德烈・班田（Frederick Benten）上尉率領的單位從南方封鎖部落人，由柯斯特率領的部隊和雷諾上校率領的單位循著小巨角河向北進攻。柯斯特在推進途中，命令雷諾少校的士兵向西渡河追擊大約四十名部落族勇士，要他從河谷向南攻擊印第安人營，及他本人沿著崎嶇的河東岸攻擊營區的北端。生性魯莽的柯斯特的此種作戰計畫證明是一場悲劇。在雙方多次個別戰鬥中，印第安人盡力纏住官軍，使雷諾及班田兩支部隊損失慘重，有50人死亡及大約60人受傷，最後並將柯斯特的大約兩百人全部消滅。

　　參與大戰的主要是席歐克斯與向尼部落族勇士，及少數阿拉巴何和溫楚斯部落族。由政治領袖坐牛擔任總指揮，其他主要部落領袖包括，瘋馬、大膽、快牛、烏鴉王、混普及黑月等。柯斯特的第七騎兵團部隊由他本人率領五個連，雷諾率領三個連，及班田率領三個連。柯斯特原打算三路分進合擊印第安人營區。因為騎兵揚起很大的塵埃，使印第安人並不感到意外。柯斯特率領著他的騎兵以兩路縱隊衝向印第安營，先是慢跑，接著是快跑猛衝，聲勢相當驚人。他沒料到大約3,000名席歐克斯和向尼部落族衆，以遊牧人獵殺牛群的精神，像火山爆發，地震崩裂、排山倒海般的威力向柯斯特的部隊壓過來，在只有幾分鐘的激戰中，官軍紛紛落馬，頓失戰鬥力。柯斯特只好帶著少數殘兵，七零八落的蹣跚移動上一處小丘，聚在騎兵團團旗四週以喘息。他無疑是盼望

雷諾和班田的兩支騎兵前來救援，但他不曉得他的其他單位已被印第安勇士們牽制住擊潰。當時36歲的南北戰爭英雄和他的殘兵亂集在一個小丘上，半小時後一切都完了。印第安婦女們從營區內出來到戰場上收取戰利品與處理死者事務。因為山岩阻礙視線的關係，雷諾兩人無法看到團長柯斯特挫敗情形。但是，河谷上空的塵埃和煙氣消散，小武器槍聲轉稀疏，以及到傍晚一切寂靜等情況表示，這都是柯斯特戰敗的跡象。這場大戰在半英里長的山嶺兩邊進行。最後柯斯特和他的大約50名殘兵聚在山嶺北端的小丘上，全部戰鬥只有一小時，他本人與210名騎兵無一生還。在南方大約四英里的岩坡上，班田最後與雷諾的殘餘會合。次日即26日下午，泰利將軍和吉朋的部隊從北面攻擊印第安營區，將部落族的帳篷營破壞之後向南方撤去。

此次戰役的結果如次：柯斯特的部隊死亡兩百多人，雷諾的部隊有36人死，26人受傷，班田的部隊有11人死亡，29人受傷。席歐克斯族死亡20人，傷者人數不詳；向尼族死亡12人，傷者人數不詳。

《美國西部百科全書》說：「小巨角河之戰是席歐克斯和向尼部落族的一大勝利，也是聯邦軍隊的一次慘敗。內戰英雄柯斯特與其所部的死亡，令全美為之震驚而導致陸軍發動新攻勢。到1877年春天，大部分席歐克斯及向尼部落人民向軍方投降並被安置在保留區內。他們被迫將黑山放棄。」後來黑山地區經政府劃為國家紀念區，成為一名勝古蹟。

（小巨角河戰爭係根據《美國西部百科全書》，頁259；《北美印第安歷史地圖集》，頁180；及《老西部百科全書》，頁34等）

6. 傷膝河戰爭 (Wounded Knee River War)

傷膝河戰爭於1890年12月29日，發生在南達科他州西南部鄰近內布拉斯加州邊界的傷膝河邊。因為此項不幸事件萬分悲慘，故在印第安史上又稱為「傷膝河屠殺事件」，其歷史性的影響至今猶存，不論印第安人或白人都同等的沉

痛難忘。歷史家認為這是最後一次印第安戰爭。

傷膝河戰爭發生的原因除了傳統的民族因素外，另有一個宗教因素，也有人說是所謂邪教。此教名為「幽靈舞」（Ghost Dance），創教人是在1854年生於內華達州的印第安巴尤特部落族人吳佛加（Wovoka）〔白人稱他為傑克威爾遜（Jack Wilson）〕。印第安人傳說，吳佛加的父親達維包是個神秘人物，他從其父親獲得某種特殊傳授，並且當一次日蝕之際他自己親歷一次顯聖，於是他開始傳布一種教義稱為「幽靈舞」教。他對大眾們聲稱，地球即將毀滅，然後再生為一個純粹的土著國家，完全由印第安人繼承，其中包括逝世的印第安人，將世世代代永生下去而沒有任何苦難。為了達到此種新的現實，印第安人必須和睦誠實的生活於一起，時時潔淨自己，棄絕白人的生活方式，尤其是酗酒和破壞等行為。他要求應停止哀悼，因死者不久將會復活，而要大家禱告、反省，尤其是舞蹈，並且在舞蹈中人會一度死去而看到樂團來臨。

吳佛加的幽靈舞教，在遠西部、西南部和大平原等地區的被征服、受壓迫、遭苦難的印第安人部落族中間快速的傳播開來，他們大都是生活在保留區內的人民。席歐克斯部落族人占大多數，此部落族包括達科他、拉科他和納科他三大族，而且包括許多支族。這些複雜的部落族人雖然各有不同的願望，但對於此新宗教的神秘性都有些信心，因此逐漸形成一種相當大的力量。席歐克斯族的活躍人物「踢熊」（拉科他部落族人）與「短牛」（拉科他部落族人），在親自到內華達朝拜教主吳佛加後，並且對教義加以若干新詮釋，便開始跳幽靈舞。他們聲稱，穿著特別的幽靈舞衫甚至能抵擋子彈等等。

此種宗教活動不斷擴大，政府當局關心其充滿狂熱與反叛性，便在1890年11月間下令禁止在席歐克斯部落族保留區內跳幽靈舞。但是，因為此種活動仍然在蔓延，軍方便派出軍隊到南達科他境內的松樹嶺保留區和玫瑰苞保留區內執行查禁。此際，納爾遜‧密爾斯將軍已接替逝世的柯魯克遺缺為密蘇里軍區總司令，他準備對印第安人採取軍事行動，在南達科他州的瑞皮德城（Rapid

City）設立指揮部辦公。

官軍的出現使緊張的情勢迅速的惡化。踢熊和短牛帶領部落族眾們集結在松樹嶺保留區的西北角形成一個據點。幽靈舞的族人們找拉科他部落族的著名領袖坐牛，請他與他們參加一起。但坐牛生活在北達科他境內的峙立岩（Standing Rock）保留區而不在南達科他。坐牛尚未來得及離開他的保留區就被印第警察加以逮捕。在拘捕之際引起衝突，這位著名的印第安部落領袖和他的7名隨從勇士都被警察槍殺，6名印第安人警察也在槍戰中死亡，實為一大不幸意外事件。

密爾斯將軍並且下令逮捕較早也提倡幽靈舞的拉科他部落族密尼康求支族的領袖「大腳」，他生活在南達科達州境內的向尼河地區。當時大腳和他的從屬們已經離開住所前往出事的松樹嶺保留。不過，大腳並非是應幽靈舞信徒邀請前往松樹嶺，而是應主張和平的著名部落領袖紅雲等的邀請前往松樹嶺保留區希望協助恢復安定。於是，密爾斯將軍下令派第七騎兵團的惠西德（S. M. Whitside）少校率士兵前往攔截大腳一行。官軍於11月28日在松樹嶺以東大約三十英里處的皮可平河（Porcupine Creek）西南方的荒涼地帶發現了大腳與其族人。印第安人並未作任何抵抗。患肺炎病的大腳乘坐一輛篷車上。官軍命令部落族人在傷膝河以西大約五英里處搭建帳篷營過夜。騎兵團的福爾斯（James Forsyth）上校抵達現場擔任指揮官，命令士兵將四門大砲布置在公墓山頭對向印第安人營篷。當時，軍隊約達五百名，印第安人約350人，其中約120人為婦女和兒童，數字相差很懸殊。

次日即1890年12月29日早晨，士兵進入印第安人營內收集一切槍械。一個綽號「黃鳥」的男子主張反抗，他聲稱寫著幽靈舞衫能保護他們。然而，大腳明白若發生戰爭將要付出大的代價而希望無事。但是，出人意外的是，當士兵粗野的解除一個綽號「黑野狼」的部落人的武器時，步槍走火射出子彈，槍聲打破了荒野早晨的沉寂，其他的槍聲隨著響起。也有一種說法是，當時印第安

人是否帶有任何槍械一節一直未獲得證實。最初，雙方是在近距離發生戰鬥。但是，當印第安人開始向四方奔跑找掩蔽時，布置在高地的四門加農砲便開砲轟擊，每分鐘兩百發的兩百磅重砲彈，頃刻之間將印第安人的帳篷摧毀起火燃燒，在槍彈砲彈的火力交織下，印第安人男的女的小孩等以及士兵等紛紛倒下。當時地上是遍野的積雪，根本沒有地方可以躲避。有些部落人拚命逃了兩三英里遠，不是被槍殺就是遭棍棒打死。白茫茫的雪地上到處是鮮紅的血漬。

當此不到一小時的殘忍的不必要的暴戾事件終了時，至少有150名印第安人死亡及50人受傷。大腳也死在雪地上。軍隊中有25人死亡和39人受傷。「席歐克斯部落族的精神再度被粉粹。」慘案的次日，數名印第安人勇士在松樹嶺保留區北方的楚克斯教堂（Drexel Church）內設下計謀，將第七騎兵團的兩名士兵殺死並殺傷另外五名士兵作報復。事後，勇士們逃往松樹嶺保留區以北15英里處的白土區（White Clay）與兩名部落領袖短牛和踢熊等族眾會合。但他們後來在大批軍隊包圍下不得已向密爾斯將軍投降。至於那位對屠殺案負責的福西斯，雖因此被指控濫殺無辜，但最後仍獲赦免。大約在慘案過後半個月內，所有的幽靈舞部落人都被軍方限制在保留區內。於是印第安人奮鬥史上的幽靈舞事件遂告結束。

《美國西部百科全書》對此歷史性案子的結論說：「傷膝河事件引起的爭議一直到今天。事實上，當時任何一方面都無意戰鬥。官員後來說，印第安人無意戰鬥，因為他們人數居劣勢，在包圍中，武裝差，帶著婦女和兒童們。士兵們也無意戰鬥，因為他們人數極居優勢，想不到有武裝抵抗。在戰鬥中非戰鬥員的倒下，並非由於蓄意，只因為他們正在那裡，一百年來，傷膝河婦女與兒童死亡和受傷的至深印象，一直激怒著印第安人民和困擾著白種人民。」

關於幽靈舞教的教主吳佛加的生平也有不同的說法。有人說，白人不了解他的宗教是「和平的與反戰爭的」。在傷膝河慘案過後大約兩年，幽靈舞教終於被消滅。

歷史家說，由於傷膝河事件，印第安戰爭實際上已告完全結束。

（傷膝河戰爭係根據《北美印第安歷史地圖集》，頁181；《美國西部百科全書》，頁465；及《老西部百科全書》，頁553）

7. 莫達克戰爭 (Modoc War)

莫達克戰爭是一次很感人的悲壯事件。領導戰鬥的是印第安莫達克部落領袖金特普希〔Kintpuash，綽號傑克上尉（Captain Jack）〕。莫達克部落族生活於今天的加利福尼亞州與俄勒岡州地區，他們大約在1830年代開始與白人殖民接觸，雙方間的關係不斷的增加緊張。到了1864年，莫達克部落族領袖與軍方簽訂格魯維會議條約（Council Grove Treaty），同意遷往俄勒岡州的克拉瑪斯（Klamath）印第安人保留區生活。但是，他們對條約內容表示不滿，故一直延至1870年才加以正式批准。莫達克部落族與克拉瑪斯部落族一向不和，莫達克族人遷入克拉瑪斯保留區役，遭到克拉瑪斯族人的排斥。到了1872年，莫達克部落族領袖傑克上尉及胡克金等決定帶領數百名族眾離開克拉瑪斯保留區返回加利福尼亞州北部的土爾湖（Tule Lake）部落故鄉。

當傑克上尉的莫達克部落族人回到土爾湖地區時，白人殖民在該地區已有了根基，對部落族人相當不友好，並向有關當局申訴。聯邦印第安事務局決定用武力將莫達克部落族驅回到俄勒岡州南部的克拉瑪斯印第安人保留區，莫達克戰爭因此而起。1872年11月29日上午，官軍詹姆斯‧賈克森（James Jackson）少校，率領36名騎兵進入莫達克部落族的帳篷區內，雙方發生槍戰，結果官軍有8人死亡，部落族也頗有傷亡。傑克上尉帶著他的族人撤離帳篷區到土爾湖邊藉著湖的掩護繼續與官軍對抗，然後他們又向南方移動到印第安人所說的「被火燒焦的土地」，那裡是古代火山爆發噴出的岩漿冷卻凝結成的岩漿床（Lave Bed）高地，形成天然的防禦工事，很利於防守而難以攻打。另一部莫達克族人在部落首長胡克金領導下，與冒充平民的官軍對抗，損失一名年老婦人

和一個兒童。胡克金為了報復，率領部落族勇士攻擊附近的白人牧場，殺死大約十五個殖民。然後，他也率領族人退到岩漿床區內待機作戰。

傑克上尉為人很聰明機警，他原以為官軍深知岩漿床的特別地形，不會試圖前往驅逐部落人。但是，當他獲知胡克金殺害白人事件之後，他判斷認為大戰將難以避免。雙方僵持到次年即1873年1月中旬，官方調集正規軍及加利福尼亞州和俄勒岡州的志願兵將近千人，由法蘭克‧威頓（Frank Wheaton）指揮，先以砲兵轟擊濃霧籠罩著的岩漿床，但是官軍的砲彈並沒有太大的效力。傑克上尉建議部落族與官軍講和以免有重大的損失。但是，經民主表決的結果，主戰派以37比14獲勝，於是莫達克部落族決定實行反攻。他們頭上戴著山艾樹叢作偽裝，在岩漿構成的溝壑及穴洞間移動前進，使在遠處的官軍看來好像有大批的族人，而他們實際上只有52人，這證明傑克上尉與他的勇士們是具有戰爭智慧的。戰鬥的結果，莫達克部落人全體健在，而官軍損失甚重。威頓中校受挫，要求上級以一千部隊增援，並且配以迫擊砲及山砲以壯聲勢。

莫達克部落族反抗聯邦軍隊的戰爭驚震到軍方的高層。西北陸軍總司令愛德華‧甘貝（Edward Canby）將軍親自主持此項戰爭。他集結部隊一千人用於戰鬥，但他同時也準備以和平方式解決此問題。甘貝將軍通過傑克上尉的親戚溫瑪（Winema）、杜白‧瑞德（Toby Riddle），係印第安語翻譯法蘭克‧瑞德（Frank Riddle）的莫達克籍妻子與傑克上尉安排和議，另外有一位牧場主人約翰‧費奇德（John Fairchild）、格蘭特總統的和平專員阿夫瑞‧密亞查（Alfred Meacham）及神父伊利薩‧湯瑪斯（Eleasar Thomas）。在對峙雙方間的中立地點搭建一個和平帳篷，並且舉行數次會談。傑克上尉在會談中僅要求將岩漿床作為莫達克部落族的保留區。他拒絕將胡克金和其他涉及攻擊白人殖民的部落人交與軍方，他指出是因為軍方不準備將殺害莫達克無辜者的兇嫌交出來。

主張激烈的部落族勇士們表示不滿，而且對傑克上尉的作法加以嘲笑，認為他太軟弱。在4月11日舉行的和平會議中，發生爭執，傑克上尉突然拔出

隱藏的手槍將甘貝將軍擊殺，另一名綽號「波士頓查理」的勇士將湯瑪斯神父殺害。此等魯莽行為，使一般人對莫達克部落族的同情化為烏有，聯邦方面作任何讓步的希望已不可能。過了四天即4月15日，新的指揮官艾爾萬・吉林（Alvan Gillen）上校發動對莫達克部落族的攻擊，但是並非決定性的攻擊，雙方死傷有限。由於軍方強烈砲火的壓力很大，部落族轉移到更南方的一處岩漿床。4月22日，部落族首長「疤臉查理」率領22名勇士奇襲一支80名士兵的巡邏隊，擊斃了25人，其中有5名軍官，又是一次莫達克人的勝利。

可是，莫達克部落族的抵抗正走向終點。由於族眾內部的爭執，食物和飲水的困難，使他們分散為若干小股活動。官軍在新的總司令吉夫・戴維斯（Jeff Davis）將軍的指揮下，開始進行掃蕩作戰行為，步步的打擊部落族人。官軍先在乾湖（Dry Lake）將一個部落人小組擊潰。接著由胡克金為首的部落人小組向軍方投降，並且表示願意協助軍方捉拿總頭目傑克上尉以交換他自己的自由。官軍在部落人的協助下，在十分崎嶇難行又遍布針葉樹叢的火山岩漿床嚴密搜索之後，終於在1873年6月1日將莫達克部落族領袖綽號傑克上尉的金特普希俘虜。與他在同一個岩穴裡的另外3名重要勇士黑吉姆、波士頓查理和舒安金同時向軍方投降。

在一次歷史家所說的馬馬虎虎的審訊中，背叛的胡克金做了對傑克上尉等人的指控證人。傑克上尉在其最後的聲明中為自己辯護說，他「一直是謀求和平解決的」。傑克上尉等四名被告，都被克拉瑪斯堡的法官判處絞刑。傑克上尉與另一人被處死，另兩人後來被囚禁於舊金山灣的「犯人島」監獄[4]。傑克上尉於1873年10月3日被執行死刑後，竟有劫墓暴徒將傑克上尉的屍體挖掘出來並施以防腐劑，然後從西部運往東部幾個城市「示眾」。130年前的所謂「人權」竟是如此這般！出賣族人的胡克金和其他大約一百五十名莫達克部落

4　犯人島的正式名稱為阿卡曲茲島，位於加州舊金山灣內，曾作為聯邦監獄地址，故俗稱犯人島。

族人，被送到印第安領土（今日的俄克拉荷馬州）。到了1909年，倖存的51名莫達克部落族人，被轉送到俄勒岡州南部接近加利福尼亞州邊界的克拉瑪斯印第安人保留區生活。

130年前發生莫達克戰爭的古戰場遺址，現在是加利福尼亞州與俄勒岡邊區的一處名勝古蹟，美國聯邦政府內政部的國家公園管理處在戰場遺址地區設立「火山岩漿床國家紀念區」，在遊客中心內保存有各種紀念文物與資料等為遊客服務。莫達克戰爭是印第安戰爭史上的特殊歷史事件之一，國家公園在其說明書中有如下的話：

「狂暴的過去：人類在此嵯峨崎嶇，遍布熔岩渣堆、長滿著各種樹叢的地方的活動，正如同造成它的天然力量同等的猛烈狂暴。在這裡，五十二名勇士與二十倍之眾的陸軍對抗幾達五個月之久。」印第安人民族精神的悲壯由此可證。

（莫達克戰爭係根據《北美印第安歷史地圖集》，頁153；《美國西部百科全書》，頁295；及《老西部百科全書》，頁355等）

三、慘案

1. 惠特曼屠殺事件（Whitman Massacre）

惠特曼屠殺事件於1847年11月29日到12月6日期間，發生於今天華盛頓州西南部的華拉華拉（Walla Walla）城附近。印第安加宇西部落族人，將馬古斯‧惠特曼（Dr. Marcus Whitman）醫生夫婦及其他十多名白人殺害，並將57名白人拘作俘囚，但最後以500元的貨物換得他們的釋放。

惠特曼與其妻子娜麗莎（Narcissa），自1836年開始，在當時的俄勒岡領土（尚未建州）的威拉普谷（Waililatpu Valley）建造一所教堂稱為威拉普教會，從事傳教和醫療服務，娜麗莎擔任教會的學校工作和教會事務工作。他們為當地的

加宇西部落族人服務，雙方關係良好，他們的教會成爲俄勒岡地區規模最大的教會。後來，因爲加宇西及尼茲比爾賽等部落人對天主教會的好感大過對基督教會，而使惠特曼夫婦的教會受到影響。而且，在1839年，他們的兩歲小女兒在意外事件中遭溺死，致使娜麗莎的健康受影響。

1842年，因長老會當局考慮將教會遷往他處，惠特曼特回到故鄉紐約，向當局說明俄勒岡需要教會，也需要更多人前往開發。他的努力終於獲得千餘人同意前往，惠特曼帶領他們先到愛達荷南部的哈爾堡，然後轉往威拉普谷地區。他們的殖民路線，後來變成著名的「俄勒岡小徑」[5]。

1847年夏天，威拉普谷地區發生一場嚴重的天花疫病，使一個部落族人當中的50%都不幸死亡。在倖存者中有些人相謠傳說，惠特曼醫生在部落人當中散布毒物害死他們，爲了占奪他們的農產品等物，此種說法引起部落人的憤恨及報復意念。到了1847年11月29日星期天的中午，加宇西部落族的一個支族的酋長杜瑪哈斯（Tomahas）與狄勞克特（Tilaukait）和達姆蘇克（Tamsucky）以及正在教會院子裡的一些族人，突然衝進惠特曼的家裡，用斧頭將他殺死，然後也將他的妻子娜麗莎殺死。在當天的稍晚時間內，部落人更將教會學校的教師、惠特曼收養的兩個青年人及四名職員等共13人全部殺害。而且事件繼續發展，到了12月6日慘案結束時爲止，除了另有3名白人男子被殺外，還有57個白人男子、婦女和兒童被印第安人拘作俘虜。最後，由加拿大的哈德遜灣貿易公司（Hudson's Bay Company）出面，代表被囚白人與部落族人達成解決協議，以價值500元的貨物給予部落人換得他們的平安釋放。

這是一宗極悲慘的慘案。惠特曼夫婦爲印第安服務多年，未想到最後竟然慘死在他們的手裡。

5　俄勒岡小徑爲白人殖民前往俄勒岡領土的主要路線，自密蘇里州的獨立城開始，經過洛磯山區通到哥倫比亞河地區，全程2,000英里，殖民在1840-1880年代期間使用。

（惠特曼屠殺事件係根據《老西部百科全書》，頁547）

2. 吉德爾屠殺事件（Kidder Massacre）

吉德爾屠殺事件於1867年7月間，發生在堪薩斯州西北部的比維爾河（Beaver Creek）沿岸。在此次事件中，官軍立曼‧吉德爾（Lyman S. Kidder）中尉與其十數名士兵，被印第安拉科達部落領袖「炮尼殺手」（Pawnee Killer）全部消滅。

此戰役經過情形是，美官軍第二騎兵團的吉德爾中尉奉命將重要文件送給第七騎兵團的團長喬治‧柯斯特，但是他當時並不清楚柯斯特的野戰指揮部在何處。吉德爾帶著十多名士兵及一名印第安席歐克斯部落族偵探「紅小珠」。他們在途中受到席歐克斯拉科達部落領袖炮尼殺手率領的大約三百名勇士的攻擊，當時他們的帳篷營設在普拉特河畔。由於雙方兵力懸殊，吉德爾和其部下很快便被炮尼殺手的勇士隊全部消滅，他們的屍體被支解或被燒焦。稍後，當第七騎兵團長柯斯特率部從南普拉特（South Platt）開往堪薩斯的華萊士堡（Fort Wallace）的途中發現吉德爾等的屍體，命令加以埋葬。

（吉德爾屠殺事件係根據《老西部百科全書》，頁279）

3. 華倫屠殺事件（Waren Massacre）

華倫屠殺事件於1871年5月18日，發生於德克薩斯州北部的沙爾特河（Salt Creek）附近，一隊貨運篷車，遭到印第安部落人的攻擊，結果有7名白人被殺害。

此意外事件發生於1871年5月18日下午3點鐘左右，當時有印第安克歐華和柯曼奇部落族人大約150名，在克歐華著名部落領袖沙丹達指揮下，攻擊華倫與杜波斯公司（Waren & Dupuses）的篷車大隊；車隊共有十個單位，載運糧食從威齊爾福德（Weatherford）前往葛利芬堡（Fort Griffin）。篷車隊經理納泰‧倫

格（Nathan Long）指揮車隊排成掩護體拚力抵抗印第安部落人的攻擊，使其他五名人員得以逃生，但倫格自己和另外六名人員則被殺害。次日即5月19日官軍第四騎兵團一單位士兵發現被害人員的屍體都遭支解，相當慘酷。在雙方戰鬥中，有兩個印第安人死亡。

發生慘案的地點，在今日德州理察遜堡以西大約三十五英里與比爾納堡以東大約十二英里的沙爾特河邊。

（華倫屠殺事件係根據《老西部百科全書》，頁540）

4. 威肯堡屠殺事件（Wiekenburg Massacre）

威肯堡屠殺事件於1871年11月5日星期天的早晨，發生於亞利桑納領土（尚未建州）南部的威肯堡以西的山區，一部驛運客車遭到印第安阿巴奇部落人的攻擊，共有7人死亡。

1871年11月5日清晨，威肯堡—拉巴茲（Wiekenburg-La Paz Co.）驛運公司的一部客車協和號，由約翰‧蘭茲（John Lanz）駕駛，從威肯堡前往拉巴茲，車上共有七位乘客六男一女：哈米爾、亞當斯、薩爾蒙、羅才、紹少姆、柯魯格及少女莫麗‧希菲德。

當協和號駛至威肯堡以西大約六英里的武爾度山（Vultune Mountains）的一處彎路之際，突然遭到一群印第安阿巴奇部落人未有任何警告的攻擊，頃刻之間駛車的馬先被射死，只有柯魯格和希菲德小姐身受重傷幸能支持著，柯魯格利用他的槍對抗到部落人逃逸為止。在慘案發生後大約兩個小時，柯魯格與希菲德被該驛運公司的另一部客車救回到威肯堡，柯魯格的性命獲得保住，但希菲德小姐因為傷勢過重，在數天內終告不治。

在此次驛馬車慘案發生後的66年即1937年，有關方面在事件地點建立紀念碑記述事蹟。

（威肯堡屠殺事件係根據《老西部百科全書》，頁548）

5. 阿道比華爾屠殺事件（Adobe Walls Massacre）

　　阿道比華爾屠殺事件於1874年6月27日拂曉，發生於德克薩斯州北部鄰近新墨西哥邊界的一個小鎮阿道比華爾。印第安部落族騎兵一千多人攻擊白人村莊，幸而只有3名白人喪生，這與一次簡陋房屋的屋頂崩塌的事情有關。

　　1874年6月27日凌晨，印第安人柯曼奇、向尼、克歐華及克華交特數個部落族騎兵，在柯曼奇領袖魁納・派克的指揮下，攻擊阿道比華爾的白人野牛獵夫的小村。白人很幸運，因為在夜裡一間茅屋的屋頂崩塌的雜聲音將獵人們驚醒，當他們正在為此事忙碌之際，遇到印第安人的攻擊，故能立即開槍應戰。獵人村內共有大約三十個男人和一名女子。印第安人的攻擊持續了3天，到6月29日擔任指揮的魁納・派克因為受傷而率眾退去。在戰鬥中，僅有3名白人喪生，印第安人損失情形不詳。但是，在事件過後，毛皮商人歐德斯（Olds）可能是在慶祝勝利中喝酒太多，他的槍走火將他自己擊死，因此獵人中的唯一女子歐德斯太太在戰鬥過後卻變成一個寡婦，是他們絕未料到的不幸事件。

　　（阿道比華爾屠殺事件係根據《老西部百科全書》，頁33）

6. 沙河屠殺事件（Sand Creek Massacre）

　　沙河屠殺事件於1864年11月底，發生於今天科羅拉多州里昂堡以北大約三十英里的沙河沿岸，地點可能在克歐華縣境內。在此次事件中，印第安向尼部落族的勇士、婦女、老人和兒童共約三百餘人，被官軍約翰・琪維頓（John M. Chivington）的部隊殺害。

　　在科羅拉多的皮克山於1858年發現金礦後，白人殖民大增，導致白人與當地的印第安人間的衝突事件日多。1864年6月間，總督（當時尚未建州）派出民兵命令一切印第安人向指定地點報到居住，但是雙方間仍然不斷發生小的事件。那年9月間，政府在威爾德堡（Fort Weld）召開會議中，印第安南向尼部落

族領袖「黑水壺」獲得軍方的安全保證後，同意帶領他的族人移往沙河地帶建造的冬季帳篷村，稍後並且有少數阿瑞巴何部落族人亦移住到那裡。向尼部落族為了表示友好，特別在村莊桿子上懸掛著美國星條國旗。1864年11月底，科羅拉多第三騎兵志願團400人、步兵600人及4門加農砲的強大部隊，在團長約翰·琪維頓上校的率領下，從科羅拉多的里昂堡（Fort Lyon）出發，向里昂堡以北大約三十英里的沙河沿岸挺進，目標是攻擊該地的南向尼部落領袖黑水壺的村莊。在11月29日星期二冰冷的清晨，印第安人遙看到如此龐大兵力的官軍向他們的村莊開來確實擔心，但他們並未作倉促敵對的行動。他們的領袖黑水壺應付緊急情勢的辦法只有將美國國旗插在其帳篷的前面，並對其同胞們安慰說，將白人的旗子展出來表示友好不必害怕官軍。

儘管印第安人有此種和平行動，但官軍的加農砲先開始轟擊，部落族的帳篷應聲毀滅，騎兵接著已衝到手槍射程距離內。此際，一位娶印第安女人為妻的白人約翰·斯密斯（John Smith），冒著砲火接近官軍試圖阻止攻擊，但他瞬即死於砲火之下。軍隊在小武器的槍聲，垂死者的哀嘶聲，以及婦女和兒童們的亂跑中將部落村踏為平地，帳篷起火燃燒融化了地面的積雪。在這場大屠殺中，有三百多名印第安人死亡，其中大約只有四分之一為部落族勇士，其餘的都是婦女、兒童和老年人。黑水壺雖然慶生還，但其妻子亦被殺害。

琪維頓留下的名言說：「我們應當將他們全都殺光，不論大人小孩。小孩會成為壞蛋。」當沙河屠殺事件消息傳到東部時，引起許多人的憤憤不平。琪維頓本來要受軍法審判的，但他還算聰明，最後自行離開了軍職。

（沙河屠殺事件係根據《老西部百科全書》，頁455）

7. 華希達屠殺事件（Washita Massacre）

華希達屠殺事件於1868年11月27日清晨，發生於俄克拉荷馬領土（尚未建州）西部的華希達河的北岸，有一百多名印第安向尼部落族人被官軍殺害及數

十名婦女和兒童被俘虜。

華希達慘案的經過大致是，以剿滅印第安人出名的喬治‧阿姆斯莊‧柯斯特上校，率領其第七騎兵團，於1868年11月27日寒冷的清晨，前往俄克拉荷馬西部的華希達北岸的印第安人區攻打向尼部落族領袖「黑水壺」的帳篷營，地點在今日俄克拉荷馬州西部羅吉爾‧密爾斯（Roger Mills）縣的向尼鎮的西北方大約十四英里處。黑水壺的部落是一向對白人友好的部落。柯斯特的部隊的火力很快便將他們的帳篷營摧毀，印第安人根本沒有逃脫的機會，從凌晨到上午10時的幾個小時內，部落人的帳篷村被剿平，只剩下積雪的野地。兩名部落領袖黑水壺和小岩石，一百多名男子、婦女及兒童陳屍雪地上，另有60名婦女與兒童被騎兵虜走，並有多達八百餘匹的馬全被射殺。柯斯特對他的這場「軍事演習表示愉快」，但他也損失了兩位軍官及19名士兵。黑水壺在1864年11月間的沙河屠殺事件中，倖能逃脫厄運，但死於這次事件中。

（華希達屠殺事件係根據《老西部百科全書》，頁541）

8. 貝克屠殺事件（Baker Massacre）

貝克屠殺事件於1870年1月25日，發生在蒙大拿西北部的瑪亞斯河（Marias River）北岸的印第安黑足部落族村莊，共有一百七十多名部落族男女和兒童被官軍尤金‧貝克（Eugene M. Baker）上校的軍隊殺害。

貝克事件的起因是，蒙大拿中部紹堡（Fort Shaw）的官軍貝克上校奉令搜捕涉嫌殺害一位白人毛皮商人的黑足部落族人。官軍在途中遇到一小群印第安人住在今日蒙大拿州西北希爾貝（Shelby）城附近的瑪亞斯河北岸帳篷村內。貝克上校率領四隊騎兵及一排騎馬的步兵。他的平民偵探曉得此帳篷村是一個孤立的小村，因為村內發生天花疫症，居民大都是老年人和生病的兒童。當貝克下令對帳篷村發動攻擊時，他的偵探提出抗議，但是貝克仍令部隊攻擊，首先被槍殺的是村莊的黑足部落酋長希維倫尼。官軍很快將帳篷村蕩平，結果共有

一百七十多名黑足部落族人男女和兒童遭殺害。在此無辜的印第安人被屠殺事件之後，負責的貝克上校雖然受到軍法審訊，但他卻獲得判決沒有任何過失。

　　（貝克屠殺事件係根據《老西部百科全書》，頁29）

第六章
人物誌

一、美政府官員

1. 威廉姆・薛爾曼（William T. Sherman）

　　威廉姆・薛爾曼是一位著名的軍事家，美國南北戰爭中的名將，戰後升任聯邦陸軍總司令，曾擔任多次印第安戰爭的指揮官。

　　薛爾曼於1840年畢業於西點軍校之後，曾參加第二次賽密諾利印第安戰爭（1835-1842），及美國與墨西哥戰爭（18746-1848）。他在1853年退役後，曾從事短時間的銀行和法律工作。南北戰爭爆發後不久，他重行參加軍隊，在內戰中戰功卓著，表現非凡，最後升任爲聯邦陸軍總司令。南北戰爭結束後，薛爾曼將軍曾任密蘇里軍區總司令等要職。

　　薛爾曼在1866年曾赴當時的西部各地視察，主張白人應進一步向西部發展。他在第十七任總統安德魯・詹森任內，曾任印第安和平專員，與印第安部落領袖舉行會議，曾與他們簽訂麥迪辛堡（Medicine Lodge）（在堪薩斯境內）條約，依據條約將李文渥斯掛牌做律師，結果與開銀行後果一樣。

　　南北戰爭爆發，薛爾曼重返軍中，轉戰各地，一再獲捷揚名，成爲內戰中僅次於格蘭特將軍的第二號英雄。內戰結束後的大約三年期間（1866-1869），薛爾曼以密蘇里軍區司令（總部設於芝加哥）地位指揮大平原印第安戰爭開始的幾場戰役。

　　1869年，格蘭特就任美國第八任總統，薛爾曼由於是格蘭特在內戰中的左右手的特殊關係，繼任陸軍總司令職位，直到1884年退休爲止。當薛爾曼擔任陸軍總司令的期間，正值西部遍地印第安戰火燎原之際，他以內戰當中的強勢作風對付部落族，堅決反對任何和平措施，不論規模大小的印第安戰爭幾乎全都與薛爾曼有關。他的重要助手就是接替他的密蘇里軍區司令的希立丹。薛爾曼對其部隊士兵很有同情心，爲他們的福利著想，所以深得他們的擁護。甚至不少人認爲西部地區的陸軍部隊變成獨特的「薛爾曼陸軍」。

　　由於薛爾曼被譽爲南北戰爭和印第安戰爭的「雙料英雄」，有些共和黨人希望他出馬競選總統，但他卻不像其他戰爭英雄那樣投身政海中。他在1891年去世。第二次世界大戰中，美軍的火力強大的「薛爾曼坦克」的命名就是紀念他。

　　（本篇係根據《美國西部百科全書》，頁397）

2. 菲立普・希立丹（Philip Henry Sherdan）

　　菲立普・希立丹爲美國軍事家，南北戰爭的名將，曾任聯邦波多馬克軍區的騎兵師長，密蘇里軍區司令，與陸軍總司令薛爾曼將軍兩人共同指揮平原地區的印第安戰爭。希立丹對付印第安人的軍事政策十分嚴苛、毫無同情心。

　　希立丹爲俄亥俄州人，出生於1831年，於1853年畢業於西點軍校，其後在軍中服務的7年期間，在西部華盛頓與俄勒岡地區參加對印第安人的戰爭，獲得不少作戰經驗。南北戰爭期間，他因多次戰役有功，獲得聯邦陸軍總司令尤利西斯・格蘭特將軍（後任美國第八任總統）重用，被任命爲波多馬克軍區的騎兵師長。他曾率領1萬2,000的騎兵勁旅，在維幾尼亞州境內，將南軍總司令勞伯特・李將軍的部隊擊潰，此次戰役對北軍的關係重大，而有助於聯邦軍隊在1865年春季的最後勝利。

　　美國南北戰爭結束後，政府軍隊恢復對印第安人積極的軍事行動。希立丹

因為有過去與印第安人戰鬥的經驗，便重返美國西部參加對印第安人的戰爭。他於1868年與1869年期間，在堪薩斯州及印第安領土（即今日的俄克拉荷馬州）等地的多次戰役中獲有戰功。

　　1869年，聯邦陸軍總司令格蘭特將軍以共和黨總統候選人當選美國第八任總統。他的聯邦陸軍總司令職位由密蘇里軍區司令威廉姆·薛爾曼將軍繼任，薛爾曼的密蘇里軍區司令遺缺即由希立丹將軍接任。於是，這兩位南北戰爭的英雄變成對印第安人戰爭的實際執行者。密蘇里軍區的轄區甚為廣大，包括大平原伸至洛磯山區的西部地帶。希立丹指揮多次對印第安人的戰役，其中包括南向尼、拉科他及柯曼奇等部落族人。在如此廣闊而敵對的環境中，希立丹維持與執行聯邦政府政策的重擔是相當沉重的。因此，希立丹在其印第安事務方面，經常和聯邦政府的印第安事務局發生爭執，而他則堅持以強有力的措施對付印第安人的任何抵抗。在1874年與1875年的紅河戰爭中，他的部隊將印第安克歐華、柯曼奇及向尼等部落族擊敗，使南平原的印第安戰爭告結束。

　　當1876年開始的大席歐克斯多次戰爭中，聯邦軍隊在小巨角河之戰遭受慘敗，他的重要助手喬治·柯斯特騎兵團長全軍覆沒之後不久，希立丹的軍隊最後迫使印第安的席歐克斯及北向尼等部落族向政府軍投降。希立丹指揮的印第安戰爭中包括，1877年的尼茲皮爾戰爭，1878年的班諾克戰爭及1879年的尤特戰爭。陸軍總司令薛爾曼將軍於1884年退休，由希立丹繼任總司令，他任職到1888年逝世為止。

　　（本篇係根據《美國西部百科全書》，頁395）

3. 喬治·阿姆斯莊·柯斯特（George Armstrong Custer）

　　喬治·阿姆斯莊·柯斯特是美國南北戰爭中一名最年輕的騎兵將官，綽號「男童將軍」，也是西部印第安戰爭中的英雄，但卻在著名的小巨角河之役中戲劇性的喪命。

　　柯斯特在1839年出生於俄亥俄州的紐魯姆萊，於1861年畢業西點軍校。雖然在同期生中居於末座，但他畢業後在喬治·麥克柯倫（Gerge B. McClellan）及阿夫瑞·普利森頓（Alfred Pleasanton）將軍部隊中擔任參謀期間，很快顯露出他有優越的軍事天賦及在戰鬥中的英勇精神。普利森頓將軍認為柯斯特適任高級軍職，便於1863年6月間派任他升為密西根騎兵旅長，從上尉軍官直升為准將旅長，當時他只有23歲。柯斯特率領其騎兵在著名的「蓋茨堡會戰」[1]中，猛攻南軍司徒德（J. E. B. Stuart）的騎兵獲捷，大出風頭。後來，在1864年的威爾德尼之役中、黃旅店村之役中，以及森安多谷等戰役中，他的騎兵都有不平凡的表現，不久便獲晉升為少將軍階，成為第三騎兵師的師長。在最後階段的內戰戰役中，柯斯特的騎兵有更輝煌的戰績，對北軍的勝利很有關係。內戰結束時，只有25歲的騎兵師長柯斯特成為一位內戰英雄，深得其上峰希立丹將軍的賞識，使兩人變成戰爭同志。

　　1864年初，柯斯特與密西根州門羅城的伊麗莎白·貝根（Elizabeth Bacon）結婚。他的新婚夫人美貌、多才，不論柯斯特在何處作戰，她都隨侍身邊。她在首都獲得議員、閣員、甚至林肯總統的欣賞。1865年內戰結束後，柯斯特恢復正規陸軍的服務，改為陸軍中校軍階，奉派為新成立的聯邦第七騎兵團團長，駐防西部地區，成為與印第安人作戰的一個重要單位，開始其軍旅生涯的新階段，也是其生命的一個終點。

　　柯斯特第一次對付印第安人的經驗是，1867年發生在堪薩斯的一次戰役中，印第安向尼部落人逃脫了他的攻擊，而他的部隊卻損失不輕。戰役失利，他被軍法判處停職一年。次年停職屆滿，由他的老夥伴希立丹將軍下令恢復他的軍職。於是，柯斯特成為1868與1869年南平原數次戰役的主要指揮官，也就是希立丹將軍的一位最得力助手。他於1868年11月27日，在華希達河（在今日

1　蓋茨堡會戰發生於1863年7月1-4日，為南北戰爭史上的一次決定性大戰役，戰場遺址現為歷史名勝之一。林肯總統著名的「蓋茨堡講辭」在此發表。

俄克拉荷馬州境內)畔對印第安向尼部落領袖黑水壺的攻擊中，擊殺黑水壺及一百多名部落人，並俘虜數十名婦女及兒童。這次戰役也稱為華希達屠殺事件，卻有助於柯斯特的出名。

柯斯特的第七騎兵團，於1871到1873年在肯塔基州擔任兩年的重建工作後，又回到邊區服務，在達科他領土（尚未建州）負責保護修築北太平洋鐵路的任務。他在1873年夏天，曾與印第安席歐克斯部落人發生兩次重要戰役，並且獲得勝利。

1874年，柯斯特率領他的第七騎兵團到黑山地區，擔任保護殖民人士的開發任務。依據1868年政府與印第安部落簽訂的拉瑞密堡條約規定，黑山區為大席歐克斯部落保留區的一部分，而且部落族將黑山視為他們的聖地。白人很希望開發黑山區，因為他們認為那裡有金礦。不久，傳出黑山發現金礦的消息，因此引起了淘金潮，白人大批湧入，與印第安人的衝突不斷的增加，最後導致發生印第安戰爭史上最著名的「黑山戰爭」（Black Hills War）[2]，也就是柯斯特全軍覆沒的悲慘結局。

1876年6月下旬，密蘇里軍區司令希立丹將軍命令阿夫瑞‧泰利（Alfred H. Terry）、喬治‧柯魯克（George Crook）和約翰‧吉朋（John Gillborn）的部隊發動三路攻勢，以印第安拉科他等部落聯合勢力為對象。柯斯特的第七騎兵團為攻擊部隊之一。騎兵推進疾速，與泰利將軍的主力部隊脫節。6月25日，柯斯特的騎兵進至南達科他西南部的小巨角河地帶，發現印第安戰士群紮營於沿河岸，他不待友軍抵達即下令猛攻。柯斯特與所部佛德烈‧班田（Frederick W. Benteen）及阿伯特‧雷諾（Albert Reno）分三路攻打，企圖合擊印第安人。柯斯特因未明敵方情勢，致遭隱匿於峽谷內的部落勇士群猛烈圍攻，戰鬥未及一小時便告潰敗，其他兩支部隊也已被擊潰。柯斯特親率的騎兵兩百多人全部

2　黑山戰爭，係指發生於南達科他州黑山地區的印第安戰爭。黑山其實並非山色是黑的，只因為山區遍地生長黑綠色的松樹，遠遠望去很像黑色故名。

戰死，他本人亦死於亂槍亂箭之下，屍骨不存，十分悲慘。一般認爲這與柯斯特的魯莽生性有關。小巨角河戰役爲印第安戰爭史上官軍最嚴重的一次挫敗。（小巨角河戰役詳情可參閱第五章印第安戰爭與慘案第二節重要戰爭之5. 小巨角河戰爭。）

（本篇係根據《美國西部百科全書》，頁116-118；及《美國印第安歷史傳記集》，頁98-99）

4. 溫菲德・斯考特（Winfield Scott）

溫菲德・斯考特是一位軍事家，在1813年的美國與英國戰爭中，首次與英軍結盟的印第安部落人作戰。他在1846年的美國與墨西哥戰爭中，率軍攻陷墨西哥京城，獲得勝利，成爲國家英雄。

1832年，斯考特奉傑克森總統命令，負責對印第安部落領袖綽號「黑鷹」的戰爭，他率領五百人前往威斯康辛州，與黑鷹的薩克部落族的勇士作戰，但是由於他的士兵多患霍亂病而未能及時參加作戰。到了1832年3月間，黑鷹戰敗投降，被交與斯考特監管。後來，斯考特以北方軍區司令地位與印第安薩克部落族及狐狸（密斯古吉）部落族舉行談判的結果，雙方簽訂阿姆斯壯堡（Fort Armstrong）條約，印第安人同意將他們的領土（即今日衣阿華州大部分土地）給予聯邦政府，換取政府給予貨物。

1836年，斯考特擔任佛羅里達的野戰軍司令，參加第二次對印第安賽密諾利部落族的戰爭，但因他與艾德蒙・蓋尼斯（Edmund P. Gaines）將軍及湯瑪斯・吉蘇普（Thomas S. Jesusp）將軍發生爭執，未及參加實際戰爭即離去。1838年，他擔任陸軍東方軍區司令，負責監督執行強制遷移印第安部落人計畫，將北卡羅來納、喬治亞及田納西各州境內的印第安部落族人民，遷往密西西比河以西的印第安領土（今日的俄克拉荷馬州）的印第安保留區內。

美國和墨西哥戰爭於1846年爆發。斯考特的遠征軍於1847年2月間，在墨

西哥海岸的維拉柯魯斯(Vera Cruz)港發動兩棲攻勢大捷,順利攻陷墨國京城,墨西哥投降,他獲任命爲美軍占領墨西哥的軍事總督,成爲一位國家英雄。最後雙方簽訂和約,墨西哥將今天的加利福尼亞州、亞利桑納州及新墨西哥州等地割讓給美國。1852年,斯考特以輝格黨(Whig)[3](共和黨前身)提名的候選人身分參加總統競選失敗。斯考特於1861年從軍中退休,而於1866年在西點逝世。

(本篇係根據《美國西部百科全書》,頁390)

二、印第安名人

1. 坐牛(Sitting Bull)

坐牛〔本名是達坦加·艾約坦加(Tatanka Iyotanka)〕是印第安人席歐克斯部落漢克巴巴支族的著名領袖,所有部落族人都稱讚他是一位卓越的軍事、政治和精神領袖。當19世紀末期,他成爲印第安人反對白人西進運動的象徵,在美國西部開發史上占重要的一頁。「坐牛」是白人給他的綽號。

坐牛於1831年出生在今日南達科他州北部格倫德河(Grand River)地帶的漢克巴巴部落區。他初生時的名字是「強平·巴德吉」(Jumping Badger),到14歲時他改用其父親的名字「坐牛」。他在25歲時即成爲其部落的領袖,同時他精長於某種神聖的秘密儀式,而被稱爲「聖人」。他將席歐克斯部落族的四項基本道德加以擴大而成爲一位精神領袖,這四項道德是:「勇敢、慷慨、堅忍、智慧」。

這位小英雄受到白人重視開始於1860年代。當時因爲在蒙大拿西部發現金

3　輝格黨(自由黨)爲美國共和黨的前身,以反對傑克森總統的獨裁政策爲主旨,哈理遜、泰利爾、泰勒及菲爾摩4位總統皆爲輝格黨籍。1852年輝格黨分裂,黨員分別加入共和黨或民主黨。

礦，白人殖民日增，漢克巴巴部落族的土地受到影響，引起種族衝突。當1863年和1884年期間，坐牛領導的部落族先後與官軍亨利·席布萊（Henry H. Sibly）將軍及蘇萊（Alfred Sully）將軍在達科他境內發生戰鬥。1865年，他們又在較西方的粉末河（Powder River）地區與官軍柏楚克·康諾（Patrick E. Connor）將軍作戰。在1865年到1870年期間，他率領族人從事攻擊密蘇里河上游各基地堡的政府軍隊，而且相當厲害。

在1868年拉瑞密堡（Fort Laramie）條約簽訂之後，部落族分裂成若干個集團，立場和平的部落安居在達科他西部的「大席歐克斯」印第安人保留區內並接受政府的規定；而選擇繼續反抗的部落則仍留在粉末河地帶的印第安人領土內。坐牛是反對該項條約部落族的主要領袖，官方將他們列為「敵人」。他的反對立場非常堅決，是一切政府計畫的敵人。他們要過獵捕野牛的傳統生活方式，而且與立場不同的部落族戰鬥。因此，坐牛成為所有「非條約」部落族的領袖。在大約八年之久的期間，他在歐格拉部落著名領袖「瘋馬」的堅強支持下，與多個拉科他及北向尼部落族結成同盟，堅持過著古老的自由生活方式，亦即所謂遊牧生活。

在1870年以後，坐牛和瘋馬兩大部落領袖採取防衛政策，只有當他們的家鄉遭侵犯時才戰鬥。1873年，他們在黃石谷攻擊北太平洋鐵路的測量人員和保護他們的軍隊。1874年，因為黑山地區發現金礦，白人殖民大批侵入大席歐克斯部落族保留區（黑山位於保留區內）。政府原先保證該保留區，現在又要收購黑山地區，部落族拒絕並且誓言以戰爭保衛他們的鄉土。此黑山問題爭執最後導致1876年的「大席歐克斯戰爭」。大席歐克斯戰爭包括數次戰役。

1876年春天，聯邦政府的陸軍分三路向席歐克斯部落保留區推進。但是，坐牛在相繼發生的戰役中，都獲得輝煌的戰果，使他的權力和領導地位達到其事業的頂峰。6月17日發生的「玫瑰苞之戰」，喬治·柯魯克將軍的官軍受到部落族勇士的嚴重打擊。接著，6月25日發生的「小巨角河之戰」，席歐克斯

部落族勇士和向尼部落族勇士聯合攻擊，將政府第七騎兵團全部擊潰，團長喬治‧柯斯特上校陣亡，而他曾經在南北戰爭中大出風頭。坐牛因此次大捷名揚全國。不過，這位部落族「老人」領袖本人在此次大戰中並未擔任主要的角色，而是他的抵抗精神使部落同盟團結一起將柯斯特打敗。

但是，也是這場重大的軍事勝利播下了坐牛最後失敗的種籽。官軍在小巨角河戰役中的嚴重失敗，一方面使坐牛一舉變成為印第安人民族英雄，同時令白人感到震驚而促使軍方必須加強對付部落族的活動。到了第二年即1877年的春夏期間，由於軍方積極打擊的結果，部落族情勢由盛而衰，部落首領和部落族人因力竭而相繼向官軍投降，但身為部落同盟領袖的大英雄坐牛自然不甘心屈服，於是他與其主要副手「大膽」逃到加拿大度亡命生活，在外面過了大約五年之久。當此期間，他的部落同胞生活日漸困難，逃亡的很多，使他也感到前程黯然。最後，坐牛不得不在1881年7月20日，返回到達科他領土的布夫德堡（Fort Buford）向政府軍投降。

坐牛在向政府投降之後，被視為戰犯遭囚禁兩年。刑期屆滿後獲釋放去到達科他領土的峙立岩（Standing Rock）印第安保留區與他的部落族人團聚。那時，政府當局正在實施「教化」計畫，旨在使印第安人放棄他們的傳統生活方式而改過白人的生活方式，亦即所謂同化政策。在大約七年之久的期間，倔強的坐牛一直堅持過印第安人的固有生活方式，而印第安事務局的官員詹姆斯‧麥克勞林（James McLaughlin）則十分頑固的強迫他一切都要白人化。此種爭執加上印第安人保留地越來越減小的結果，最後在1890年激起了很著名的事件稱為「幽靈舞」（Ghost Dance）[4] 抵抗運動。由於坐牛很快就成為峙立岩印第安人保留區的幽靈舞「聖徒」，麥克勞林和軍方恐怕坐牛的地位很可能影響保留區的治安，便決定將他從保留區強行遷往他處。1890年冬天12月15日，印第安事

4　幽靈舞運動是印第安人的宗教信仰復興運動，在1880年代後期與1890年代初期之間，盛行於西部的印第安各部落人民間。

務局警察奉命前往格倫德河畔的坐牛居住的小屋內逮捕他，他的擁護者起而抵抗，引起雙方衝突，在流血槍戰中，這位部落英雄與其族人多名都不幸喪生，他時年59歲。

在一百多年前的美國所謂「蠻荒的西部」時代，印第安著名領袖坐牛逝世是一件大事，很受人重視，從當年的報紙報導可獲得證明。以下是1890年12月間北達科他州一家報紙有關此新聞報導的標題：

> 坐牛逝世。
>
> 這位老酋長與其七名從者在和警察衝突中喪生。
>
> 警察來自雅茲城（Yates）。兩隊騎兵和步兵。
>
> 當執行逮捕中，坐牛的從者試圖搶救。
>
> 引起戰鬥，坐牛和其兒子及六名印第安人死亡。
>
> 同時，四名警察死亡，另三人受傷。
>
> 騎兵抵達現場。印第安人逃向格倫德河上游。
>
> 麥克勞林少校報告最後一次赴坐牛營區經過詳情。

美國西部歷史學家勞伯特・尤特萊（Robert Utly）對坐牛的評語說：「今天，人們惦記著坐牛是最偉大的印第安部落領袖之一，一位不平凡的領袖和愛國主義者，為堅守其原則而付出生命的代價。」

印第安民族英雄達坦加・艾約坦加的墓地在南達科他州北部的密蘇里河畔，建有紀念館，現為一處名勝，距其誕生地格倫德河大約八十英里。

美國《國家地理雜誌》2004年選出16位印第安人，坐牛名列第五。

（本篇係根據《美國西部百科全書》，頁403-404；《北美印第安歷史傳記集》，頁179-181）

2. 瘋馬

瘋馬是印第安人拉科他部落族的著名領袖，也是多次印第安人戰爭的領袖，驍勇善戰，獲西點軍校軍事教官譽爲「最優秀的印第安人騎兵戰術家」，在印第安民族奮鬥史上占著重要的一頁，但其人生結局是悲慘的。

「瘋馬」是白人對達森吉·威特柯（Tasunke Witco）的稱呼，他的家世屬於席歐克斯部落族三個支族之一的拉科他族，另兩支族是達科他和納科他。他於1842年出生於今日南達科他州瑞皮德城（Rapid City）附近的瑞皮德河地區，父親是個醫生，但其生母在他幼年時去世，他父親與其生母的妹妹結婚即其繼母。瘋馬生性好戰，從小就顯出其本性，不到12歲的小小年紀就能殺死一頭大野牛，而且有一匹自己喜愛的駿馬。1854年秋天，他在懷俄明北部的格拉頓之戰（Gratton Fight）時曉得一名部落首領被殺害事件，次年又看到威廉姆·哈爾奈（William S. Harney）將軍士兵在拉科他領土內摧毀部落人帳篷與財物的慘狀。這些親身經歷自然助長他對白人的敵視態度。

在印第安人當中，有不少關於瘋馬的傳說，而且似神話般的傳說。例如，他小時做過一次夢，夢見一位騎士在暴風雨中飛馳，披散著長髮，耳朵帶著一粒寶石，是位勇士打扮，許多人圍住他，但無法留住他。暴風雨過後，一隻紅背毛的巨鷹飛過他的頭上空。瘋馬將他的夢情告訴其醫生父親，父親解夢說那是將來在戰爭中有偉大成就的徵兆。當他大約十六歲那年，他用其父親的綽號「瘋馬」，首次以成年人勇士的身分參加攻擊敵人，而且打扮成他在夢中所見的那位騎士模樣，攻擊獲勝，腿部受傷，獲得兩件勝利品（按印第安若干落部族人的習俗是，將敵人擊敗後，把死者的帶髮頭皮割一片作爲勝利品，這是印第安被斥爲野蠻殘暴的一大原因，但並非所有印第安人都如此）。據說，在瘋馬的一生當中，除了在第一次攻擊中有此種勝利品習俗外，在以後的多次戰爭中絕不曾如此過，這表示瘋馬的勇士作風與一般不同。

　　當1866年到1867年的保茲曼小徑（Bozeman Trail）戰爭中，瘋馬的英勇作戰表現受到一般人的進一步重視。那時，他是著名部落領袖綽號「紅雲」的盟友，也是數名青年部落首領之一。他在今日的懷俄明州的菲立乾尼堡（Fort Kearny）附近發生的兩次戰役中，擊敗官軍獲得捷報。他在1866年冬季12月21日的戰鬥中，用計將威廉姆・菲特曼（William Fetterman）上尉的官軍80人全部消滅，大顯身手。次年8月間在菲立乾尼堡附近的篷車之戰中也獲得揚名。

　　聯邦地方當局於1868年，與印第安人部落領袖們達成拉瑞密堡條約，軍方同意將保茲曼小徑沿途的基地堡放棄，紅雲部落族和斑點尾部落族則同意遷到印第安人保留區而將他們的土地讓給政府。瘋馬的地位日益重要，升為歐格拉部落族領袖，並且與北向尼部落族建立友好關係。後來也與一位歐格拉女子結婚成為他的第二個妻子，其第一個妻子是向尼部落族女子。1870年代初期，瘋馬率領他的勇士們攻擊修築北太平洋鐵路的工程測量隊，騷擾白人殖民。後來黑山地區發現金礦，殖民白人大批湧到該地區，使白人與印第安人間的情勢不斷惡化。由於部落族人民拒絕在1876年1月31日限期屆滿前遷往保留區，軍方開始對他們採用強制行動，於是發生黑山區戰爭。

　　黑山印第安人戰爭發生於1876-1877年，瘋馬曾參與黑山區戰爭。1876年3月間，喬治・柯魯克（George Crook）將軍派約瑟夫・瑞諾（Joseph Reynold）上校，進攻蒙大拿東南部粉末河一帶的印第安部落族，將他們的村莊放火燒光，搶劫他們的馬群，部落族退入山區。瘋馬將部落族勇士們加以整編訓練，乘機在一個暴風雪的黑夜裡攻擊官軍，並將他們的馬群收回來。

　　席歐克斯部落族三個支族之一的拉科他族，有兩名部落首領很有名氣。他們是坐牛——他是若干個小族群的領袖，和大膽——他是個戰爭首腦。他們在1860年代初期，經常在蒙大拿北部和達科他北部的黃石河及密蘇里河地帶攻擊白人殖民。後來，瘋馬也與坐牛結為同盟，他們在玫瑰苞河上游地區活動，騷擾白人殖民。1876年6月17日，瘋馬、大膽等部落族群眾進攻喬治・柯魯克

將軍的軍隊，部落族勇士大約七百人，而官軍有正規部隊1000人附部落人300名。官軍人數雖衆，但無法抵擋部落族有訓練又勇猛的連環攻擊，官軍在遭受重大的損失後被迫退回基地。此次戰鬥稱爲「玫瑰苞河之役」，部落人獲捷報，這可說是8天之後另一次印第安人歷史性大勝利的序幕。

1876年6月25日，也就是在玫瑰苞河之役過後僅僅八天，在距玫瑰苞河戰場不遠的小巨角河畔發生一場印第安人民族奮鬥史上最重要、最激烈的種族戰爭。瘋馬及大膽兩位部落領袖運用其軍事天才，發揮其指揮潛力，將南北戰爭的騎兵名將喬治・阿姆斯莊・柯斯特上校的第七騎兵團包圍全部殲滅，柯斯特死後連屍體也找不到。在戰鬥中，瘋馬率衆從北方和西方攻擊，大膽的勇士從南方和西方攻擊。部落族大獲全勝，瘋馬的英雄名聲飛升到一生中的頂點（關於小巨角河戰役詳情可參閱第五章小巨角河戰爭）。

在小巨角河戰役過後，印第安人部落聯盟發生分裂，瘋馬的族衆返回玫瑰苞河地區。同時，聯邦當局增強兵力，對付蒙大拿和達科他地區的印第安部落族。次年即1877年開始以後，納爾遜・密爾斯（Nelson Miles）將軍的第五步兵團，在黃石河和敦古河地區追逐印第安人部落族的好戰族群，但沒有重大的戰事。一次較大的戰役發生於1877年1月8日，那天瘋馬率領大約八百名勇士，攻擊蒙大拿南部狼山的密爾斯的官軍，遭到官軍大砲的轟擊，最後在暴風雪的掩護下撤退。

由於流亡的部落族人向官軍投降的不斷增加而使瘋馬感到壓力。1877年夏天，瘋馬通過另一位綽號紅雲的部落首領獲得柯魯克將軍的保證，如果瘋馬向政府投降的話，他的族衆可以獲得在粉末河（Powder River）地帶有一個自己的保留地。這時，瘋馬的族衆很感疲憊而且饑餓，在此種情勢下，他只好帶著大約八百名部落人，於1877年5月5日遷到內布拉斯加州西北部的紅雲保留區的魯賓遜堡（Fort Robinson）。但是，政府方面的新保留地的保證並未實現，瘋馬的投降行動在印第安部落族中間引起不安的情勢，而且也引起白人對他的懷疑。

年老的首領們和年輕人對瘋馬的態度也有不同，造成內部的問題，而他對白人的態度也冷淡。他拒絕柯洛克將軍要他去華盛頓與海伊斯總統[5]會面的要求。同時，瘋馬的妻子（係第三個妻子）患病使他心情不佳，加上謠傳他打算發動叛亂等等。因此，柯魯克將軍下令逮捕他。瘋馬要求將妻子帶往班點尾保留區醫治疾病被拒絕，但他仍然將妻子帶到斑點尾保留區辦事處。1877年9月4日，奉派逮捕瘋馬的士兵看到瘋馬，他同意回到紅雲保留區的魯賓遜堡，次日他被押回該堡。但是，有關瘋馬回到魯賓遜堡後的情況究竟如何則不得而知。一般的說法是，當瘋馬看到堡內的囚房時拔出一把刀，但未來得及使用即被印第安警察制服，而被一名喚肯寧頓（Kennington）的步兵上尉用刺刀刺中他的腹部。此事件發生於1877年9月5日下午，瘋馬在午夜逝世，時年僅35歲。當瘋馬人生的最後數小時期間，只有他的父親、一名勇士和醫生麥克吉爾（Dr. McGillicudy）陪伴他。他父親和他的繼母帶著他的遺體，依照他的遺言將他安葬在他的故鄉，但其墓址的確切地點則一直是個謎。不過傳統瘋馬的長眠處在今天的南達科他州馬丁城西大約二十五英里的傷膝鎮附近某處。傷膝鎮是1890年印第安人席歐克斯部落族遭官軍大屠殺的紀念地。

瘋馬是一位印第安人民族英雄，在歷史上有其地位值得後人紀念。南達科他州與懷俄明州邊境的黑山區，在高山岩石上雕刻著四位美國總統的面部像。在相距15英里的岩石上另有一座巨大的瘋馬雕像，就是為了紀念這位印第安人民族英雄。

（本篇係根據《美國印第安歷史傳記集》，頁89-90）

3. 紅雲（Red Cloud）

紅雲是白人對印第安拉科他部落族著名領袖莫克比亞魯達（Makpia Lute）的

稱呼。他於1822年出生在懷俄明州普拉特河地帶的拉科他部落區，父親是一位
著名的部落勇士。「紅雲」和「瘋馬」兩人都是印第安人的歷史性人物。

　　紅雲的出名與1851年印第安人數個部落族與聯邦政府軍方簽訂的拉瑞密堡
條約有關，該條約中允許軍方在印第安人部落地區內修建軍堡基地及道路。紅
雲的家族反對該條約的規定，因此與其他部落族發生衝突。據說，紅雲的父親
和兄長都被南向尼部落族的酋長「大熊」殺害的案件即與該條約的爭執有關。
紅雲誓言為其父兄的死亡報仇，為其部落族及他們故有的土地奮鬥的作為使他
獲得部落族的稱頌。

　　紅雲是一位天生的演說家，口才出眾，因此成為印第安各部落族反對白
人侵蝕行動的代言人，尤其是他的堅決反對官軍的「保茲曼小徑」計畫，因為
軍方在該小徑沿途修建軍堡基地。紅雲為了團結印第安各部落一致對抗白人殖
民，特別安排他的部落與「烏鴉」部落修好。烏鴉部落有一位不平凡的女勇士
綽號「女丈夫」，及一名綽號「黑足」的首領。在紅雲的協調與指揮下，他們
在1866年12月間，發動對菲立乾尼堡的官軍的攻擊行動，將菲德曼上尉與其80
名士兵全部消滅，造成一場驚人的勝利。

　　其後，又發生多次攻擊官軍的戰事，因為紅雲為主要的領導者，因此「保
茲曼小徑戰爭」又稱「紅雲戰爭」，足證紅雲在印第安戰爭中的重要地位。
保茲曼小徑戰爭終於使聯邦官軍讓步，而於1868年4月間與若干部落簽訂另一
項拉瑞姆堡條約。數位部落領袖同意生活於印第安人保留區內，並且有權獵
取野牛。可是，紅雲拒絕在此條約上簽字而且堅持廢除保茲曼小徑和沿途的
軍堡。聯邦軍方考慮到情勢的重要，最後同意廢除保茲曼小徑並廢除沿途的
3個軍堡：雷諾堡（Fort Reno）、斯密斯堡（Fort Smith）和菲立乾尼堡（Fort Phil
Kearny）。紅雲在他的要求獲得全部實現後，即於1868年11月6日在拉瑞密堡條
約上簽字。

　　該條約條文中說：「自本日開始各造同意一切戰爭將永久停止。」聯邦

政府則同意，在北普拉特河以北和巨角山以東的全部土地應定爲印第安領土，「未獲得印第安人的同意，白人將不被准許開發或通過此領土」。若依照此條約的規定，有關北平原的印第安問題應當獲得「永遠」的解決，但事實上不然，過了數年，印第安又要爲保衛他們的土地而奮鬥。

1870年，紅雲與其他印第安重要部落領袖曾到首都華盛頓，會晤格蘭特總統及聯邦政府印第安事務局長艾萊‧巴克[6]（Ely Parker）（係印第安西尼加部落籍）。這是他多次東部之行中的首次。他曾儘力謀使印第安人民能適應聯邦政府時常改變的對印第安人政策。然而，紅雲的此種努力卻引起部分印第安人的不滿，認爲紅雲對其個人的野心的興趣大於對人民的利益的興趣。在1868年的條約簽訂之後，紅雲放棄武裝反抗，與其族衆們安居於粉末河（Powder River）鄉村內，只有在1871年被「勸說」遷往新設立的紅雲印第安人區時，他曾表示口頭的抗議。該地在拉瑞密堡以東數英里處。

最後，紅雲與其族人於1877年被永久安置在南達科他州的松樹嶺印第安保留區內。當此期間，他曾協助其人民度過動盪的時代，其中包括著名部落領袖坐牛被謀殺案件，及傷膝河大屠殺事件等。

年邁的紅雲，曾於1893年前往芝加哥參觀世界哥倫布博覽會。時代步入20世紀，紅雲的身體日弱，眼睛失明，最後於1909年12月間逝世，享年87歲。

《美國西部百科全書》總編輯勞伯特‧尤特萊對紅雲的評語說：「他是第一位也是唯一曾贏得與美國人戰爭的印第安領袖。」

（本篇係根據《美國西部百科全書》，頁362-363；及《美國印第安歷史傳記集》，頁316-317）

6　艾萊‧巴克，有關生平見第四章美國的印第安政策第二節歷屆政府的政策之9. 艾萊‧巴克。

4. 約瑟夫（Joseph or Young Joseph）

約瑟夫（即小約瑟夫）是印第安尼茲比爾賽部落族的著名領袖，其本名為欣瑪頓雅拉吉特（Hinmaton Yalatkit）。約瑟夫原為其父親的基督教教名，他自己的教名是伊夫瑞姆（Ephraim），但後來一般稱他為約瑟夫或小約瑟夫。他們父子都是著名的部落領袖，而小約瑟夫的事蹟顯示他是個悲壯的人物，在印第安民族主義奮鬥史上居於紀念性的地位。

尼茲比爾賽是印第安許多部落族之一，一向生活在「華盛頓領土」（未建州以前的名稱）的俄勒岡東北部和愛達荷北部地區，是個文化水平頗高的部落族。白人於1800年代初首次和他們有接觸，在其後的大約五十年期間，和平相處，維持友好的族裔關係。因此，尼茲比爾賽人士頗自負的說，他們「從來未殺害過一名白人」。1855年，華盛頓領土總督伊薩克・史蒂文斯（Isaac I. Stevens），在華拉華拉（Walla Walla）會議中，與多名印第安部落領袖達成條約，白人可以在印第安土地上開發和開礦，政府則保證印第安人的保留地及其家產等。依據協議，部落族獲允諾保有其一萬平方英里面積的土地，其中包括俄勒岡東北部的華樂瓦谷（Wallowa Valley），約瑟夫的家族就世世代代一直住在華樂瓦谷。約瑟夫的父親老約瑟夫是一位基督教信徒，他表示只要他的族人能一直住在自己的土地上他就感到滿意。此種情勢大約持續了半個世紀的歲月。

到了1860年代初期，由於該地區發現金礦而引起了新的殖民潮，政府當局於1863年召開另一次會議，建議將印第安人保留區從先前的一萬平方英里大幅削減到只剩1000平方英里，這表示約瑟夫的故鄉華樂瓦谷將不再屬於尼茲比爾賽部落族所有。老約瑟夫是下尼茲比爾賽部落族的領袖，拒絕接受此項新建議，他為了抗議白人的不信實行為，憤怒的將聖經撕毀。不過，他的部落人民仍留在華樂瓦谷，繼續從事消極的反抗行動。老約瑟夫在1871年遭白人殺害逝

世，他的下尼茲比爾部落族領導權由其兩個兒子繼承，長子是約瑟夫（伊夫瑞姆），次子名喚歐立古特（Allikut）。

白人殖民一天天的增加，他們要求取得部落族的土地，小約瑟夫向地方政府的印第安代理人抗議。此案在經過調查之後，最後經格蘭特總統正式核定，將華樂谷指定為印第安人保留地。但是，白人殖民竟然不顧總統的決定仍然不斷的侵入谷區，甚至威脅要消滅繼續住在谷區的部落人民。到了1875年夏天，聯邦當局受到政治壓力，違背過去的承諾，竟然宣布改變1863年的政策，將華樂谷地區開放供白人殖民開發之用。南北戰爭的獨臂將軍奧立佛·霍華德（Oliver Howard），於1877年5月間奉華府指示，命令華樂谷的下尼茲比爾賽部落族人，必須在30天的限期內帶其財物和牲畜等，離開故鄉遷往愛達荷領土內的印第安人保留區。約瑟夫以部落族領袖的地位，擔心種族衝突擴大和族人生命的損失，不顧主戰族人的嘲笑而忍痛同意遷往保留區。他的弟弟歐立古特，雖然是位有膽識的優秀勇士，但他支持兄長約瑟夫的忍讓政策。可是，少數年輕好戰的族人堅決反對約瑟夫的溫和主張，因而殺害了十多名白人殖民，使種族衝突情勢變得日益嚴重。

1877年6月16日，第一騎兵團的大衛·皮立（David Perry）上尉，率領90名騎兵及10名平民偵探，進攻白鳥峽谷（White Bird Canyon）的約瑟夫族人。次日拂曉，部落人勇士們在約瑟夫的弟弟歐立古特的指揮下將官軍擊敗，皮立的部下死亡三十餘人。同時，約瑟夫兄弟兩人帶著族人們繼續逃亡，希望前往加拿大與那裡的印第安人會合。他們當中能戰鬥的勇士不過250名左右，其餘的都是婦女、兒童和老人。他們任務艱鉅，循著鮭魚河（Salmon River）崎嶇的地形，向北朝著加拿大邊境進行，一方面趕路，同時不斷與官軍戰鬥，情勢極困難，但他們堅持苦鬥不懈。霍華德將軍隨後遣派更多官軍參加攔截和攻擊約瑟夫的族人。雙方在大約一個月的期間斷斷續續的發生戰鬥。約瑟夫的勇士們在一次突襲行動中，曾將雷因斯（S. M. Rains）中尉的一個偵察組全部消滅。7月11

日和12日，有一群尼茲比爾賽族人從保留區內逃出來，參加約瑟夫的族群中，聯合在清水河之役中對霍華德的官軍攻擊獲捷，使部落族的家屬們乘機繼續向加拿大方向逃去。在這次勝利之後，部落族領袖們舉行會議討論面臨的問題，約瑟夫贊成返回華樂瓦谷保衛他們的故鄉，但是經多數決定繼續向前撤往加拿大與那裡的印第安人會合。

約瑟夫率領族人在繼續向東方和北方進行途中，多次和追擊他們的官軍交戰。他們於8月9日和10日，在大洞谷（Big Hole Valley）與官軍作戰，8月19日和20日在加瑪斯草（Games Meadow）與官軍作戰，然後經過懷俄明領土（尚未建州）境內的黃石公園向北移動途中，於9月13日在峽谷河與官軍戰鬥中，約瑟夫運用機動戰術，將參加追擊的官軍第七騎兵團長史徒吉（Samuel Sturgis）上校的主力三百五十餘人擊潰。在其後的兩星期期間，他們在人力疲憊，馬缺糧草的困難情勢之下，艱苦支撐著越過蒙大拿領土（尚未建州）境內的荒原，向加拿大邊界接近。

約瑟夫兄弟帶著族群，於9月23日渡過莫斯希爾河（Muselehell River）到達母牛島（Cow Island），將守軍擊敗獲得他們萬分需要的各種補給品。然後，他們翻越熊爪山（Bear Paws Mountain）到了山北地帶，以為追擊的官軍落後已遠而感到安全，便在蛇河附近的一處窪地搭建篷帳安營休息，這裡距加拿大邊境只有大約四十英里的路程。但是，他們不曉得霍華德將軍以電報命令納爾遜・密爾斯將軍，從熊爪山東南方的基地克歐堡（Fort Keogh）兼程趕往攔擊，其部隊中包括騎兵、步兵以及印第安向尼部落族人偵探等。這批新的官軍在9月30日清晨寒冷的天氣裡，發現了約瑟夫人的營地，密爾斯將軍立即下令對他們進攻，騎兵在前猛衝，步兵隨後拚殺，敵人從四面八方齊攻，約瑟夫的勇士們在英勇抵抗中紛紛倒下，約瑟夫的弟弟歐立古特也在力戰中犧牲。尼茲比爾賽部落族勇士們的槍法精良，人數雖少但效果驚人。密爾斯將軍不能快速得逞，只好改為圍困戰術，情勢稍緩。約瑟夫的族人中，有的抓住機會乘馬逃向加拿

大，有的落荒逃走藏匿。約瑟夫自己在較早的混戰中與族眾們分散，此刻回到主營。儘管官軍以大砲轟擊，但部落族男士們仍然毫不畏懼，第一天在激戰中度過。次日下大雨，情勢緩和，約瑟夫派出數名勇士突圍前去救援，但他們都遭殺害。部落首領們支持到10月4日，以為援軍應該到達，便冒死向前與敵軍廝殺，可惜沒有援軍，拚命的結果，除了約瑟夫和綽號「白鳥」的兩位部落領袖外，其他首領全部喪生。現在他們真的感到一切都完了，而只有屈服一途。「白鳥」和其一群勇士幸好突圍逃去，戰場剩下的只有約瑟夫與約80名男子及大約350名婦女和兒童。

　　1877年10月5日上午，約瑟夫騎著馬身後隨著數人，緩緩的經過處處屍體的戰場，走向列隊等著的密爾斯將軍投降。戰敗的印第安人尼茲比爾賽部落族領袖的約瑟夫，當場發表一篇演說，由翻譯員和記錄官員記錄如次：

　　「告訴霍華德將軍，我曉得他的心情。他以前告訴我的話在我心裡。我厭倦了戰鬥。我們的首領被殺害。鏡子死了。度胡爾胡爾特死了。老年人全死了。年輕人說是或否。領導年輕人的他（指約瑟夫的弟弟）死了。天氣寒冷我們沒有毯子。小孩子被凍死。我的同胞中，有的逃入山裡，沒有毯子，沒有食物。沒有人知道他們在哪裡——或許已被凍死。我希望有時間尋找我的孩子，看看我能看到幾個。我或許會在死者當中發現他們。我的首領們請聽。我厭倦了。我的心痛苦又悲哀。從此時此刻起，我將永遠不再戰鬥。」

　　約瑟夫帶領著同胞，在108天內拔涉1,700英里的途中，邊戰、邊走，最後於目標在望之際不幸失敗。他的「八千里路淚和血」奮鬥的悲慘結局絕非戰之罪耶。美國印第安歷史學家卡爾・華德曼對約瑟夫事蹟的評語說：

　　「約瑟夫的投降演說，為他在印第安人歷史上留下不平凡的地位。在部落族1,700英里驚人逃亡的策略上，其他首領雖有重要地位，但是，到旅程終了時，約瑟夫已成為部落族的靈魂。雖然他全族聞名與其言辭引起的同情，但他始終未能如願獲得重返華樂瓦谷故土的機會。」約瑟夫被送到堪薩斯的李文渥

斯堡（Fort Leavenworth），稍後被轉送到印第安領土（今日的俄克拉荷馬州）。1885年，約瑟夫最後被送到華盛頓領土的柯維爾（Colville）印第安人保留區，而於1904年在該地逝世，享年64歲。保留區的醫生報告說：「約瑟夫死於心碎。」約瑟夫不愧是一位偉大的印第安人民族英雄，一位悲劇民族英雄，而許許多多悲劇民族英雄的精神都是同等偉大的，古今中外歷史並無二致。

有關約瑟夫的故事，美國洛杉磯市的傳統娛樂公司依據史蹟改編拍製一部電影，採用他的名言「我將永遠不再戰鬥」作為影片名。

（本篇係根據「北美印第安歷史地圖集」，頁155-157；及《美國印第安歷史傳記集》，頁186-187）

5. 賽貴亞（Sequoyah or George Gist）

賽貴亞亦名喬治・吉斯特，於1770年出生於今日田納西州佛諾瑞（Vonore）市附近的達斯克吉（Taskigi）。父親納太尼爾・吉斯特（Nathaniel Gist），可能是位商人與獨立戰爭的士兵；母親伍爾蒂（Wurteh）是印第安奇魯克部落族人。賽貴亞並非一位部落領袖，但他對印第安人的文化貢獻則居於第一位，因為他在19世紀創始印第安奇魯克部落族語言的讀音和書寫用的音節表（字音表），在印第安文化史上居於空前的重要地位。

賽貴亞在12歲那年，隨其母親遷居到今日阿拉巴馬州的威爾斯敦（Willstown）城附近。他自幼就有些創造天賦，曾在住地開了一個牛奶供應場，逐漸學會養乳牛與製作乳酪，也學會種植玉米及為馬裝蹄鐵等手藝。隨著年齡的增長，他從事打獵與經營毛皮生意。但是，他在一次打獵的意外事件中不幸腿部受了重傷，這使他遺憾終生。或許是因為在心理上受刺激很大的關係，他有一段期間變得十分消極，沈溺於酗酒。在那段時日過後，他卻變成一名手藝很不平凡的銀匠，頗出人們的意外。

當1813年與1814年的印第安柯利克部落族戰爭期間，賽貴亞在安德魯・

傑克森將軍（後任第七任總統，任期自1829-1837年。）的軍中服務。1815年，賽貴亞與奇魯克部落族的莎瑞（Sarah）結婚。1818年，他家遷到今天的阿肯色州的波碧（Pope）縣居住，該地是奇魯克部落領袖約翰‧朱萊（John Jolly）的基地。

關於賽貴亞在印第安語言方面的努力，大約早在1809年就開始的，那時他的英語知識還有限，但他很熱心又很耐心的在這方面下功夫。這是一宗非常艱鉅的學術文化研究工作，因為北美、中美與南美三地區的印第安人大大小小的部落以數千計，民族很複雜，語言同樣的很複雜，專家說，他們的語言或許多達2,200種，僅北美地區部落族的語言就繁雜到兩百到300種之多。印第安人在語言方面雖然有如此多種，但在書寫方面則僅有「象形文字」諸如人類、動物、物件及地理形狀等，而沒有表達抽象觀念諸如「愛、恨」等的「含意符號」或者「含意文字學」。

無論如何，唯一真正的印第安語音表是賽貴亞在19世紀首創的音節表，他將奇魯克語言最初簡化為200個字母，最後更簡化為86個字母，代表一切不同的聲音，其中有些類似英格蘭語、希臘語及希伯來語。不過，當他開始研究時，曾作了「象形文字」，但在達到1,000個符號時決定放棄了此項試探，而重新開始其音節表（字音表）的努力，終於完成86個字母的空前成就。賽貴亞的奇魯克語言表成就自然獲得不少人的讚賞和支持，但是同時也遭到部分族人的反對，懷疑他的作為是「巫術」。歷史已證明，在人類當中不論膚色如何，知識程度如何，新與舊總是對立的，但歷史也證明，新總是最後勝利者。

在經過12年之久的辛勤堅毅的努力後，賽貴亞終完成了他的偉大計畫，成為印第安人史上第一位創造出一項完整的印第安語「音節表」（字音表）。他在1821年完成其計畫後，就在這一年與次年的期間，到東部各地旅行，將其新貢獻加以示範介紹給自阿肯色和東部各州的奇魯克部落親友們。他不僅獲得「奇魯克理事會」正式採用他的音節表，該會並且頒贈一面銀獎牌來表揚他的成就。

　　賽貴亞繼續爲他的音節表的推廣作努力，花了三、四年的時間，將聖經的若干部分譯爲奇魯克語並且獲得各教會的支持。1827年，在傳敎士薩莫爾‧伍爾斯特（Samuel Austin Worcester）的協助下，奇魯克部落人士獲得在波士頓製造的一部印刷機，並有一套賽貴亞系統字母鉛字。有了印刷設備，大大有助於賽貴亞字母的推廣。就在那年內，奇魯克部落人士寫成了他們的首部憲法。1828年，奇魯克人士用他們自己的語文出版第一份奇魯克文報紙《奇魯克鳳凰報》，由艾利斯‧保丁諾（Elias Boudinot）擔任編輯。由於對印第安語文的重大貢獻，使賽貴亞的聲譽日揚，獲得族人的敬佩。他在1828年參加阿肯色的奇魯克代表團訪問首都華盛頓，因其發明而獲得慶祝。

　　1829年，賽貴亞與其妻子和孩子們，從阿肯色住所遷往今日的俄克拉荷馬州賽貴亞縣的沙立少（Sallisaw）附近。他以西奇魯克領袖的身分，在1839年參加簽訂奇魯克聯合法案，協助達成東奇魯克與西奇魯克的聯合。1841年，奇魯克國家委員會通過決議，以養老金給予賽貴亞，他是印第安部落族中第一位獲得此項榮譽的人。

　　1842年，賽貴亞根據對印第安語言模式研究的心得，從事一趟遠征，希望尋找當美國獨立運動期間遷往西部的一部分奇魯克部落後裔，曾遍歷西南部各地並遠至墨西哥國境內。此行十分辛苦，使其早已不良的健康情況備加惡化，而於1843年8月間逝世於墨西哥國達矛利普斯（Tamaulipas）省的聖費南度（San Fernando）城附近，享年73歲。

　　俄克拉荷馬州爲了紀念賽貴亞的功績，特在首府鑄建一座賽貴亞銅像，並且在其農場建造一所紀念堂。而且，匈牙利籍的植物學家史迪芬‧恩得利吉（Stephen Endlichen），將他在加利福尼亞州沿海地區發現的巨大的紅木森林林命名爲「賽貴亞」，以紀念這位極不平凡的印第安聞人。這就是加州著名的紅木稱爲「賽貴亞」的由來。

　　（本篇係根據《美國印第安歷史傳記集》，頁342-343）

6. 小烏龜（Little Turtle）

　　小烏龜是白人對印第安邁亞密部落族領袖密士吉納華（Mishikinakwa）的稱呼。他於1747年出生於今日印第安納州威尼堡西北大約二十英里的鱘魚河地帶，父親是邁亞密部落領袖，母親為瑪希肯部落人，後來成為邁亞密戰爭（小烏龜戰爭）的領袖。當美國獨立戰爭期間，他曾協助英軍抵抗法國援美的奧古斯汀‧巴拉密（Augustin Balame）上校的部隊。

　　在美國於1783年獲得獨立之後，有日增的白人殖民抵達「老西北」地區，爭取印第安人部落族的土地，引起部落族的反對與對白人的攻擊。據估計，在1783年到1790年的六、七年期間，約一千五百名白人喪命。美國首屆總統華盛頓將軍，於1790年命令約西亞‧哈瑪爾（Joslah Harmer）對付印第安人。邁亞密部落人的故鄉在克吉安加（Kekionga）（今日的印第安納州華尼堡附近），若干個部落族生活在那裡。哈瑪爾將軍部隊約一千八百人左右，建立基地華盛頓堡（今日的俄亥俄州辛辛那提），準備與部落人戰鬥。

　　小烏龜從幼年開始已有了戰鬥經驗，而且熟練游擊戰術，他也教練各部落族人學游擊戰術。例如，在1790年10月18日到20日發生的毛密河之役中，他指揮部落聯盟擊敗哈瑪爾將軍的部隊，官軍損失兩百餘人。次年，軍方派阿瑟‧克萊爾（Arthur St. Clair）將軍攻擊印第安人。他為了加強戰力，在華盛頓堡之外，另建了哈密爾頓堡（Fort Hamilton）和傑佛遜堡（Fort Jefferson），但收效不大。在1791年11月4日發生在華巴希河上游的密西西納瓦（Mississinews）之役中，小烏龜領導的部落族對克萊爾將軍的兩千名軍隊發動奇襲，他們運用詐術使官軍部隊分散。然後加以包圍各個加以擊敗，在持續大約三個小時的激戰中，克萊爾損失將近一千人——六百多人死亡及二百多人受傷。這是在印第安戰爭史上單一戰役中官軍損失最鉅的一次。

　　聯邦軍隊一挫再挫，華盛頓總統感到問題嚴重，於是指派獨立戰爭中的

英雄綽號「瘋子」的安東尼・威尼（Anthony Wayne），率第三批新軍前往進剿部落族群眾。他花了兩年時間整頓訓練他的3,000名部隊，然後才和印第安人作戰。他並且新建兩個基地堡格林維爾堡（Fort Greenville）和光復堡（Fort Recovery）。由於威尼部隊的訓練好、裝備新，在1793年6月30日和7月1日的戰鬥中，能夠將小烏龜的部落勇士擊退。在精銳的官軍壓力之下，小烏龜考慮謀和問題，但他因建議未受到重視而感到消極，便將部落族聯盟的統率權交與紹尼部落族領袖「藍夾克」（綽號），他自己只率領邁亞密部落參加戰鬥。

威尼將軍根據過去的戰鬥經驗，了解部落族的優點與缺點，故其作戰行動十分慎重。在1794年8月20日發生於毛密河（Maumee River）地帶的倒木村戰役中，威尼偵知部分部落人離開戰場去尋找食物之際，下令其部隊突然猛攻，部落人倉皇應戰，結果損失數百人，其餘的逃亡未果大都被官軍殺害，而且官軍將部落族的村莊及田禾等加以破壞。

過了一年，小烏龜及其他部落領袖們，終於在不得已的情勢下，與軍方簽訂格林維爾堡條約，將他們的大部分土地讓給政府，面積相當於今天俄亥俄州面積的一半有餘，政府則保證將較遠的西部土地給予印第安人。此條約簽訂於1795年8月3日。自從格林維爾堡條約簽訂之後，小烏龜不再作任何戰爭。後來，他又參加簽訂威尼堡條約（1803年）及維新尼斯條約（1809年）。

小烏龜在1795年以後變成一位和平主義者，曾經多次到美國東部城市觀光，並且被捧為一位名流人物。他於1797年在費城會晤華盛頓將軍等要人。他獲得聯邦政府的退休年金，因為曾代表威廉姆・亨利・哈理遜（後來任美國第九任總統）做外務工作。政府特別在小烏龜的家鄉毛密河為他建造寓所以示禮遇。他不但力主和平政策，並且鼓勵其部落同胞致力農業及不酗酒等等。這位從好戰的印第安部落英雄轉變為民族和平主義者，最後於1812年在印第安納州的威尼堡病逝，享年六十五歲。他生於1747年。

《國家地理雜誌》於2004年選出小烏龜爲十六位印第安名人之一。
（本篇係根據《美國印第安歷史傳記集》，頁220-221）

7. 熊獵夫（Bear Hunter）

熊獵夫是白人對印第安紹紹尼部落族領袖威瑞蘇亞夫（Wirasuaph）的稱呼。他是大盆地紹紹尼部落戰爭的領袖，大約於1830年代出生於今日猶他州大鹽湖地區的熊河一帶。大盆地係指包括猶他、內華達、愛達荷及懷俄明等地的沙漠窪地。

1860年代初正值南北戰爭時期，聯邦軍隊忙於和南軍作戰，無暇顧及向西部發展開拓的白人殖民。大盆地地區的印第安人部落族經常攻擊白人礦工及摩門教徒，也攻擊經過中央陸路大道前往加利福尼亞州的篷車大隊和驛馬車，以及騷擾鹽湖城通往舊金山的著名「小馬快車」交通等等。在各地架設電報線路的工人也時常遭受部落人的攻擊，使白人深感不安。

這時代大盆地地區的重要印第安人部落領袖包括，北巴尤特族的奴瑪卡（Numaka）、紹紹尼族的熊獵夫、波加迪洛（Pocatello）、華希克（Washakie）及坦度（Tendo）等。其中屬於紹紹尼的風河支族的華希克，和屬於紹紹尼林希支族的坦度兩位部落領袖對白人友好。

聯邦軍方爲了維持向西部開拓路線的暢通，於1862年命令加利福尼亞州的第三志願步兵團長巴楚克・康諾（Patrick Edward Connor），率部越過賽拉內華達山（印第安人稱爲雪山），進入大盆地，在距離今日猶他州首府鹽湖城東北大約一英里處的華薩奇山腳下建立基地道格拉斯堡（Fort Douglas），準備對印第安人採取軍事行動，軍方以此爲據點，能夠兼顧內華達及愛達荷等地。

康諾上校於1863年1月間率領大約三百名加州步兵，從道格拉斯堡出發向北方的紹紹尼部落領袖熊獵夫的族區進發。當時天寒地凍，官軍經過積雪的一百四十餘里的崎嶇地帶前往攻擊印第安人。印第安部落人獲得官軍計畫進攻

的警報，有了充分的應變準備時間，在重要道路上以岩石與泥土雜物等構築障礙物，並且將他們村莊所在的峽谷天然屏障加強工事以期阻擋官軍的攻擊。

1月27日，政府軍隊下令攻擊，康諾團長指揮其部隊對紹紹尼村莊實施包剿戰術，以優勢的火力一波繼一波的對印第安人施以沉重的打擊，部落人雖然冒死堅決抵抗，但官軍以連續四小時之久的猛烈砲火攻打，他們的村落很快被摧毀，有組織的抵抗隨著消失。在戰鬥終止後，官軍清查戰果，共有224名印第安人死亡，紹紹尼部落領袖熊獵夫亦在其中，另有164名婦女和兒童被俘虜。官軍亦有21人陣亡及46人受傷。這次只有一天的戰鬥，在印第安戰爭史上稱為「紹紹尼戰爭」。戰爭過後，印第安人各部落族被迫簽訂條約，將他們的大盆地的大部分土地讓給聯邦政府。

（本篇係根據《美國印第安歷史傳記集》，頁18）

8. 卡密亞金（Kamiakin）

卡密亞金是印第安人雅卡瑪（Yakama）部落族的領袖，也是雅卡瑪戰爭和斯波甘（Spokan）戰爭的領袖。他於1800年出生在今天華盛頓州的雅吉瑪附近的雅卡部落族區內。因為他的母親血統與尼茲比爾賽部落族有關，及其父親為斯波甘部落族人，所以他能說該地區多種部落族的語言。

1830年代期間，該地區不少白人傳教士都認識卡密亞金，因為他以部落族領袖的身分經常鼓勵其人民接受教育，促進文化。1841年，當威爾克斯（Wilkes）上尉的太平洋西北地區探險團到達該地區時卡密亞金曾與他會晤。卡密亞金的立場是，只要白人承認印第安人土地的完整權，他對非印第安人是支持的。例如，當1847-1850年發生的加宇西印第安戰爭期間，他曾鼓勵印第安人採取中立立場，但是到1850年代時，因為金礦人員和鐵路測量人員大批進入該地區而使情勢發生大的變化。

1855年，華盛頓領土（尚未建州）總督殷格斯·史蒂芬（Ingalls Stephens）召

開華拉華拉堡（在今天華盛頓州的華拉華拉城附近）會議，鼓勵各部落放棄他們的大部分土地，來換取保留區、住房、學校、牲畜及年金等等。參加會議的人士有雅卡瑪、尼茲比爾賽、加宇西、華拉華拉及尤瑪蒂拉等部落領袖們。史蒂芬並且承諾各部落族在為期兩年到三年的時間內遷往印第安人新保留區內。各部落領袖們對於官方的各項條件意見不一致，有些領袖在條約上簽了字，但有些領袖對白人不相信，因為白人先前違背了他們的諾言。更令部落族不滿的是，史蒂芬在條約簽訂後剛剛12天，他就宣布將印第安人所擁有的土地開放給白人開發。反對條約的卡密亞金原來擔心的情勢果然發生了。於是，他即號召各部落組織同盟反對白人的殖民擴展，但是他提醒族群不要與官方發生正面衝突，因為官軍的力量居優勢。

意外的事件使情勢發生突變。卡密亞金的表兄瓜爾今（Qualchin）和另外5名雅卡瑪部落族人將5個白人採礦人員殺害，而當官方的印第安事務代理人安德魯・包倫（Andrew Bolon）在進行調查此案件時，不幸亦被其他部落勇士殺害。事件擴大，位於俄勒岡的哥倫比亞河畔的達利斯堡（Fort Dalles）的官軍，派出哈利爾（Granville Haller）少校率兵進入雅卡瑪部落族區內。卡密亞金認為這是官軍侵入，即指揮500名部落勇士對付官軍，5名士兵被殺死，其餘的被驅回軍堡內。接著軍方又派出雷恩斯（Gabriel Rains）上尉及克萊（James Kelly）少校兩支部隊前往部落區報復而引起更大的衝突。克萊的士兵於那年12月間，設計誘騙華拉華拉華部落族領袖皮比莫克斯（Peopemoxmox）與另5人並將他們殺害。

1856年初，官軍伍爾（John E. Wool）將軍命令芮特（George Wright）上校率部隊對雅卡瑪部落區發動攻擊。同時，加宇西、華拉華拉、尤瑪蒂拉及辛久西等部落族都發動對白人殖民的襲擊，使戰爭波及地面擴大。卡密亞金的一位遠親尼斯瓜萊部落族領袖李斯奇（Les Chi）聯合卡斯克德（Cascade）山脈以西的各部落對西雅圖發動攻擊。在俄勒岡西南部的羅古河方面，由「約翰」領導的達

克爾瑪和土都尼兩部落勇士對白人進行攻擊。當1856與1857年期間，各地雖有小型衝突，但因爲政府軍建造華拉華拉堡和新柯堡（Fort Simcoe）加強防務，情勢並沒有重大變化。

到了1858年初，官軍愛德華・史蒂普度（Edward Steptoe）少校率領164名士兵，從華拉華拉堡出發，渡過蛇河進入印第安部落區內。除了雅卡瑪外，斯波甘及巴勞斯等部落族也準備參加對白人的戰爭。五月間，印第安各部落聯軍約一千人，將史蒂普度的部隊擊敗。於是，克拉克將軍派遣芮特上校率領大約六百名部隊對部落族施以重大壓力，欲圖捉拿卡密亞金和瓜爾今等重要部落首腦。九月間，雙方在斯波甘平原及四湖發生兩次戰鬥，部落族受挫，雅卡瑪酋長歐希（Owhi）先向官軍投降，他的兒子瓜爾今接著被俘。瓜爾今被處絞刑，歐希因爲圖逃而被槍殺。卡密亞金在斯波甘平原之役中受傷後逃亡加拿大，三年後返美居住於斯波甘保留區內，而於1877年逝世，時年77歲。

（本篇係根據《美國印第安歷史傳記集》，頁191-192）

9. 伊薩台（Isatai）

伊薩台是印第安人柯曼奇部落族領袖，也是紅河戰爭的領袖，他在部落中出名的理由是他的預言靈驗，可稱爲印第安人的「諸葛亮」。他大約出生於1850年代初期。據印第安人部落族間傳說，伊薩台曾預言說，1873年初有一個彗星出現持續五天後消失將使次年夏天發生旱災。因爲此項預言後來證明果然如此，使族人對他無限的敬重。

伊薩台聲稱，他在一次與「大仙」的會晤中，學得塗身之術，能使子彈不傷身。他對印第安領土（今日的俄克拉荷馬州）各部落的戰爭領袖們預言說，印第安人聯合起來發動攻擊將能把白人驅走並且使野牛群返回到大平原。因爲野牛與過遊牧生活的印第安人有莫大的關係。伊薩台有關野牛重來的預言，深獲各部落人民的相信。柯曼奇部落領袖奎納派克（Parker Quanah）利用伊薩台的預

言作號召，約請克歐華、向尼及阿瑞巴何等部落族聯合起來反對白人。因為發生衝突的地區在紅河流域地帶，故稱「紅河戰爭」。紅河發源於德克薩斯州的西北部向東方流去，再轉向南流，最後在路易斯安納州注入密西西比河。

伊薩台和魁納派克的部落人，於1874年6月27日發動首次攻擊，攻打德克薩斯州北部的貿易站阿道比華爾（Adobe Walls），該站是野牛獵夫的一個基地。獵夫們使用火力強的步槍將部落人擊敗，柯曼奇部落領袖伊薩台因此失勢。後來白人放棄該貿易站。同時，有不少印第安人離開保留區到他處去，受影響的地區包括科羅拉多、堪薩斯、新墨西哥及德克薩斯等地。那年七月間，菲立普·希立丹將軍，奉陸軍總司令威廉姆·薛爾曼將軍的命令，要「懲罰」印第安人，將他們驅回到保留區內。擔任攻擊任務的是雷納·麥肯齊（Ranald Mackenze）上校和納爾遜·密爾斯上校的兩支部隊。官軍在炎熱的暑期裡與部落族發生多次小接觸，但沒有什麼戰果。戰鬥發生於德克薩斯州北部鍋柄區的史達克平原（Staked Plan）。

柯曼奇、向尼和克歐華等部落族人在史達克平原紅河畔的巴洛度洛峽谷（Palo Duro Canyon）建立一個大村莊作基地，他們以家庭而非戰友方式生活在那裡，十分團結。聯邦軍隊分五路自科羅拉多州的里昂堡、新墨西哥州的聯合堡、德克薩斯州的格里芬堡、德克薩斯州的康週堡以及印第安領土（今日的俄克拉荷馬州）的西爾堡出動前往圍剿印第安部落族。其中有一支部隊係由總指揮密爾斯上校親自率領。

1874年9月底，從德州康週堡出動的聯邦第四騎兵團在麥肯齊團長率領下，首先在紅河畔的巴洛度洛峽谷內發現印第安人部落族的集結基地。官軍對部落人施以嚴重的打擊，克歐華部落領袖「孤獨狼」（Lone Wolf）的族眾受大挫，他們四散逃逸，只有3名勇士死亡。官軍將他們的帳篷村莊放火燒毀，並將多達1,500匹的馬俘虜或殺死。後來，逃亡的部落人相繼向雷諾堡及西爾堡的官軍投降。克歐華部落領袖孤獨狼與其大約兩百五十名族人，逃亡到次年即

1875年2月25日終於向西爾堡的官軍投降。由柯曼奇部落領袖奎納派克領導的部落人，也於同年6月2日向官軍投降。在伊薩台失勢後，奎納派克繼任柯曼奇部落領袖。

奎納派克是個特別倔強的印第安部落領袖，一直堅持到最後投降時才肯簽字於遷入保留區的條約上，而且他很快又成為保留區部落人的一位重要領袖。他永遠不放棄對印第安人的認同，但他也學習歐洲人的生活方式，並且在傳布泛印第安人宗教信仰方面有重要的貢獻，特別是成立「原住民教會」的組織。

在紅河戰爭結束之後，南平原地區不再有任何「自由的」印第安人，因為他們都被限制生活於保留區裡。

（本篇係根據《美國印第安歷史傳記集》，頁174）

10. 斑點尾（Spotted Tail）

斑點尾是印第安人拉科他布魯利部落族的著名領袖，係一位民族和平主義者和談判家，印第安人戰爭英雄「瘋馬」是他的姪兒。他的原名是新迪加利希卡（Sintegaleshka），「斑點尾」是一位浣熊毛皮商人給他的綽號。他於1823年出生在今日懷俄明州的拉瑞密堡附近或者南達科他州的白河地區。斑點尾雖然是一位反對保尼部落族的著名勇士，但他通常是對白人及部落人的和平主義者。

在1854年8月間的格拉坦（Gratta，今日懷俄明州北普拉特河地帶）之役中，在布魯利部落族領袖綽號「征服熊」被官軍殺害後，斑點尾繼任指揮族人與約翰‧格拉坦中尉的官軍作戰。繼之在1855年9月間發生於藍水河（在今日內布拉斯加州）的戰役中，他抵抗威廉姆‧哈尼將軍（William S. Harney）的軍隊保衛拉科他部落族的土地。但是，他為了阻止官軍對其部落人民的進一步敵對行動，決定自行向拉瑞密堡的聯邦軍方投降，並且決心犧牲個人，特地唱著喪歌前往。軍方了解他的和平動機，在他投降後不久便予以釋放。斑點尾的和平主

張與其自願犧牲的俠義精神，使其部落族人十分感動又欽佩，部落酋長會議奉他為領袖。

斑點尾在其布魯利部落內的地位日隆，到1860年代他成為布魯利部落所有派系的總代言人。當1866年到1868年的保茲曼小徑戰爭（由拉科他部落領袖紅雲為首）期間，他建議與白人修好。1868年各部落與聯邦軍方簽訂拉瑞密堡條約，他是簽署人之一。依照條約規定，聯邦同意設立大席歐克斯印第安人保留區。席歐克斯部落包括達科他、拉科他和納科他三大支族。

1870年，斑點尾曾到首都華盛頓會晤格蘭特總統及印第安事務局長艾萊・巴克（係印第安人西尼加部落籍）。其後他又多次前往華府訪問，證明他是一位善於談判的人士，類似拉科他部落另一位著名領袖紅雲。聯邦有關當局於1873年，在內布拉斯加州設立兩個印第安人辦事處，分別以「斑點尾」及「紅雲」命名，足證政府對他們的重視。1874年，在黑山地區（今日南達科他州的西部）發現金礦，受到白人殖民的重視。斑點尾曾和礦業人士對金礦區土地價值估計約六千萬元，希望政府加以收購，但政府當局只願出價六百萬元。黑山其實並非山色為黑的，只因為山區長滿黑綠色的松樹，遠遠看去很似黑色故名。印第安人席歐克斯部落各支族人民將黑山奉為聖山，不願白人在山區開發。由於金礦的發現，白人大批湧入黑山地區，和部落人民不斷發生衝突，到了1876年終於引起著名的黑山戰爭，戰事持續將近兩年之久。

黑山區戰爭的印第安人領導者為著名的拉科他部落領袖瘋馬和坐牛等，政府軍隊在小巨角河之役中遭受慘敗。在黑山戰役印第安人獲得勝利之後，聯邦官員派任斑點尾為斑點尾辦事處兼紅雲辦事處主任，由他取代了紅雲。次年即1877年，在斑點尾的協助之下，政府與多名主張武力政策的部落首領談判他們投降的條約。可是，因為部落情勢不安的理由，軍方將斑點尾和紅雲兩個印第安人辦事處從內布拉斯加州遷移到南達科他州的原先的大席歐克斯印第安人保留區範圍內，並且在次年將這兩個印第安人辦事處分別改名玫瑰苞辦事處和松

樹嶺辦事處。

　　有部分拉科他部落人士，對於斑點尾協助談判向政府投降的事件一直無法忘懷，尤其是著名部落領袖瘋馬遭殺害的案子。因此，他們時時有推翻斑點尾的意念。最後在1881年，一名反對斑點尾的拉科他部落領袖「烏鴉狗」（Crow Dog），在玫瑰苞印第安人保留區開槍將其敵人射殺，這位印第安人和平主義者時年58歲。此命案的兇嫌烏鴉狗，經聯邦最高法院裁定予以釋放，因為州法院和聯邦低級法院對印第安人土地沒有管轄權。

　　（本篇係根據《美國印第安歷史傳記集》，頁360-361）

11. 大膽（Gall）

　　大膽是印第安人拉科他漢克巴巴部落族領袖，於1840年出生於南達科他境內的莫立尤河（Moreau River）地區，他的父母去世很早而流落為孤兒。傳說，他幼年時因為嚐試吃某種動物的膽汁而以「大膽」為名（原名是皮齊，Pizi）。因為他從小好打好戰，被漢克巴巴部落族著名領袖坐牛器重收養為義弟，兩人一生合作奮鬥。

　　一般人都曉得大膽的倔強性格，對於任何侮辱或不公平決不罷休。他是一個白人的死對頭。他在大約25歲時，與陸軍的小衝突中曾經受傷。後來他參與歐格拉著名部落領袖「紅雲」領導的反對白人侵入印第安人土地的戰爭，有凸出的表現。在1866年秋天，歐格拉部落族領袖紅雲聯絡多名部落首領，發動兩千人對懷俄明境內的菲立・乾尼堡的圍攻，大膽和著名部落領袖瘋馬等運用游擊戰技術使官軍窮於應付，並且在那年12月間的一次戰鬥中，將官軍菲德曼上尉的80名部隊全數消滅。到1876年左右，大膽成為漢克巴巴部落著名領袖坐牛的主要戰爭副手。

　　印第安戰爭史上極重要的一次大戰役是1876年6月25日發生的「小巨角河之役」。在那次大戰中，美國內戰的名將喬治・柯斯特團長的第七騎兵團被印

第安部落族人徹底消滅，柯斯特亦陣亡，連屍體也找不到。坐牛、大膽等人都參加這次大戰。戰鬥開始時，在柯斯特的一支騎兵雷諾少校的攻擊下，大膽的勇士們幾乎被消滅，但是在戰鬥最緊急關頭，出人意外的是大膽竟裸著身體，騎馬在前猛衝，其勇士們隨著拚死與官軍搏鬥，雷諾的官軍終被驅退，接著大膽率眾對柯斯特將軍發動正面攻擊，其他部落勇士群從柯斯特背後圍攻，官軍很快完全崩潰，柯斯特死於亂槍亂箭之下，印第安人大獲全勝。

1877年春天以後，許多流亡不定的印第安部落族人民相繼向官軍投降，但坐牛拒絕屈服，他逃往加拿大流亡，大膽隨著坐牛也流亡加拿大，他們在加拿大生活大約五年歲月，兩人都在1881年回到美國。

大膽回到美國後，不再參與戰爭。美國西部開發史上的怪人巴發洛·比爾柯迪（Buffalo Billcody〔威廉姆·佛德瑞克，William Frederick〕）曾做過印第安人代理人，也參加過印第安戰爭，後來從事戲劇表演生意，組織印第安人表演隊。大膽的老戰友坐牛等著名部落首領參加表演活動。柯迪曾勸說大膽也參加其表演隊，但他加以拒絕。大膽說：「我不是在公眾面前展示的動物。」他最後於1894年12月5日在南達科他州的橡樹河去世，享年54歲。

（本篇係根據《美國西部百科全書》，頁170）

12. 小烏鴉（Little Crow）

小烏鴉是白人對印第安人密德瓦甘頓部落領袖席坦·華甘·瑪尼（Cetan Wakan Mani）的稱呼。他於1810年出生於今天明尼蘇達州的南聖保羅市附近，他父親為密德瓦甘頓部落族領袖，在1834年去世後，由小烏鴉繼任為部落族領袖。他一生共有6個妻子，生了22個孩子，為其他部落首領所不及。

當小烏鴉做部落領袖期間，大都與白人保持友好關係。在他36歲那年因為酗酒而引起的一次衝突中其手部受到永久性的重傷；因此，他要求官軍斯尼令堡（Fort Snelling）的印第安代理人派一位傳教士協助勸導他的族人禁止喝酒。

1851年，小烏鴉簽訂孟度達（Mendota）條約，達科他部落族（密德瓦甘頓為其支族）同意將他們大部分土地讓給政府，換取在明尼蘇達河上游的一處保留地及政府付給年度補助金。1857年，他率領一百多名勇士攻打同屬達科他部落的瓦皮古特（Wahpekute）支族首領銀克巴度拉（Inkpadula），因為銀克巴度拉曾攻擊白人殖民，足證他對白人的立場公正。次年即1858年，小烏鴉參加一個代表團赴首都華盛頓與聯邦有關當局進一步談判條約事宜。事實上，達科他部落族與政府雙方簽訂的條約中所規定的印第安保留地，官方一直未做到，但他們卻被迫將明尼蘇達東部的所有土地都給予政府，這正是造成後來雙方關係惡化以致引起戰鬥的原因。

由於此區城內的白人殖民不斷增加，而印第安人獵牧生活需要的土地日益減小，久而久之民族間的關係由緊張而惡化。部落人民依據條約規定，依靠政府供應補給品，但官員們的貪污與欺騙，使他們的生活愈來愈困難。更令部落族不滿的是負責印第安事務的官員湯瑪斯·加布瑞斯（Thomas Gabbrath）的行為，他是黃藥河（Yellow Medicina River）印第安保留區代理人。他藉口政府未付款給商人使他未拿到回扣而拒絕將倉庫裡的食物分配給部落人民。挨餓的印第安人民在無法忍耐的情勢下，便將該辦事處的倉庫打破進入搶奪食物。因為部落人仍然饑餓，身為部落族領袖的小烏鴉只好要求紅木鎮印第安保留區代理人辦事處將食物分配給部落族人民。但是，他們絕未料到，在1862年8月15日召開的一次會議中，商人安得魯·麥利克（Andrew Myrick）竟然狂妄的對他們說，如果他們「饑餓的話，應該去吃草或自己的糞便」。

官商們的腐敗與可惡，當然引起印第安人的失望和憤怒，尤其是年輕的達科他部落族人，他們要對白人作戰。小烏鴉最初仍然力主和平，但是激烈好戰的部落人一怒之下殺死5個白人殖民，而使情勢無法收拾。於是，小烏鴉與數位其他首領組織發動叛變，但是只獲得若干部落的部分支持。甚至有些部落人反而協助白人，這是出人意外的情勢。官方所謂的「明尼蘇達叛亂」事件終於

發生了。

　　1862年8月18日，部落族的勇士群對明尼蘇達南部的白人區和貿易站發動攻擊，殺死了多達400人。小烏鴉親自率族衆攻擊紅木鎮印第安代理人辦事處，共殺死了20人，其中包括那個狂妄的商人麥利克。勇士們爲了報復洩恨，將草填到他的嘴裡，他活該如此。他們另外俘虜了12名白人女子。8月20日到22日，來自瑞吉萊堡（Fort Ridgely）的官軍被部落族消滅後，他們並直接攻擊該堡，但遭加農砲擊退，死傷多人。部落族並且在8月19日和23日攻擊新尤爾姆（New Ulm）村，白人有36人喪命及23人受傷。

　　部落族叛亂事件繼續發展。因爲小烏鴉在8月22日第二次攻打瑞吉萊堡的戰鬥中受傷，而由孟加圖（Menkato）接掌指揮權，他在8月23日率勇士攻擊新尤爾姆村，繼之於9月2日攻擊官軍的掩埋工作隊，擊斃22人及擊傷達60人之多。在事變的頭半個月期間，達科他部落族勇士們的戰鬥幾乎都是勝利的。但是，官軍自然不肯一直如此。部落族的實力逐漸衰竭，九月間的戰鬥情勢變化很大。9月23日發生的森林湖之役中，席布萊將軍以優勢兵力及砲兵對付達科他部落的勇士群，擔任指揮的孟加圖在奮戰中不幸喪生，並有許多勇士死亡。部落族主力崩潰，小烏鴉和同族首領沙古比匆匆的帶著兩三百族衆逃向西北方的荒野地帶，另兩名同部落首領「大鷹」和「艾納瑪尼」等人向官軍投降。明尼蘇達叛亂事件於是告終。

　　叛亂戰事結束後，留在保留區的印第安部落人中，有303人以謀殺和強姦罪名被判處死刑。此案在呈報林肯總統後，當時忙於南北戰爭的林肯將案件審查後決定，將大多數人予以赦免，但仍有38人在1862年耶誕節期間被處以絞刑。這是美國史上一次人數最多的死刑案。

　　小烏鴉逃到荒涼的西北部後，於1863年5月間向加拿大溫尼伯（Winnipeg）城的英國軍方求助未果，不久帶著少數人返回明尼蘇達原先的印第安人土地。那年7月3日，他在明尼蘇達的胡奇森城（Hutchinson）附近，正在爲其16歲的兒

子伍納巴（Wownapa）採漿菓作食物之際被白人殖民攻擊死亡，其兒子逃亡後不久即被捕並被判處絞刑，但獲得減刑，當他因囚獄期間改信基督教並改名為湯瑪斯·華吉曼（Thomas Wakeman）。

小烏鴉被殺害後，其屍體被棄置在當地一家屠宰店的廢物場上。明尼蘇達歷史學會曾將其屍體公開示衆，最後將其屍體交與達科他部落人，埋葬於南達科他州佛蘭楚歐（Flandreau）印第安保留區公墓內。印第安史上又添一個烈士。

（本篇係根據《美國印第安歷史傳記集》，頁218-219）

13. 魯珍（Lozen）

魯珍是印第安人阿巴奇部落密布瑞諾支族的女英雄，於1848年出生於南部的密布瑞諾族區某地，從小就表現不凡，能馴馬善騎，使刀用槍，與男同伴賽跑經常得第一，更有類似中國俠女般的絕技，有「仙姑」之稱。她的堂兄維克度立（Victorio）也是一個很出色的勇士。

魯珍青春妙齡時代，決定要從深山仙道異人手裡學得一些神奇的力量供她使用。她遵照阿巴奇部落族的傳統，獨自攀登聖山（係指今日新墨西哥州南部的聖安曲亞斯（San Andreas Range）山的9000英尺高峰沙林納斯（Salinas），在山頂齋戒了四天四夜。傳說，聖山的神靈為了獎賞她的虔誠與勇氣，傳授她兩種偉大無比的力量：醫治創傷的技術與決定阿巴奇部落的敵人的位置的能力。據目睹人士述說魯珍發現敵人的位置的方法是，她仰面對著上天，伸開雙臂，緩緩的劃著圓圈子移動，同時口中唸唸有詞。另有目睹人士說，當她面對外來軍隊之際她的雙手開始顫動，手掌變成紫色，十分神奇。

據阿巴奇部落族中的傳說，大約當魯珍在聖山獲得神奇力量的同時，她遇到一位來自紐約地區的西尼加部落族青年男子酋長，因為他的族群的土地被非印第安人奪走，他正在向西部尋找新的土地供其西尼加部落族生活之際而被魯珍的夥伴們拘住。一般人認為魯珍與這位西尼加部落族青年發生戀情，因為他

決定繼續為其族人尋找新土地而離去時，使魯珍萬分傷心又灰心。因此，這個不平凡的阿巴奇青春少女誓言終身不結婚而全心全力做一名出眾的部落族女勇士，也是女英雄。

魯珍一直與其族眾們過著部落人的生活。1877年，芳齡29歲的她，在其堂兄維克度立的領導之下，與一群阿巴奇部落族人從聖卡洛斯印第安人保留區逃亡。維克度立的夥伴們被聯邦陸軍及墨西哥軍隊視為叛亂分子，當他們經過傳統的印第安人領土移動時，經常有遭受敵人攻擊的危險。當他們與外國士兵發生零星的戰鬥時，魯珍總是最勇敢的勇士之一。

維克度立帶著他的族眾到處流亡了3年之久，魯珍隨著他過這種生活。不幸在楚斯卡斯蒂洛斯（Tres Castillos）之役中，維克度立的族眾被墨西哥軍隊擊敗，有半數人都死亡，維克度立也遭殺害。當此慘案發生，魯珍正在協助指導一名阿巴奇部落人孕婦回到她的家鄉（今日的新墨西哥州）而不在戰鬥的現場。因此，維克度立的勇士夥伴說，如果魯珍當時和他們在一起的話，憑她的察知敵人位置的神奇力量，必能防止部落人的挫敗。這也許是天命吧！事件發生於1880年。

在那次事件過後，魯珍隨著維克度立族群的剩餘人士過了一個短時間，然後她參加阿巴奇部落的奇利卡華支族領袖吉洛尼莫（Geronimo）的族眾繼續其女勇士生涯。她參加此新族群之後，表現較前更為積極與出色，很快就贏得「超級勇士」的綽號，她的聲譽超過了許多優秀的男勇士們。她有不少驚人的作為，常受人提到，例如，在某次戰鬥中，有戰友失落了一袋子彈在火線上，魯珍冒著生命之險，在地上匍匐著將失落的子彈袋搶拾回來，因為部落人的裝備不足，槍支和子彈都十分珍貴。因為這類故事很多，魯珍便成為阿巴奇部落人人曉得的超級勇士和女勇士。

很可惜的是，與其他不少部落的遭遇相同。奇利卡華部落領袖吉洛尼莫與魯珍的族眾，在遭受聯邦軍隊及墨西哥軍隊的長期不斷的打擊之後，人員損失

不能補充，武器又沒有供應來源，難苦撐持到1886年，只有向聯邦軍方投降一條路。正因爲魯珍是印第安人的名人，不僅部落族久聞她的芳名，連聯邦官軍也曉得阿巴奇這位女勇士不是尋常之人。吉洛尼莫特別派魯珍和另一位也相當出名的女勇士德蒂慈（Dahteste）兩位女代表與聯邦軍方代表談判和平條件。他的意思可能是如此表示他對魯珍的重視，而且以爲聯邦官員對女性的態度不會太粗野。

魯珍與她的阿巴奇部落族眾向聯邦軍方投降後，便被帶上手銬，押上火車送往佛羅里達州的瑪利昂堡（Fort Marion），以政治犯罪名囚禁在當地的監獄裡。過了一年，魯珍等又被轉押到阿拉巴馬州的維農山（Vernon Hill）營區囚禁。營區的監獄情況比普通監獄更壞，日常很有限的粗劣食物，生活環境條件的惡劣，囚人們幾都患染肺結核等嚴重疾病，結果在每四名囚犯中就有一人死於獄中。素有「仙姑」、「女勇士」、「超級勇士」之稱的印第安人阿巴奇部落密布瑞諾支族的女英雄魯珍亦在其中。魯珍於1886年投降，在獄中度過4年的囚犯歲月，於1890年病逝，時年42歲。

美國作家麗莎‧蘇布倫（Liz Sonneborn）在其魯珍傳記的結論中說：

「阿巴奇部落族偉大的女勇士魯珍，逃過了如此多的白人的槍彈，卻成爲白人的疾病的一個犧牲者。」

（本篇係根據《美國印第安歷史傳記集》，頁226-227）

14. 女丈夫（Woman Chief）

女丈夫是印第安格羅斯文楚部落與烏鴉部落的一名女勇士、女英雄。女丈夫是其族人對她的尊稱，至於她的眞實姓名爲何反而沒有流傳下來。女丈夫大約在1806年出生於中央平原的格羅斯文楚部落區內的某處，因她在10歲時候被一向與她的部落敵對的烏鴉部落族人俘虜而予以收養，故她亦屬烏鴉部落族。

幼年時代的女丈夫的一切活動傾向於呈現男性氣質，這或許與其養父的敎

養鼓勵有關。她的養父原是烏鴉部落族某派的酋長，因為他自己的兒子都被烏鴉部落的「黑足」派分子殺害，所以他將她當作一個兒子來教養。養父教她使用弓箭、使用槍械、徒步和騎馬打獵等等。她長得高壯有力，精心學練，逐漸成為一名不平凡的射手與獵野牛的健將。

她在一次與敵派的衝突中表現英勇機智，為她贏得了「女丈夫」的美名。當時，女丈夫所屬的那一烏鴉部落支族的營帳區設在一個貿易站與軍事堡的外面，負責站堡的是白種人。烏鴉部落族的另一派黑足的族人前來攻擊，女丈夫的族人死亡數名，她和其他族人逃入軍堡躲避，敵人被拒於軍堡外面。黑足的勇士站在大約是步槍射程距離處，並要求逃入堡內的那些烏鴉族人派代表出來談判，不論男女都不敢出堡來冒險，而唯有女丈夫獨自騎馬出堡走向黑足的部下，五個敵人向她移動，但他們並未試圖與她談判，其中一男子突然對她開槍未中，而她的還擊立即將該敵人擊倒，並且用弓箭把另兩男子射傷。女丈夫的槍法與弓技大令敵人驚訝，他們很感丟臉，於是在憤怒之下全體向女丈夫大衝過來，她憑著高超的騎術，安全逃回堡內，使敵人無可奈何。堡裡的白人與部落族人一同向她歡呼，女丈夫的英名很快傳遍烏鴉部落族各支族間。烏鴉部落族包括大約十個支族，其首領如「黑足」、「美鷹」、「美盾」、「劍客」，以及「女丈夫」等。這些支族之間時而衝突，時而和好，遊牧生活的部落人不論中外大都如此。

大約在一年後，女丈夫集合一支勇士，對烏鴉部落敵人發動連串的突擊，顯示她的領導和戰鬥才能。在一次對黑足的地區突擊中，她的族眾搶得大約70匹好馬，是一次重要的勝利，因為馬是他們的最寶貴又必需的財產，這等於使她富有了。女丈夫家裡養了4位女子，給予烏鴉部落領袖們作妻子。她成為一位有天才的勇士兼騎士，為她帶來了聲望和權勢，大大提高她在部落族中的地位，而成為部落首長會議中的唯一女性代表。

1851年，烏鴉及數個其他平原地區的主要部落族，與聯邦政府簽訂拉瑞密

堡條約（拉瑞密堡位於今日懷俄明州南部），條約中將數個印第安人部落族的邊界加以規定，要求他們終止部落間的爭戰。依照條約中的條件，烏鴉族與格羅斯文楚部落及黑足支族等不再是敵人。那些部落派系邀約烏鴉派前往他們的地區交流，但烏鴉派仍然對舊敵人不能放心。在此類重要時機，仍然只有女丈夫不同於人。女丈夫在1854年，帶著四名烏鴉派的勇士，騎著馬前往她的格羅斯文楚部落故鄉探望闊別40年之久的親戚，因為她在10歲時被烏鴉派的酋長俘虜離開格羅斯文楚部落老家。她精通格羅斯文楚及烏鴉兩部落族的語言，曉得他們的風俗人情等，她很希望她能夠藉這些有用的條件，使她的本部落族人民和收養她的部落人民之間和平相處。

　　這位印第安人女勇士、女丈夫及民族和平主義者，在騎著馬帶著烏鴉族勇士前故鄉格文斯文楚地區的途中，遇到一大群格羅斯文楚部落族人從一個貿易站回來。最初他們對女丈夫一行頗為友好，但是當他們一發現她就是他們的長期敵人偉大的女丈夫之後，立即開槍將她與其四名同伴全部殺死。女丈夫時年48歲。她生於1806年。

　　女丈夫的不幸結局，又是一宗民族悲劇實例！

　　（本篇係根據《美國印第安歷史傳記集》，頁421-422）

15. 朋迪亞克（Pontiac）

　　朋迪亞克是印第安渥太華部落族的領袖，於1720年出生於今天俄亥俄州西北部的毛密河地區，到35歲時已成為重要的部落領袖，家有妻子和兩個兒子。他最先作戰的白人對象是英國人及法國人而非美國人，因為那時美利堅合眾國尚未建國。因此，需要先作一簡要的說明。

　　印第安人與外來的歐洲人或者白種人間的衝突，應該說是自哥倫布發現新大陸時開始的，而不是自美利堅合眾國成立之後才開始的。也就是說，歐洲人或白人和美洲土著印第安人間的衝突及民族問題，迄今已有五百年久的歷史，

而不只兩百二十多年的歲月。在新大陸發現之後，包括北、中、南三地區的亞美利加洲，相繼成為歐洲人的殖民目標。只以北美洲來說，到美國獨立運動時為止，歐洲的西班牙、英國、法國、荷蘭及俄國等國，都已經在北美地區建立殖民地。其中俄國和西班牙的殖民地在西部，其他各國殖民地在東部。歐洲帝國主義列強在美洲殖民競爭日益激烈，利益不斷衝突，久而久之，自然演變成戰爭。美洲到處都是印第安人的天地，帝國主義者在他們的土地上發生衝突，他們哪有不被拖進去的道理？兩大殖民帝國英國和法國的美洲殖民地戰爭了7年之久，印第安人隨著遭受戰禍。

在早期的生涯中，朋迪亞克曾協助法人對抗英人。他和法國人有良好的貿易關係，而不滿意和英國駐美洲軍隊總司令吉佛瑞‧安希斯特（Jeffery Amherst）之間的關係，因安希斯特不及法人對他「慷慨」。他相信如果部落族團結一致並且獲得法國支持的話，他們可能將英國人驅逐出大湖地區。朋迪亞克很有口才，他到老西北地區的各部落族旅行演說，促使各部落人團結一致。他的夥伴是德拉華部落族的所謂先知尼歐林（Neolin），不過尼歐林宣傳反對槍械，而朋迪亞克則認為打敗英人需要槍支。

由於傳說朋迪亞克計畫發動叛亂，英軍總司令安希斯特派遣亨利‧格萊溫（Henry Gladwin）中校率部隊增援底特律堡，接替唐納‧甘貝爾（Donald Campell）上校的防務。1763年4月底，朋迪亞克聯絡大湖地區的若干部落族，準備起事。5月5日，他帶領大約五十名勇士訪問底特律堡英守軍，一方面招待英軍參加派對，同時暗中偵察英軍情勢。5月7日，他帶領勇士大約三百人再度訪問底特律，暗藏武器，而以參加和平會議為藉口。英守軍格萊溫中校已有準備，朋迪亞克見勢臨時放棄採取行動。挨到5月9日，由於勇士們不肯再忍耐，朋迪亞克只好下令攻擊底特律堡。部落族的攻擊被英守軍擊退，朋迪亞克便下令對英軍實行圍困，並通知其他部落領袖們採取聯合行動。

他的號召力量相當可觀，阿巴拉奇亞山脈（13州殖民地西部邊區）以西地

區的許多部落族立即響應並採取行動。參與起事的除了朋迪亞克的華部落與盟友吉皮華部落之外，響應的部落包括，德拉華、胡倫、伊利諾、克卡普、邁亞密、波達華土密、西尼加和紹尼。這些驍勇能戰的部落人，遍地殺起，到處攻打，白人畢竟有限，而且環境地勢都不及部落人熟習，在很短期間，許多英軍基地與白人殖民鎮相繼陷於印第安人裡，據統計約有兩千名白人遭殺害。英軍基地失陷的有：森度斯基堡（Fort Sandusky，今日的俄亥俄州的森度斯基市）、聖約瑟菲堡（Fort St. Joseph，今日的密西根州尼爾斯（Niles）、邁亞密堡（Fort Miami，今日的印第安納州威尼堡（Wayne）、桂亞特農堡（Fort Quiatenoy，今日的印第安納州拉法耶Lafayette市）、密吉利麥吉納堡（Fort Michimakinae，今日的密西根州麥克納Mackinae市）、維納哥堡（Venongo，今日的賓夕法尼亞州富蘭克林Franklin市）、李波尤夫（Le Boeuf）堡（今日的賓夕法尼亞州華特福Waterford）、普立斯克斯爾堡（Presqurs，今日的賓夕法尼亞州伊爾城Erie），以及愛德華‧奧古斯特（Edward Aqustus）堡（今日的威斯康辛州格林灣Green Bay）。由朋迪亞克發動的此次反抗白人的武裝運動，聲勢浩大，戰火遍及數州，不僅使美洲的英國殖民地受到嚴重的打擊，甚至也使遠在倫敦的大英帝國皇室感到震驚而不得不作些讓步，而在衝突期間於1763年10月7日宣布在阿巴拉奇亞山脈以西地區建立印第安人區，不准非印第安人在區內開發。

　　印第安人對底特律的圍困從夏天持續到秋天，但是法國人方面一直未按先前的承諾給予援助，朋迪亞克向法方提出緊急要求亦無效。接著冬天將來臨，參加戰爭的部落勇士們擔心冬天他們的家屬食物發生問題，因此影響了他們的士氣。雖然朋迪亞克鼓勵勇士們堅持圍城，但情勢未能好轉。到10月20日，他收到密西西比河畔查利堡（Fort Charties，在路易斯安納領土境內）法軍司令維利爾（De Villies）少校的信，建議朋迪亞克終止與英軍的敵對行動。於是，朋迪亞克於1763年10月21日下令部落族撤圍，對底特律堡圍困了五個多月之久。

　　朋迪亞克雖然下令對英軍停火，但有若干部落的勇士群仍然堅持反對英人。此種情勢一直持續到次年7、8月間，英軍派包圭特（Bouquet）上校和布瑞斯楚（Brastreet）上校，率領大軍攻擊並摧毀俄亥俄境內的許多印第安人村落。朋迪亞克雖然感到情勢日趨不利，但他仍然堅守其原則，希望情勢有變。他支持到1765年7月間，不得已而終於和英軍司令喬治‧格洛漢（George Grogham）簽訂條約，同意在華巴希河地區停戰，繼之於1766年與英軍司令威廉姆‧強生（William Johnson）簽訂歐斯威格條約，表示屈服。朋迪亞克在衝突結束後，獲得英方赦免，返回今日俄亥俄州西北部毛密河的故鄉居住。

　　朋迪亞克於1769年4月間因事到伊利諾領土（尚未建州）加何吉亞（Cahokie）的貿易站，不料被一名印第安人伊利諾部落族人從背後擊傷其頭部再加以刺死。嫌犯綽號為「黑狗」，據說他可能是被英人買通暗殺朋迪亞克的，因為英方害怕朋迪亞克在渥太華部落族中間的影響力不利於英人。由於朋迪亞克遭受一個伊利諾部落族人暗殺，稍後他的渥太華部落與波達華土密、吉皮華、薩克及狐狸等部落族聯合起來將伊利諾部落人打敗。部落族人彼此常互相打來鬥去，這只是一例而已。

　　因為此一大規模的印第安人反抗英帝國主義者的運動的領導人是部落族領袖朋迪亞克，美國史上將此事件記載為「朋迪亞克叛亂事件」，這也是在美國建國以前重要的印第安戰爭之一。

　　（本篇係根據《美國印第安歷史傳記集》，頁300-301）

16. 沙丹達（Satanta）

　　沙丹達綽號「白熊」，是印第安克歐華部落族的領袖，也是克歐華戰爭的領袖，於1830年出生於北平原某地，後隨其族人遷移到南平原生活。沙丹達青年時，一位聞名的勇士贈一個盾牌給他，後來他拿著這個盾牌參加在德克薩斯和新墨西哥等地的攻擊，成為部落英雄。美國南北戰爭初期，因為聯邦軍隊忙

於在東部作戰，沙丹達率領族人常在南部聖他菲小徑一帶攻擊白人殖民。

聯邦的詹姆斯・加利頓（James H. Carleton）將軍，於1864年11月間，派克里斯多夫・卡森（Carson Christopher "Kit"）上校率領其新墨西哥志願兵對付克歐華部落族，官軍在德克薩斯境內加拿大河谷的阿度比華爾舊貿易站，使用大砲將部落人擊敗並燒毀他們的冬季店舖等設施。

1866年，克歐華部落族與聯邦官員簽訂條約，將他們在新墨西哥、科羅拉多及堪薩斯各地的土地讓給聯邦政府。次年，克歐華的老領袖「小山」去世，主戰的沙丹達本來是總領袖的最優先人選，但是受到和平派首領「失足鳥」的反對，最後兩派妥協，由「孤獨狼」（Lone Wolf）繼任克歐華部落的總領袖。不過，沙丹達仍然常在德克薩斯州境內攻擊。1867年4月間，溫菲德・漢柯克（Winfield S. Hancock）將軍在堪薩斯州的道奇堡與克歐華部落族的領袖們舉行會議，漢柯克為了示好，特別將陸軍少將軍官的制服贈給沙丹達，使他十分得意。

沙丹達的口才非常出眾，很令人讚揚，非印第安人將他譽為「平原演說家」。他於1867年10月間在麥迪新堡舉行的部落首領會議中的演說獲得聽眾的叫好。他在會議中簽訂條約，表示同意將其部落族再遷移到「印第安領土」（今日的俄克拉荷馬州）內生活。不過，有許多克歐華部落族人遲遲未遷移而引起軍方的不滿。後來當菲立普・希立丹將軍奉軍方命令強迫部落人遷往印第安人領土期間，沙丹達和「孤獨狼」兩領袖持著白旗告訴官軍說，他們並未與南向尼部落族領袖「黑水壺」共同參加華希達之戰反抗官軍。但是，他們仍然被軍方拘捕作為人質。希立丹將軍與當時的陸軍總司令威廉姆・薛爾曼將軍（南北戰爭的名將）兩人都主張強硬的反印第安人政策。希立丹將他們兩人拘禁著直到克歐華部落族遷入印第安人領土後才予以釋放。

到了1871年5月18日，沙丹達和沙丹克及「大樹」等首領率部落族人大約一百五十名攻擊德克薩斯州北部鹽河附近的華倫與杜波斯公司的貨運篷車隊，

有六人被殺害，此事件稱爲「華倫車隊慘案」。此事件過後，由於沙丹克自行誇耀華倫攻擊事件，導致沙丹克、沙丹達和大樹三人在印第安領土境內的西爾堡被軍方逮捕。當他們三人押往德克薩斯受審途中，沙丹克因企圖逃脫未果而被殺死。沙丹達和大樹兩人被判處死刑；但經人道團體抗議判罪過苛的結果，兩人獲減刑而被囚禁於德克薩斯州亨特維爾（Huntsville）的獄中。

後來由於克歐華部落族主戰派領袖孤獨狼及主和派領袖失足鳥等共同爲沙丹達和大樹兩人辯護的結果，他們兩人最後於1873年獲得保釋，但是必須居住在印第安領土（今日的俄克拉荷馬州）的克歐華部落族保留區內。當他們兩人獲釋放時，另一次重要的印第安戰爭「紅河戰爭」已經開始，紅河戰爭持續將近兩年，自1874年到1875年。紅河長約一千英里，爲密西西比河的支流之一，發源於德克薩斯州的西北部，向東方流去，形成德克薩斯州與俄克拉荷馬州的天然邊界，然後向東南流匯入密西西比河。

由於沙丹達的克歐華部落族與柯曼奇、向尼及阿瑞巴何各部落族參加紅河戰爭攻擊白人。沙丹達爲了免遭官方懷疑決定先向軍方報告他並未涉入紅河戰爭；大樹於1874年9月間先向官方投案，沙丹達次年10月投案。大樹被囚於西爾堡至死，沙丹達被押到德州亨特維爾囚禁。1878年時沙丹達體弱又病，而且曉得永無獲釋之望，決定從監獄醫院樓上跳窗自殺身亡，葬於德州。直到1963年其孫兒詹姆・奧吉亞（James Auchiah）獲准將其遷葬於西爾堡，與其他克歐華部落領袖長眠於一處。

（本篇係根據《美國印第安歷史傳記集》，頁336-337）

17. 吉洛尼莫（Geronimo）

吉洛尼莫原名戈雅齊萊（Gayathlay），於1829年出生於今日新墨西哥州[7]與

7　美國與墨西哥戰爭獲勝簽訂條約，獲得墨國割讓土地達50萬平方英里，即今日的加利福尼亞、內華達、亞利桑納、新墨西哥及猶他等州。

亞利桑納州邊區的吉拉河的亞利桑納境內。他的父親達克利欣（Talishim）是阿巴奇部落族血統的尼德希支族人。他的母親珠娜（Juana）也是阿巴奇部落族血統的比頓柯希支族人。吉洛尼莫早年曾被墨西哥人俘虜過。他並非一位世襲的阿巴奇酋長，他在其部落族獲得崇高地位的理由是在戰鬥中所表現的才智和英勇。他成為一位反墨西哥英雄的原因是，在他29歲那年即1858年，墨西哥人在一次無緣無故的攻擊中，殺害了他的母親、妻子和三個孩子。這是他誓言一生要報復的大仇恨。關於他的名字的說法是，吉洛尼莫是墨西哥人對他的稱呼，但一般都使用這個名字。

吉洛尼莫是著名的阿巴奇部落領袖，也是多次阿巴奇戰爭的領袖。阿巴奇部落族世居於美國西南部，與墨西哥國接壤，因此吉洛尼莫一生中的許多事情與墨西哥有關。美國印第安歷史家對他有很高的評價，因為在他最後放棄反抗之後，印第安民族戰爭實際上已告結束。

他在戰爭中有特殊表現的理由與他的環境條件有密切的關係。西班牙的殖民早在1500年代已在西南地區創建基礎，而吉洛尼莫的族人們與西班牙殖民之間已有數百年之久的敵對經驗，他就是在此種長期戰鬥環境中磨練出來的人物。他回憶說，大約在1850年時，他在墨西哥某天與朋友們在外面喝酒作樂，到深夜回到家裡突然發現一隊墨西哥士兵攻擊他們的帳篷村，住家被毀滅，「我發現我的年邁的母親、我的年輕的妻子和我的三個小孩子全都被殺害。使我永遠不再有我們安寧的家了。我誓言要對墨西哥軍隊報復」。

在第二年，他在一次復仇征戰中獲得一個新名字，那是因為他作戰的出奇厲害與英勇，使墨西哥士兵十分驚異的喊出的一句警語：「小心，吉洛尼莫！」這個「吉洛尼莫」的發音可能是墨西哥士兵不正確的西班牙語將他的阿巴奇語名字「戈雅齊萊」的發音讀錯而成的。據說，這是吉洛尼莫名字由來的故事。

阿巴奇部落族人經常從事突襲和戰爭，其主要目的是經濟性質，因為西南

地區多沙漠土地瘠薄，食物總感不足，他們不得不設法獲得補充。不過，他們的行為多半是搶掠偷竊而非兇殺。至於戰爭則只是當他們遭到無故攻擊時才採取的對付敵人的手段。墨西哥人和美國白人對他們的挑釁行動，都經常遇到吉洛尼莫與其族人的嚴厲反擊。

吉洛尼莫除了具有超人一等的戰鬥才能外，還有一種種奇的「功力」，其來歷近乎神話。傳說，他在一次宗教儀式中聽到一種聲音對他許諾「槍械永遠不能殺害你」。此種神話似的力量不只給他在戰鬥中有了特別自信保證，並且賦予他一種超感覺的靈性。在多次事件中，他都能預示出危險或意識到就要發生的事故。此等極不尋常的智慧，使其盟友與族人感到驚異，也加強了他的領導地位。吉洛尼莫並不是傳統的部落領袖，甚至遭到不少族人的輕視。但是，他在和平方面的堅持不妥協精神，與在戰爭中所表現的老練才華，使美國人和墨西哥人都怕他。新墨西哥與亞利桑納地區的美國人，將吉洛尼莫看作為「阿巴奇族無情殘暴的化身」，而墨西哥的農民將他當成「上帝遣使的惡魔來懲罰他們的罪惡」。

在阿巴奇部落族中間，其他領袖們雖然頗有聲譽，但是唯有吉洛尼莫成為1880年代最著名的阿巴奇部落戰爭領袖。在與聯邦陸軍對抗的其他首領當中，在戰鬥能力方面無人能與吉洛尼莫相比。而且，在計謀、持久、堅忍、無情、戰鬥技能，以及克服故鄉的艱苦環境條件等等方面，他在族人中居於大龍頭地位。吉洛尼莫的一位老夥伴對他的評語說：「吉洛尼莫顯然是最有智慧、最有謀略、最有活力與最有遠見的人。當危險時機他是最可信賴的人。」

1870年代，聯邦當局開始將阿巴奇部落族人民集中在印第安人保留區內。身為部落領袖的吉洛尼莫，是以相當矛盾的心情對付此種與其同胞生活很有關係的新情勢。他為三個保留區的阿巴奇部落人民爭取食物，而且仍繼續在墨西哥境內搶掠食物，又常到墨國境內的賽拉瑪楚（Sierra Madre）山區和那裡的尼丹阿巴奇部落族人民一起幾個月。這種種行動都證明吉洛尼莫是一位熱愛同胞的

領袖。

吉洛尼莫最後數年的戰爭生活都與亞利桑納領土（當時尚未建州）的聖卡洛斯（San Carlos）印第安保留區有關。那是西部各保留區中最閉塞、腐敗和不安的一個保留區，土地瘠貧，瘧疾流行，酷熱的太陽將吉拉河曬乾見底。如此艱苦的環境終究迫使具有十分倔強精神的領袖吉洛尼莫發生改變。最後在1881年的秋天，他與另一位部落領袖察土（Chato）帶著一群族人從保留區逃入墨西哥境內的賽拉瑪楚山區。他們的外逃隨後曾引起不少流血事件。

次年即1882年秋天，喬治‧柯魯克（George Crook）將軍繼任亞利桑納的陸軍總司令職位。他在十年前已經以對付阿巴奇部落作戰出名，現在這任務又落在他的肩頸上。他採用新戰術來對付吉洛尼莫的族眾。為了增加部隊的機動性，柯魯克放棄了傳統的篷車隊補給單位制度，改用騾馬隊馱運補品辦法，並且改用印第安人服務偵察單位取代正規士兵以利任務的執行。這些新措施證明頗為有用。到了1883年春天，柯魯克將軍徵得墨西哥有關當局的同意，派軍隊進入墨國境內突襲賽拉瑪楚山區的阿巴奇部落營區，使吉洛尼莫等部落領袖遭受嚴重打擊，他們在無可奈何的困境之下，只有同意回到亞利桑納境內的聖卡洛斯保留區生活。

吉洛尼莫回到保留區後，惡劣與困難的環境條件與以前並沒有什麼不同，令他失望的心情快速的增加到無法忍受的程度。在一年多後的1885年春天，吉洛尼莫再度帶領著一群同胞逃出保留區到墨西哥國境內。柯魯克將軍也再用相同的手段第二度使吉洛尼莫屈服。然而，吉洛尼莫並沒有真正的屈服，不久之後他便逃入山裡繼續其活動。柯魯克失敗了，上級命令他將他與阿巴奇部落其他領袖簽訂的條約宣布作廢，他只得自請免去亞利桑納陸軍總司令的職務。繼任其職位的是納爾遜‧密爾斯（Nelson Miles）將軍。

密爾斯將軍最初還是採用老套辦法，到1886年夏天走上與柯魯克同樣的失敗道路。那年7月15日，密爾斯派遣五千名軍隊中的一部分進入墨西哥境內

圍捕吉洛尼莫等24名阿巴奇族人,但是吉洛尼莫依然乘機逃脫。過了僅一個多月之後,他便向官軍投降。吉洛尼莫於1886年9月4日,在阿巴奇關以南大約六十五英里的骷髏峽谷(Skeleton Canyon)向密爾斯將軍投降。阿巴奇長期戰爭就是於25年前在骷髏峽谷開始的。這是已經很疲憊的阿巴奇部落族老戰士吉洛尼莫與其夥伴們的最後一次向官軍投降。

在吉洛尼莫投降之後不久,他和大約五百名阿巴奇部落族人,帶著鐐銬押上火車,被送往佛羅里達州的瑪利昂堡和皮肯斯堡,其中有些人曾經為陸軍擔任偵察工作。他們在大約一年的悲慘囚禁生活期間,部分人因患肺病等疾病已經死亡。於是,他們被轉送到阿拉巴馬州的維農山營區囚禁,在這裡有更多人因各種疾病而死亡。後來,雖然部落領袖伊斯克米辛請准軍方允他回到亞利桑納的聖卡洛斯印第安人保留區。但是,該地的白人等則反對吉洛尼莫和其支族奇利加華族人回到亞利桑納。幸而在印第安領土(今日的俄克拉荷馬州)的柯曼奇與克歐華部落族人同意吉洛尼莫等前往那裡。因此,他們於1894年被送到該地的西爾堡保留區生活。儘管吉洛尼莫已變成一位傳奇人物,但他的舊敵始終拒絕他回到故鄉。不過,他有機會於1905年到華盛頓參加齊奧道·羅斯福總統[8]就職慶典大遊行。吉洛尼莫於1909年以肺炎病逝世,享年80歲。

(本篇係根據《美國西部百科全書》,頁174-176)

18. 小野狼(Little Wolf)

小野狼是白人對印第安北向尼部落族領袖歐古姆·加吉特(Ohkom Kakit)的稱呼。他在年輕時因參加和柯曼奇部落族及克歐華部落族的戰爭中有優越的表現而揚名,被譽為一位不平凡的戰術家。

小野狼在壯年時代,他的北向尼部落族勇士,參與拉科他部落族及北阿

8　齊奧道·羅斯福是美國第二十七任總統,共和黨籍,任期自1901-1909年。

拉巴何部落族在北平原的多次重要戰役。在1866年到1868年的保茲曼小徑戰爭（紅雲戰爭）中，他與瘋馬及大膽等部落領袖攜手對付官軍。他雖然也參加1868年5月間簽訂的拉瑞密堡條約，但他在同年7月間與部落族曾攻占官軍的菲立‧乾尼堡（在今日的懷俄明州境內），而在占據一個月後放火燒毀該堡撤去。

在1876年到1877年的黑山戰爭中，小野狼在著名拉科他部落領袖坐牛很果決的指揮下曾有積極的貢獻。他也是重要的小巨角河戰役的主要參與者。小野狼在1876年11月的「鈍刀」戰爭中曾受重傷，但仍勉強平安逃走，而在次年5月間向官軍投降後被送到印第安人領土（今日的俄克拉荷馬州）。鈍刀和小野狼都是北向尼部落族的首領。到1880年代，小野狼因為其部落族的內部爭執的結果，喪失了部落領袖的身分，他自動流亡在玫瑰苞河地區，直到1904年去世為止。他生於1820年。

（本篇係根據《美國印第安歷史傳記集》，頁221-222）

19. 烏鴉狗（Crow Dog）

烏鴉狗是白人對印第安席歐克斯拉科他部落領袖甘吉森卡（Kangi Sunke）的稱呼。他是1890年「幽靈舞」暴亂事件的首要人物。他也是1883年的印第安人權利案子的中心人物，此案起因於1881年的一宗重要殺人事件。當時由於對部落領導權或者涉及女人的爭執，烏鴉狗開槍殺死另一位拉科他部落著名領袖斑點尾。因此烏鴉狗被當時擔任印第安警察隊長的「空角熊」逮捕，而空角熊也是拉科他部落族的一個領袖。與此殺人案有關的三名當事人都是印第安部落人士。

1883年，美國聯邦最高法院對此案的裁定中將烏鴉狗槍殺斑點尾的罪刑赦免，係依據聯邦法院對在印第安保留區條約所規定之土地上的犯罪案件沒有管轄權的法律。但是，聯邦國會於1885年通過的重大犯罪法案中規定，印第安人對印第安人的諸如謀殺或夜竊等重大罪案，應受發生案件之州或領土的法律管

轄。

1890年11月間發生著名的「幽靈舞」暴動事件時，烏鴉狗帶領族人前往南達科他的松樹嶺印第安保留區，參加由「短牛」和「踢熊」領導的幽靈舞暴動。後來經軍方與部落領袖們談判的結果，烏鴉狗和另一首領「兩擊」同意回到松樹嶺印第安保留區。

（本篇係根據《美國印第安歷史傳記集》，頁94）

20. 德柯姆賽（Tecumseh）

德柯姆賽是印第安紹尼部落族的戰爭領袖，也是一位力主全體部落族團結一致反對白人的政治領袖。他被譽為印第安人領袖中的領袖，因為他具有多方面的政治優越條件，有才幹、識見、熱誠、精力充沛等等。

德柯姆賽是生長在美國獨立後的一個不平常的時代，他的父親在1774年的戰爭中陣亡，他的一位兄長在獨立戰爭中陣亡，他的另一位兄長在1790年的「小烏龜」戰爭中陣亡。他極力反對印第安人將土地讓給白人。因此，他拒絕參加簽字於1795年的格林維爾堡條約。該條約強迫印第安部落族將他們的「老西北領土」（今日的匹茲堡以西的大湖地區和俄亥俄河以北的地區）的大部分給予聯邦政府。

有人說，因為德柯姆賽與白人女子芮白佳‧加洛威（Rebecca Galloway）友好，使他有機會研究美國歷史和世界歷史及白人文學等等。他的基本觀念是，印第安人第一，紹尼部落第二。他認為部落或個人無權出售土地，除非獲得全體部落的同意。他主張從加拿大到墨西哥灣的北美廣大地區內的一切印第安部落族應結成一個聯盟。他曾奔走於許多部落間宣傳他的主張，但收效不大。

德柯姆賽是早期的印第安戰爭部落族重要領袖之一。早期的印第安戰爭主要發生於所謂「老西北領土」（今日的賓夕法尼亞州匹茲堡以西與俄亥俄河以北的大湖地區）。重要的戰爭包括1790-1794年的「小烏龜戰爭」，1809-1811年

的「德柯姆賽戰爭」，及1812-1813年的美、英戰爭。德柯姆賽領導的戰爭中有數個部落參加，其中包括他的紹尼部落、薩克、狐狸及波達華土密等部落族。在他的叛亂被威廉姆‧亨利‧哈里遜（後任美國第九任總統）的軍隊擊敗後不久。美國於1812年6月18日對英國宣戰。

德柯姆賽認爲美、英戰爭是他的維護印第安人家鄉的一個機會，因此他的部落參加英軍與美國部隊作戰。繼他之後，另有多個部落也參加支持英國的戰爭。他的部落勇士們在英軍的多次獲勝戰役中居於重要的地位，對英軍很有幫助，特別是進攻底特律之戰中的功勞。在那次戰鬥之後，英國將他晉升爲准將軍官，擔任大約兩千名部落族聯軍的總指揮。在英軍總司令布魯克（Issac Brook）將軍陣亡之後，由亨利‧普洛土爾（Henry Proctor）上校繼任總司令，由於戰爭不利他決定將英軍撤往加拿大。德柯姆賽與普洛土爾力爭無效。英軍撤退途中在泰晤士河畔發生一次激烈戰鬥。1813年10月5日，正當德柯姆賽在前線指揮之際，突然中彈身亡，屍體一直無下落。

（本篇係根據《美國印第安歷史地圖集》，頁137-139）

21. 伊希（Ishi）

伊希於1860年出生於加利福尼亞州東北部拉森山（Mount Lassen）區的雅納部落族的一個支族雅希的村莊裡。當他幼年時代看到許多非印第安人來到他們的故鄉居留。牧場業和礦業人員將他們最好的土地搶占去，印第安部落族人被迫遷入賽拉內華達山（印第安人稱爲雪山）區苦旱崎嶇的高山地區。印第安人只好過遊牧與襲擊的生活，因此遭到白人的報復行動。1854年，白人攻擊密爾河（Mill Creek）畔的雅希村（Yahi），死了許多印第安人。1868年，白人又來攻擊，計畫消滅這個小村莊，又殺害38名印第安人。

在白人的攻擊中，只有大約十二個雅希部落人匆匆逃入荒山躲過了災難，其中有一個大約7歲的男孩子名喚伊希。在以後的大約十年之久的期間，他躲

避開白人生活，有時候他乘機從礦工營或牧場裡偷取些東西吃，勉強維持生命。當此期間，有些報告說曾看到神秘的印第安人蹤影，白人曾試圖追蹤尋找。但是，伊希十分機警，時時防備被人發現他。他隨時隨地小心謹慎，不在經過的地方留下明顯的腳印以免被人追蹤到他的所在。

到了20世紀的1908年，據說，只有4個雅納部落族人生存著：伊希和他的母親，他的姊妹（或者堂姊妹），以及一個年邁的男子。他們住在加利福尼亞州東北部拉森火山遺跡7,000英尺高山地帶的密爾河邊森林區的木架小屋裡。不幸事件就發生在那一年。一個測量隊的人員發現了他們隱居處。伊希的姊妹和那個老人可能是在逃避之際被溺死在水裡，過後不久，他母親也去世了。

親人們沒有了，只剩下伊希一個人在荒山僻野裡又挨過三年的苦難歲月，完全靠著獵捕些小動物和採取些野生食物過活。他是個非常有愛心與同情心的人。為了永遠悼念他的親人和友好們，他特別將自己的長頭髮燒掉。他的日子實在很難挨過。最後，伊希在半餓死的狀態下，他決心儘快死在白人手裡免得慢慢的餓死在深山荒野裡。於是，他蹣跚的步行到拉森山腳下的舊金礦城奧洛維爾（Oroville）[9]。

1911年8月29日那天，伊希到了奧洛維爾市鎮內被當地人發現，他身上只披著碎布條拼成的衣服，筋疲竭，垂死般的靠籬笆站著。縣警察將伊希帶到局內，最初給他食物，他拒絕吃，因為他「害怕食物中有毒害死他」。

後來，伊希的情況逐漸好轉。他不僅報告他生平的一切悲慘遭遇，並且提供許多與印第安人有關的很有價值的研究資料。後來他獲得機會，進入舊金山附近的柏克萊加州大學博物館生活，直到1916年去逝為止，時年56歲。他被歷史家稱為是，「美國的最後一個荒野印第安人」。

（本篇係根據《美國印第安歷史傳記集》，頁174-175）

9　奧洛維爾城位於加利福尼亞州的布特縣境內，建於1849年，原名俄斐城（黃金城），1855年易今名。

第七章
歷史大事記

一、印第安五百年大事記（自1549年至2004年）

1549年

6月26日：西班牙傳教士杜密尼肯‧甘賽爾‧巴貝斯楚，從墨西哥的維拉柯魯茲抵達佛羅里達，對印第安人傳教，希望他們信奉基督教。但很不幸，他被印第安人殺害，這可能是最早發生的印第安人與歐洲白人殖民之間的悲劇事件之一。（按1549年為中國明世宗嘉靖二十七年）

1568年

4月12日：法國殖民杜密尼克‧高爾基斯，從法國率領三艘船和大約一百名士兵，在印第安人的協助下，將佛羅里達聖約翰河口的兩個西班牙殖民港口攻占。

1570年

8月5日：西班牙殖民佛瑞‧巴蒂斯達‧賽古拉，帶領一隊西班牙人耶穌教會神甫，抵達吉賽皮克灣地區，從事對印第安人的傳教工作。該地區在佛羅里達境內。

1571年

2月14日至18日：西班牙殖民佛瑞‧巴蒂斯達‧賽古拉領導的耶穌教會神甫，在吉賽皮克灣地區從事傳教工作，不幸被印第安人殺害。因此，耶穌教會

當局決定將全部傳敎士從佛羅里達地區撤走。

1577年

7月間：佛羅里達的西班牙殖民地代理總督皮楚·馬貴斯，在南卡羅來納的巴里亞島上重建聖他伊利納堡，因爲西班牙人在佛羅里達的一個軍堡被印第安人逼迫放棄。

1578年

4月間：佛羅里達的西班牙殖民地代理總督皮楚·馬貴斯，將佛羅里達的一個印第安人村莊柯普卡縱火燒毀並俘虜許多印第安部落族人。他對付印第安人的此種暴力手段，是其後數百年白人殖民對付印第安人作風的始祖。

1587年

7月27日：英國的華德·瑞萊爵士，派遣理察·格倫維爾和瑞爾佛·萊尼的殖民隊在羅亞諾克登陸成立殖民站。但被西班牙人和印第安人包圍。因此僅僅一年便自動放棄。

1595年

9月23日：西班牙傳敎士佛瑞·西爾法開始在佛羅里達、喬治亞及南卡羅來納等地進行傳敎業務。在1595-1596年期間建造多座敎堂，約有1,500名印第安人改信基督敎。但是，後來由於受到印第安人古亞利部落族人的敵視和攻擊，西班牙人在聖奧古斯汀堡以北地區的大部分敎會被迫關閉。此種宗敎努力顯示，西班牙和其他歐洲人日益相信，利用基督敎敎化方式使印第安人馴順的效果大於使用武力。

1599年

10月10日：西班牙殖民當局爲了報復印第安人對傳敎士的攻擊，自聖奧古斯汀堡派出軍隊，將印第安人的村莊和農禾加以摧毀，印第安人不得已而求和。

1607年

6月15日：由倫敦公司主持的殖民業務，於1607年6月15日在維幾尼亞的詹

姆斯敦登陸後，英人積極建設，爲了防備西班牙殖民和印第安人的攻擊，建造多座城堡作爲防禦措施。

12月10日：維幾尼亞詹姆斯敦的英人殖民城的約翰·斯密斯船長，帶領兩個人到印第安人區爲殖民尋求食物，那兩人不幸被印第安人部落酋長包哈坦俘虜後殺害。據斯密斯說，他是被包哈坦的女兒包卡洪達斯救下的。

1608年

1月7日：詹姆斯敦的英人殖民寨堡發生火災被焚毀，使殖民無法抵抗印第安人和西班牙人的攻擊。當這一年期間，斯密斯船長向印第安人學習種植玉米，次年春天玉米田擴大40英畝土地。新技術對解決殖民饑餓問題大有助益。這使殖民觀念開始發生改變，而相信美洲是個豐富的土地。

1609年

7月間：法國人殖民家薩穆爾·查姆普林，在印第安人的嚮導下從芮奇留河探險到查姆普林湖。後來查姆普林殖民隊攻擊狄康德洛加地區的印第安艾洛卦部落族。此事件是其後許多年法國殖民與艾洛卦部落人間敵對的開始。

1613年

4月間：印第安女子包卡洪達斯，被英人殖民俘虜囚禁於詹姆斯敦作爲人質，迫使印第安人釋放被俘的殖民。她受清教徒牧師感化而信奉基督教。一般認爲她是受英人影響第一個信奉基督教的印第安人。

1614年

10月11日：荷蘭人成立新荷蘭公司，在紐約哈德遜河谷地區和印第安人作貿易業務。

1616年

天花疫症流行，新英格蘭地區從緬甸至羅德島等地的印第安人死亡很多。此後的多年間，印第安人時常因爲歐洲殖民帶來的種種疾病而受害，因印第安人缺少免疫性。

1619年

8月間：一艘荷蘭船載運20名非洲黑人作爲奴隸出賣。這是維幾尼亞有黑人奴隸的開始。

1620年

9月16日：著名的「五月花」號船載運101名殖民和船員們啓航赴美洲。殖民中大部分並非聖徒者。其中包括僱請的軍事人員密爾斯·史丹迪希。該船在11月9日駛抵達麻薩諸塞州的科德角，船停在普洛文西頓港。

1621年

3月22日：普萊茅斯的英人殖民，與印第安人華巴諾格部落族領袖瑪薩蘇埃簽訂一項條約，係一項防衛與和平同盟條約。促成此事的是印第安人史古安圖，因他能講英語（他於1615年被人俘虜後曾在英格蘭留了兩年）。這是歐洲白人殖民與印第安人雙方簽訂的第一項條約。

6月21日：由安德魯·威斯頓帶領的英人殖民50個人，抵達普萊茅斯，在威薩古斯特建一個貿易和捕漁村莊（但是，在兩年後失敗，因爲受到印第安人的攻擊與管理工作不善。威薩古斯特位於今日麻薩諸塞灣的威茅斯）。

1622年

3月22日：維幾尼亞境內的印第安人歐皮卡諾部落族攻擊與屠殺多達350名白人殖民。白人爲了報復而對印第安人區加以多次的突襲。

1623年

3月23日：英人殖民在威薩古斯特建立的貿易村，因生活困難及受印第安人的攻擊，決定放棄該殖民站返英。

英人總督布拉福德，命令普萊茅斯的殖民種植玉米以補充糧食的不足。友好的印第安人在農業技術方面協助他們。普萊茅斯殖民領袖愛德華·溫斯勞，在1624年3月間從英格蘭運來若干頭牛，這是新英格蘭地區最早的牛。

1626年

5月4日：荷蘭人彼得‧米諾特乘船抵紐約，與其他荷蘭殖民在曼哈坦島上定居。後來他與荷蘭殖民以荷蘭貨幣60盾（約合美金24元）將整個曼哈坦島從印第安人手裡買下來。他們係以貨物替代價款而並未支付現金。米諾特將曼哈坦島命名為「新阿姆斯特丹」，原住在新澤西的荷蘭殖民便遷居到此新殖民島上。

1630年

9月17日：約翰‧溫索普為首的麻薩諸塞區英人殖民，正式在紹目特（印第安人諾地名為活噴泉之意）並將地名改為波士頓，波士頓係英格蘭一郡名。

1636年

7月20日：新英格蘭人約翰‧歐德漢被印第安部落人殺害，引起白人對皮瓜特部落族的報復攻擊行動。皮瓜特部落族居住於羅德島、長島和康涅狄格地區。

8月24日：麻薩諸塞州總督約翰‧恩德柯組織民軍部隊，對付印第安人皮瓜特部落族的攻擊。

1637年

6月5日：麻薩諸塞州民軍約翰‧梅遜，攻擊康涅狄格州史士尼頓附近的印第安人皮瓜特部落族的主要營區，將其摧毀。

7月28日：從康涅狄格州史士尼頓故鄉逃到紐約海汶的印第安皮瓜特部落族人，被康涅狄格、麻薩諸塞灣及普萊茅斯的白人聯合軍隊，在費爾菲德城附近加以屠殺。皮瓜特部落實際上被消滅，白人在其後40年期間得以和平生活。

1642年

1月間：荷蘭人威廉姆‧克菲特組織軍隊對付哈德遜河谷地區印第安人日增的攻擊。河谷地區的印第安人處境困難，因為他們遭到南方的歐人殖民及北

方的艾洛卦部落族雙重壓力之故。

　　3月間：荷蘭人殖民對哈德遜河谷地區印第安人的軍事行動失敗，雙方締和，但僅維持一年左右。

　　12月25日與26日：哈德遜河地區的印第安人，因遭到印第安人莫克部落族的攻擊，逃到荷蘭殖民區而被荷蘭人殺害。印第安人因此對荷人殖民實行報復攻擊。

1643年

　　9月間：荷蘭殖民領袖威林‧克福特舉行殖民會議，謀求支持對付紐約及長島地區荷蘭殖民遭受印第安人日增的攻擊。康涅狄格殖民領袖約翰‧安德希爾，率領軍隊支援荷蘭人對付印第安人的攻擊。

1644年

　　3月18日：維幾尼亞境內的白人殖民兩年來不斷遭到印第安歐皮查卡諾部落人的攻擊，但他們終於失敗，並被迫將詹姆斯河與紐約河之間的土地放棄。殖民與印第安人間的和平持續到1675年。

　　11月29日：麻薩諸塞州總法院通過法案，倡議使新英格蘭地區的印第安人信奉基督教。因此，牧師約翰‧艾洛特學習印第安人語言，準備對印第安人傳教。

1645年

　　8月9日：荷蘭殖民與哈德遜河谷地區的印第安人，於成立和平協議，使四年之久的衝突終告結束。

　　8月30日：新英格蘭殖民聯合會，在波士頓安排與印第安人納拉甘賽特部落族訂立和平條約。

1647年

　　5月11日：彼得‧史圖維森特就任新阿姆斯特丹（即曼哈坦島）的荷蘭殖民主任，取代威廉姆‧克菲特的職位。

1652年

7月間：英國與荷蘭的戰爭爆發，歐洲戰爭影響到美洲殖民的關係，使英人殖民團體與荷蘭殖民社區間的敵對增長。

1653年

麻薩諸塞州傳教士約翰·艾洛特，出版第一部用印第安語言印刷的書籍。他後來將聖經翻譯為印第安阿岡圭安部落族語言本，在1661年出版。

1654年

9月間：23名西班牙或葡萄牙裔的猶太人，搭船抵達新阿姆斯特丹（曼哈坦島），是猶太人殖民美國的開始。他們係被西班牙當局驅逐出巴西。

1660年

6月間：荷蘭殖民當局制訂法律，禁止不法分子干擾和印第安人艾洛卦部落族間的毛皮貿易業務。

1663年

6月7日：荷蘭殖民與哈德遜河谷地區印第安人間關係惡化，印第安人攻打威爾威克（今日紐約京斯頓附近）的荷蘭人殖民，引起荷人的報復行動，將之處印第安人村莊擊毀。

1664年

5月16日：哈德遜河谷地區印第安部落族與荷蘭殖民地的衝突失敗，將艾蘇普斯谷的印第安人土地給予荷蘭殖民。

1671年

4月10日：由於印第安人華巴諾格部落族對麻薩諸塞歐人殖民不斷騷擾的結果，普萊茅斯殖民當局要求部落族領袖「菲立普王」將他們的武器交出，但他只交出了半數武器。

卡羅來納的白人殖民將印第安人庫薩部落族擊敗，許多印第安人被迫作奴隸。這是印第安人做奴隸的開始。

1674年

12月4日：法國殖民的耶穌教會神甫向西部發展，在今天的芝加哥設立教會傳教。

1675年

6月8日：普萊茅斯英國殖民當局，將三名華巴諾格印第安部落族人處以死刑，因他們涉入謀殺一名親殖民的印第安人案件，該印第安人曾向殖民當局密報印第安人華巴諾格部落領袖菲立普王陰謀反對殖民。

6月20日至25日：印第安華巴諾格部落族領袖菲立普王攻擊史旺西亞的殖民，為了報復普萊茅斯殖民當局殺害三名華巴諾格部落族人；因此，引起所謂「菲立普王戰爭」。菲立普王的本名是部落領袖密達柯米特。

6月28日：波士頓和普萊茅斯英人殖民軍隊聯合攻擊印第安華巴諾格部落族領袖菲立普王的基地希望山獲勝。

7月14日：印第安尼莫克部落族參加華巴諾格部落領袖菲立普王的聯軍，攻擊門頓的白人殖民，為印第安對英國人殖民地區南部邊界連串攻擊的開始。

8月2日至4日：菲立普王的印第安聯軍進攻麻薩諸塞州的布魯克菲德。19日印第安人攻擊麻州的蘭卡斯特。

9月1日：菲立普王的印第安聯軍攻擊康涅狄格河的狄爾菲德及麻薩諸塞的白人殖民城，2日攻擊麻薩諸塞的諾斯菲德。

9月9日：新英格蘭殖民聯合組織正式對印第安華巴諾格部落領袖菲立普王宣戰，各殖民區提供兵員組織聯軍。

9月18日：菲立普王的印第安聯軍，在狄爾菲德附近的布魯德布魯克獲得大捷，屠殺64名白人。白人放棄狄爾菲德，倖存殖民逃向南部。

9月27日：由維幾尼亞的約翰·華盛頓領導的維幾尼亞人和湯瑪斯·楚哈特領導的馬里蘭人聯軍，不能消滅印第安人蘇斯圭查諾克部落對殖民的不斷騷擾。維幾尼亞總督柏克萊被指責為了他的毛皮商業利益而不盡力保護邊區的白

人殖民。

10月5日：菲立普王的印第安聯軍進攻麻薩諸塞州的史普林菲德。

10月16日：菲立普王的印第安聯軍進攻麻薩諸塞州的哈特菲德。

11月19日：約西亞・溫斯勞指揮的殖民地聯軍，攻擊羅德島的一個印第安人納拉甘賽特部落族的重要基地（在今日京斯頓城附近）。部落族作戰的勇士隊員大部分逃脫，但約有三百名印第安人婦女和兒童慘遭屠殺。

1676年

2月10日：由於嚴冬酷寒天氣使菲立普王的印第安人聯軍人員減少。他們為了搶取食物，再度對蘭卡斯特的白人進攻，並且俘虜若干白人。

3月12日：菲立普王的印第安聯軍攻擊麻薩諸賽州的普萊茅斯的殖民。

3月29日與30日：菲立普王的印第安聯軍攻擊羅德島的普洛維丹斯殖民。

5月10日：新近抵達維幾尼亞的殖民納賽爾・貝康，帶領一隊邊區殖民在羅諾克河大敗印第安蘇斯圭查諾克部落人，因他們經常騷擾白人殖民。

5月18日：在菲立普王戰爭中，威廉姆・土納率領180人攻擊麻薩諸塞州狄爾菲德附近的印第安人獲勝。

6月12日：在菲立普王戰爭中，約翰・達爾柯特上尉，率領康涅狄克谷的殖民與印第安人莫希甘部落族聯軍，在哈德萊戰役中獲得大捷，並且在瑪布洛戰役中又獲勝。於是，印第安聯軍人員開始投降。

8月12日：印第安人華巴諾格部落族領袖菲立普王被人出賣後，在阿蘇瓦姆斯華普被新英格蘭殖民軍擊殺。於是，使菲立普王戰爭告結束。他死後，他的妻子和孩子們被賣給白人作奴隸。

8月28日：菲立普王死後，印第安人反抗分子投降，使菲立普王戰爭正式告結束。

8月間：艾德蒙・安卓斯在緬因州的皮瑪圭德建造一座軍堡，防備印第安人的攻擊。他是紐約總督。

1678年

4月12日：艾德蒙・安卓斯在緬因州與印第安人達成和平協議，使境內的菲立普王戰爭告結束。於是，新英格蘭地區的印第安各部落族的聯合勢力告瓦解。

1683年

6月23日：賓夕法尼亞的殖民領袖威廉姆・潘安，根據艾爾姆條約規定，與印第安人沙克瑪克遜部落族談判一項和平條約。

1684年

7月30日：紐約總督湯瑪斯・敦甘，在阿巴尼與印第安人艾洛卦部落族談判，將和平條約的效期延長。

1686年

5月間：英王詹姆斯二世，任命艾德蒙・安卓斯爵士為新英格蘭殖民地總督，使英國各殖民地逐漸統一管理。

1689年

8月3日：法國人殖民和印第安人聯合軍隊，將緬因州英人殖民城皮瑪圭德堡攻佔。

1690年

1月22日：在紐約州的歐納達加，印第安人艾洛卦部落重新表示效忠英國國王。

2月9日：為英王威廉姆在位期間，美洲的英國殖民地與法國殖民地間發生戰爭，稱為「威廉姆殖民戰爭」。法國人和印第安人聯合勢力將紐約州的史陳尼達德燒毀。法、印聯軍並且先後攻擊緬因、麻薩諸塞和新罕布什爾等州的英人殖民城鎮。

5月20日：在威廉姆王殖民戰爭中，法人與印第安人聯軍將緬因州的英人城市卡斯柯破壞。這是加拿大法人總督佛朗特納企圖征服新英格蘭殖民地計畫

的一部分。

1694年

8月15日：紐約、康涅狄格、麻薩諸塞及新澤西等白人殖民代表，在阿巴尼與艾洛卦印第安部落族簽訂和平協議，旨在阻止印第安人與法國人聯合對付英人。

1697年

3月15日：法國殖民和印第安聯軍，攻擊麻薩諸塞州的哈維希爾。

1699年

1月間：麻薩諸塞州英人殖民代表與印第安人阿比納吉部落族簽訂卡斯柯和約，使法國和印第安人在新英格蘭西部及北部邊界的戰事告結束。

1703年

6月間：麻薩諸塞州長杜德萊，與新英格蘭的印第安阿比納吉部落族簽訂和平條約。但是，過了不滿兩個月，英人殖民與印第安人間便爆發了10年之久的戰爭，史稱「安娜女王」殖民戰爭。

8月10日：在安娜女王戰爭中，印第安阿比納吉部落族攻擊緬因州境內的數處英人殖民市鎮。

1704年

2月28日與29日：在安娜女王戰爭中，法國人與印第安阿比納吉部落族攻擊麻薩諸塞州的狄爾菲德。有50名英國殖民被屠殺，另有約一百人被俘虜，這是安娜女王殖民戰爭中英人的一場慘敗。

8月18日至29日：在安娜女王戰爭中，法人和印第安人聯軍攻擊紐芬蘭的英人殖民。

1706年

8月24日：在安娜女王戰爭中，法人軍隊和西班牙殖民（來自佛羅里達的聖奧古斯汀堡），攻擊南卡羅來納州的查爾斯頓，但被殖民守軍擊敗。

1707年

9月21日：在安娜女王戰爭中，印第安阿比納吉部落族人攻擊緬因州的溫特爾英人殖民城。

1708年

8月29日：在安娜女王戰爭中，法國殖民和印第安部落族人攻擊麻薩諸塞州的哈維希爾，該地英人殖民全被屠殺。

9月21日：在安娜女王戰爭中，法人和印第安人駐軍攻占紐芬蘭的英人城市聖約翰，使法國人控制住北大西洋沿海地帶。

1710年

9月間：英國殖民地的彼得‧舒萊爾上校，將印第安艾洛卦部落族的5名首領帶到倫敦，使他們親自看看英國宮庭的輝煌盛況。

1711年

9月22日：因為北卡羅來納州羅諾克河的白人殖民被殺害的原因，引起白人與印第安人土斯卡洛拉部落族的戰爭。此戰爭持續到1713年始結束。

1712年

1月28日：在土斯卡洛拉戰爭中，北卡羅來納和南卡羅來納的民兵部隊在紐西河之役中獲捷，土斯卡洛拉部落族約三百人被擊殺。

5月間：在土斯卡洛拉戰爭中，印第安部落族攻擊紐西河區的德國人殖民區，約有六百五十名德國人的北卡羅來納州的德人殖民村幾乎完全被摧毀。

1713年

3月23日：南卡羅來納的軍隊，將印第安人土斯卡洛拉部落族重要基地諾休克堡攻占，使土斯卡洛拉印第安戰爭告終。戰敗的部落族人逃向北方加入艾洛卦印第安人集團，成為「艾洛卦集團」的第六個「國家」。艾洛卦原為五國組織。

7月11日：麻薩諸塞州總督杜德萊，與新英格蘭的印第安阿比納吉部落族

在普萊茅斯談判和平協定。

1714年

8月1日：英國女王安娜退位，由喬治一世繼任王位。

1715年

4月15日：印第安人雅瑪西部落族受到西班牙殖民的煽動，將卡羅來納境內的數百白人殺害。因此，後來英殖民當局成立喬治亞領土，迫使印第安人向南方遷移。

1716年

1月間：南卡羅來納的白人殖民，在奇洛克印第安部落族的協助下，在羅耶爾港西北部將雅瑪西部落族擊敗。印第安部落族間的內部衝突，有助於白人殖民的發展。

1718年

5月間：北卡羅來納的白人殖民當局，與印第安人土斯卡洛拉部落族舉行和平協議談判。

1720年

1720年舉行英國殖民地人口普查結果，共有474,000人。三大城市波士頓有12,000人，費拉得菲亞有10,000人，紐約有7,000人。

1722年

10月間：維幾尼亞總督亞歷山大・史波伍德與印第安人六國聯盟談判和平條約。和約的重要條款是，艾洛卦和其他部落族人將不越過藍嶺山脈或者波多瑪克河，除非獲得維幾尼亞當局同意他們如此。艾洛卦六國聯盟一直維持與英國殖民的和諧關係，而對法國殖民持敵對態度。

1723年

1723年期間：在維幾尼亞州威廉斯堡的威廉姆與瑪麗學院內，創立第一所永久性的印第安學系。

1725年

2月20日：英人約翰・羅威爾上尉，在新罕布什爾州的威克菲德攻擊一群印第安人。他的士兵獲得10名死亡的印第安人「頭皮」勝利品。這是第一次有記錄的白人殖民的此種行為。按照印第安人部落的慣例，戰爭勝利者將戰死的敵人的頭皮帶頭髮割下一片作為勝利紀念品。但據說，並非所有印第安部落族人都如此。1725年時，波士頓殖民間以100英鎊作為一件此種勝利品的獎金。

1727年

6月間：卡華拉德・柯爾丹博士，出版一部有關印第安人艾洛卦部落族的重要著作：「印第安五國歷史」。

1731年

在1731年期間，法國人在密西西比河谷地區的殖民，遭到印第安人吉卡哨、納吉茲和雅祖等部落族的不斷攻擊，使法國人在路易斯安納河谷地區的殖民發展受到限制。

1732年

2月22日：喬治・華盛頓（美國開國元勛），在維幾尼亞州的橋河鎮出生。他父親是位優秀的農耕家，養了10個孩子。

1739年

10月19日：由於貿易競爭衝突的結果，英國對西班牙宣戰，稱為「任金斯耳朵」戰爭。因為英人勞伯特・任金斯被西班牙把其耳朵割掉事件而引起戰爭。

1740年

1月間：在「任金斯耳朵」戰爭中，喬治亞州總督詹姆斯・歐格利索普，在印第安人奇魯克、吉卡哨和柯利克等部落族的協助下，攻入佛羅里達的西班牙殖民地境內，並且占領聖法蘭士普波堡和皮可拉達堡。

1744年

5月間：賓夕法尼亞、維幾尼亞及馬里蘭等州的殖民代表，在賓州的蘭卡斯特，與印第安人艾洛卦六國聯盟簽訂和平條約，印第安人同意將他們的俄亥俄領土的北部給予英國殖民，而法國人也要求獲得該處土地。

1748年

9月間：法國殖民當局為了爭取印第安人艾洛卦部落集團的支持，在紐約州法人殖民地（今天紐約州的奧格丹斯堡）建立一所教會。

1752年

6月13日：維幾尼亞及德拉華兩州與印第安人艾洛卦部落族簽訂洛格斯頓條約，使維幾尼亞獲得俄亥俄河以南的印第安人領土。條約中也允許俄亥俄公司將在現正在考慮中的地方建造一座城堡供殖民之需。

1753年

9月10日：在溫徹斯特舉行的會議中，印第安人撤回1752年與維幾尼亞州簽訂的洛格斯頓條約，該約中允許英人在俄亥俄以南地區殖民。在會議中德拉華州與印第安人艾洛卦部落族聯合一致支持法國，因法人也要求獲得俄亥俄的印第安人土地。

1754年

5月28日：法國與印第安戰爭開始，在歐洲稱為「七年戰爭」（1754年到1762年）。喬治・華盛頓率領150名維幾尼亞士兵，在前往攻占法國新建的杜圭斯堡途中，將一支法國偵測隊擊敗。

6月24日：當法國與印第安戰爭期間，新英格蘭殖民地賓夕法尼亞、紐約及馬里蘭等州的代表，在阿巴尼舉行會議，期望將與印第安艾洛卦部落集團談判條約聯合反對法國。他們聽到賓夕法尼亞州代表班傑明・富蘭克林的建議說，希望會議考慮組織英國在美國的殖民地聯盟計畫。

7月3日：在法國與印第安人戰爭中，喬治・華盛頓最後不得已將俄亥俄谷

的尼斯西特堡放棄，因為遭到法國柯倫‧維利爾優勢軍隊的強大壓力。

　　7月10日：英國殖民地代表在阿巴尼舉行的大會中，通過富蘭克林提出的組織聯盟計畫，其中包括對印第安人的關係。但此計畫遭到個別殖民地會議及英廷的反對。

　　8月9日：英國貿易委員會將組織殖民地聯盟建議加以修正，而建議英國各殖民地設置一名總司令及一名印第安事務專員。

1755年

　　7月9日：英國愛德華‧布瑞達克將軍和喬治‧華盛頓中校的聯合軍隊，在俄亥俄谷的杜圭斯堡附近，遇到大約九百名法軍和印第安人的攻擊，布瑞達克陣亡，華盛頓帶領殘軍退回甘比蘭堡。

　　12月間：為了防止法軍杜圭斯堡的印第安人攻擊，喬治‧華盛頓建議在波多馬克河到羅諾克河以及南卡羅來納州的喬治親王堡地區建造多座軍堡。

1756年

　　1月9日：英國殖民地印第安事務專員威廉姆‧強森的秘書彼得‧瑞克斯哈爾要求，未來有關印第安人將其土地給予殖民的一切案件，都必需印第安事務專員的批准，因為強森和瑞克哈斯爾都相信，有關印第安人土地的欺詐案件是印第安問題的重要原因。

1758年

　　5月間：印第安奇魯克部落族開始對維幾尼亞邊區的白人殖民市鎮加以連次的攻擊，持續將近一年之久。因此，引起殖民的報復攻擊。

　　8月間：新澤西殖民議會撥發基金，在英國殖民地內設立第一個印第安人保留區，保留區面積約三千英畝。此保留區在今天的新澤西州布林頓縣的印第安密爾村，在此艾吉皮洛克保留區內，大約有一百名尤納密部落族人生活，他們發展自給自足的社會。

　　10月間：賓夕法尼亞殖民當局，與賓州西部的印第安人簽訂條約，依據條約

規定，賓州當局將不以基金補助在阿利吉尼山以西的任何新殖民計畫。

1759年

7月25日：英國約翰・普利德奧克斯將軍的兩千軍隊和100名艾洛卦印第安部落族人，將法國殖民的尼加拉瓜堡攻占。在占領該堡後，英人殖民開始前往該地區。

10月間：在南方殖民地境內，奇魯克部落族戰爭爆發，戰爭持續到1761年。

12月26日：南卡羅來納總督列特頓，為了使印第安人對邊界的攻擊終止，與奇魯克部落族舉行和平談判。

1760年

1月19日：印第安奇魯克部落族攻擊喬治親王堡，企圖拯救被南卡羅來納總督列特頓拘禁的奇魯克人質，但未能成功。因此，奇魯克人恢復對邊界的攻擊。

2月16日：南卡羅來納總督列特頓將印第安人質殺害，破壞了1759年的和平條約。奇魯克部落族恢復對南卡羅來納州西部邊界殖民的攻擊。

4月1日：在法國殖民與印第安人戰爭中，英軍吉佛瑞・安希爾將軍的部隊後援維幾尼亞西部等地的英軍軍堡失敗，印第安人繼續對英軍城堡的圍困。

8月7日：在英、法戰爭中，西部小田納西河的英軍勞頓堡，被協助法軍的印第安人攻陷。

10月26日：喬治三世繼任英國國王。

11月26日：底特律的法軍司令比利楚，向英軍司令勞伯特・羅吉爾投降。該地區印第安人要求英人降低貨物價格並以武器供給印人。

1761年

9月9日：英國殖民官員在底特律與印第安人代表舉行的會議中，拒絕了印第安人提出的降低英人貨物價格及以彈藥供給印人的要求。因此，使英人與

印第安人間的衝突更加惡化。最後導致印第安渥太華部落族領袖朋迪亞克的叛亂。

1763年

5月7日：印第安渥太華部落族領袖朋迪亞克攻占英軍的底特律的秘密計畫失敗，致使他不得不採取全力戰爭的政策。

5月16日：朋迪亞克的印第安渥太華部落族叛軍，將英軍在西線的森達斯克堡破壞。5月25日，英軍的聖約瑟菲堡被印人破壞。5月27日，英軍的邁亞密堡被印人破壞。

6月1日：英軍西線的圭亞特諾堡，被朋迪亞克的印第安人摧毀。6月16日，英軍的維南格堡被印人破壞。6月18日，英人的李布尤佛堡被人破壞。6月20日：英人的杜圭斯尼堡被印人破壞。

7月13日：英軍吉佛瑞・安希爾將軍向亨利・包克特上校建議，將受天花感染的毯子供給朋迪亞克的印第安部落族人，使他們之間傳染天花疫症，藉以對付他們的反抗。但是，包克特不予贊同，因為此種方式英人士兵也有被傳染的危險。

8月2日至6日：英軍亨利・包克特的部隊，在匹特堡（今日賓夕法尼亞州匹茲堡）附近的布希倫，將朋迪亞克的印第安叛軍擊敗，至8月8日該堡的圍困獲得解除。

12月13日：賓夕法尼亞州巴克斯頓和杜尼格爾的殖民狂妄分子，攻擊蘭克斯特縣的並非敵對的印第安人，他們為了報復其他印第安人對賓夕法尼亞邊區白人的攻擊。賓州議會下令逮捕那些狂妄的「巴克斯頓少年」並加以審訊。但他們不理會禁令並且向東部移動。後來當局接受班傑明・富蘭克林的和平建議，「巴克斯頓少年」案獲得解決。

1764年

4月12日：英軍約翰・布拉德斯楚上校，在底特律附近的普利斯圭與數個

叛亂的印第安部落族簽訂和平條約。但渥太華部落族領袖朋迪亞克仍繼續反抗兩年之久。

11月17日：由渥太華部落領袖朋迪亞克領導的印第安戰爭實際上告結束，反抗的部落族人在俄亥俄境內的莫斯京漢向英軍投降。

1766年

7月24日：叛亂將近三十年的印第安渥太華部落族領袖朋迪亞克，終於與英官威廉姆·強森爵士簽訂和平條約。朋迪亞克雖然一直信守和約，但在締和之後3年，他被一名英國商人買通的印第安人殺死。

1767年

10月15日：英殖民當局的印第安事務專員威廉姆·強森，准許有執照的商人可與渥太華河以北及蘇必略河地區的印第安人從事貿易。

1768年

10月14日：英殖民當局的南方印第安事務專員約翰·史徒德，與印第安奇魯克部落族在南卡羅來納州的哈特萊保簽訂和平條約，印人同意北卡羅來納、南卡羅來納及維幾尼亞境內的奇魯克人土地讓給英王。

11月3日：英人的印第安納公司，將俄亥俄河東南方的艾洛卦部落族的1,800,000英畝予以收購供殖民之需。

11月5日：英殖民當局的北方印第安事務專員威廉姆·強森與印第安艾洛卦部落族簽訂條約，印人同意將紐約州西部大部分土地及俄亥俄和田納西河之間的部落族土地給予英王。

1769年

四月間：賓夕法尼亞的匹茲堡土地公司與印第安人訂立條約後，許多殖民向該公司預購西部的印第安人土地。

1770年

10月18日：英當局的南方印第安事務專員約翰·史徒德，與印第安奇魯克

部落族簽訂條約，依約維幾尼亞州的邊界向西方擴展，增加了大約九千英畝的原為印第安人的土地。

1770年英國殖民地人口普查結果為2,205,000人。

1775年

3月17日：曲斯維尼亞公司與印第安奇魯克部落族簽訂賽卡莫爾紹爾斯條約，印人同意將肯塔基境內的部分土地給予該公司用以換取價值10,000元的貨物。

6月15日：第二次大陸會議代表全體一致通過推選喬治‧華盛頓為「大陸軍總司令」。大陸軍總數約1萬7,000人。

1776年

7月4日：第二次大陸會議正式通過「獨立宣言」，然後將宣言副本分送各殖民地促它們予以批准。紐約州議會決定7月9日投票表決此案。（按1776年為中國清高宗乾隆四十年。）

7月20與21日：北卡羅來納的印第安奇魯克部落族攻擊伊頓的白人殖民，白人在報復中將一個奇魯克部落村莊擊毀。伊頓在北卡的西部。

1777年

5月20日：印第安奇魯克部落族與南卡羅來納當局簽訂條約，印人放棄他們在南卡境內的一切土地。

7月20日：印第安奇魯克歐維希爾部落族，與北卡羅來納當局簽訂條約，印人放棄他們在藍嶺山和諾利曲克河以東的土地。

1778年

7月3日：英人殖民和印第安人合夥，將賓夕法尼亞北部懷俄明谷的殖民殺害。

7月10日：法國支持美國獨立，並且對英國宣戰。

11月11日：英軍華特‧布特爾少校和印第安莫豪克部落族聯軍，將紐約州

櫻桃谷的四十名殖民及民兵屠殺。

1779年

2月25日：革命軍喬治・克拉克的150人部隊，迫使文新尼斯的英軍亨利・哈密爾頓投降。哈密爾頓有500名軍隊，其中半數是印第安人。

4月1日至30日：北卡羅來納和維幾尼亞的聯軍在英軍伊文・席爾貝上校指揮下，攻擊田納西的印第安吉卡瑪加部落族村莊，報復印人對殖民的襲擊。

9月1日至15日：革命軍的約翰・蘇立文將軍，在紐約州的紐頓城獲勝後，向西北部進軍，將大約四十個印第安西尼卡和加宇西部落族的村莊摧毀，用以報復印人對邊界殖民的恐怖活動。

1780年

1月28日：為了防止印第安人對殖民的攻擊，在甘比蘭河畔建造納希布魯堡，該堡在1782年易名為納希維爾。

1782年

3月7日：革命軍的民兵在俄亥俄境內的格納丹休頓，屠殺96名印第安德拉華部落族人，用以報復其他印第安部落族的恐怖行為。民兵為威廉姆・克勞復的部屬。

6月4日：革命軍威廉姆・克勞復上校在俄亥俄的伊爾湖附近，被印第安人與英軍殺害，因為他的軍隊中有士兵在俄亥俄的格納丹休頓屠殺印第安德拉華部落族人。

8月25日：印第安莫豪克部落族領袖約瑟菲・布倫特，攻擊賓夕法尼亞和肯塔基邊區的白人殖民，將賓州的漢納斯頓放火焚毀。

11月30日：美國及英國代表在巴黎簽訂初步和約。亞當斯及富蘭克林等代表美國簽字。

1784年

10月22日：在第二次史丹威克斯堡條約中，印第安部落族艾洛卦六國聯盟

同意將尼加拉河以西的全部土地都放棄。但是，印第安的俄亥俄部落族拒絕此項條約。

11月1日：喬治亞州當局與印第安柯利克部落族簽訂奧古斯塔條約獲得印人土地，將其北部邊界擴大到歐柯尼河。

1785年

1月21日：在新簽的麥克銀土希條約中，印第安人吉比華、德拉華、渥太華及威安度等部落族，同意將他們在今天的俄亥俄州境內的一切土地全部讓給美國政府。

5月5日：在頓普林河簽訂的條約中，印第安奇魯克部落族將其大部分土地給予「富蘭克林州」（田納西）。印第安事務專員後來在11月間宣布此條約作廢。

11月28日：美國印第安事務專員與印第安奇魯克部落族簽訂何普威爾條約，證實印第安人在田納西地區的土地權利。此新條約宣布5月5日奇魯克與「富蘭克林州」間訂的條約為無效。

1789年

1月9日：美國西北領土總督亞瑟·克拉爾，與印第安俄亥俄部落族簽訂哈瑪爾堡條約。此新約係麥克銀土希堡條約的續約。

4月16日：華盛頓將軍離維農山故鄉，赴紐約就任美利堅合眾國首任總統。他於5月7日正式宣誓就職。

11月29日：華盛頓總統宣布是日為首屆感恩節。

1790年

3月1日：美國第一次全國人口普查結果為3,929,625人。

8月7日：聯邦政府軍政部長亨利·諾克斯，與印第安柯利克部落族領袖亞歷山大·麥克吉立維瑞（其父親是蘇格蘭籍，母親是印第安籍）在紐約簽訂條約。諾克斯並且以准將軍階授給麥克吉立維瑞。在此條約中，柯利克部落族承

認美國對西南部的柯利克印第安人領土的主權。但是，過了不久，由於西班牙殖民當局增加對麥克吉立維瑞的支持大舉增加的結果，柯利克部落族恢復對美國邊區白人殖民的攻擊活動。

10月18日：在美國第一次對西部印第安人的遠征中，約西亞・哈瑪爾將軍的軍隊在威恩堡附近與印第安人俄亥俄部落族發生戰鬥。這是在「西北領土」境內持續五年之久的印第安戰爭的開始。

1791年

4月26日：印第安奇魯克部落族與政府簽訂何斯頓河條約，他們同意將田納西河上游地區的土地中的大部分讓給政府，以換取政府承諾奇魯克部落族其餘的土地將繼續為印第安人的專有財產，不受聯邦政府的進一步要求。

9月10日：西北領土總督亞瑟・柯拉爾將軍，從辛辛那提附近的華盛頓出發，前往今日俄亥俄地區的哈密爾頓堡、聖柯拉爾堡、傑佛遜堡、格林維爾堡及光復堡。建造這些城堡的理由是，邊區的白人殖民經常遭受印第安俄亥俄部落族的攻擊。

11月4日：西北領土總督亞瑟・柯拉爾將軍的部隊，在威恩堡附近被來自毛密河及華巴希河地區的印第安俄亥俄部落族人擊敗。

1792年

3月5日：西北領土總督亞瑟・柯拉爾在威恩堡附近被印第安人擊敗後被政府免職，由安東尼・威恩將軍繼任俄亥俄領土的軍隊總司令。

5月8日：由於西北領土境內印第安人敵對活動日增的理由，聯邦國會通過法案，授權各州徵召18-45歲的白人男人壯丁參加州的民兵團服役。

12月5日：喬治・華盛頓獲選連任總統，共獲得132張選舉人票。約翰・亞當斯獲選連任副總統，共獲得77張選舉人票。

1794年

2月間：英國的「下加拿大」總督蓋伊・卡爾頓，對一個印第安人代表團

保證說，如果印人協助英國對美國作戰的話，英人將使他們返回俄亥俄西北領
土的故鄉。

8月20日：安東尼·威恩將軍的部隊，在俄亥俄西北部的毛密河地區，將
2,000名印第安軍隊擊敗，獲得決定性的勝利。政府軍在法倫丁比戰役中的勝
利，實際上使該地區的印第安人敵對活動告結束。10月間威恩將軍在毛密河的
河源處建造威恩堡基地。

1795年

8月3日：西北領土軍隊總司令安東尼·威恩將軍，與12個印第安俄亥俄部
落族簽訂格林維爾條約，印第安人將他們在俄亥俄東部的大部分土地給予政
府。這些部落族在1794年8月間的法倫丁比戰役中被威恩擊敗。

1796年

6月29日：印第安柯利克部落族，在喬治亞州的科利倫與政府簽有關土地
的條約。

1797年

3月4日：約翰·亞當斯宣誓就任第二任美國總統。湯瑪斯·傑佛遜宣誓就
任副總統。

1800年

5月7日：國會通過法案，將西北領土（俄亥俄）境內的九個縣劃分為兩部
分，殖民少的西部成為印第安領土，以文新尼斯為首府及威廉姆·亨利·哈理
遜（後任美國第九任總統）任總督，其東部稱為西北領土，以吉利科齊為首府。

11月17日：國會在新建首都華盛頓召開第一次會議。約翰·亞當斯與夫人
阿必佳遷入總統府，稍後命名為白宮。

1800年美國人口普查結果為5,300,000人，其中黑人有100萬。

1801年

2月17日：湯瑪斯·傑佛遜當選第三任總統，艾倫·布爾當選副總統。

3月4日：湯瑪斯·傑佛遜宣誓就任第三任總統。

1803年

1月：傑佛遜總統在致國會的咨文中要求批准撥款，資助一個西部探險團，旨在與印第安人建立友好關係，以及擴展內部的貿易業務。國會批准他的建議。此西部探險團即麥威賽·李威斯與威廉姆·克拉克探險隊。

6月7日：印第安領土總督威廉·亨利·哈理遜，與印第安人九個部落簽訂條約，印人將文新尼斯河和華巴希河一帶的土地給予政府。

8月13日：印第安領土總督哈理遜，向印第安德拉華部落族購得華巴希河與俄亥俄河之間的土地。

1804年

11月3日：印第安領土總督哈理遜與印第安狐狸部落族及薩克部落族簽訂條約，為政府獲得500萬英畝的土地，即今日的威斯康辛州地區。

1808年

11月10日：印第安奧薩吉部落族與政府簽訂條約，同意將今日密蘇里及阿肯色河以北的阿肯色的全部土地給予政府。

1809年

9月30日：印第安領土總督哈理遜與南部數個印第安部落簽訂條約，印人將華巴希河一帶的另外三處土地給予政府。

1811年

7月21日：由於恐懼印第安紹尼部落領袖特古瑪賽與其兄長丹斯克華特瓦（綽號預言家）組織聯盟，文新尼斯河一帶的白人殖民要求官方將狄皮加諾河的主要村莊加以摧毀。

11月7日：印第安紹尼部落領袖丹斯克華特瓦（綽號預言家），突襲印第安領土總督哈里遜的1,000名軍隊。官軍雖將部落族擊退，但損失慘重。哈理遜的軍隊係前往攻擊狄皮加諾河的紹尼部落族基地。

1812年

6月19日麥迪遜總統宣布對英國戰爭。

1813年

8月30日：密西西比河谷莫比爾附近的柯利克部落族戰爭開始。部落族領袖威廉姆・威齊爾福德（綽號紅鷹）攻擊密姆斯堡，堡內的550名殖民有一半被殺害。此事件使田納西民團的安德魯・傑克森少將（後任第七任總統）召集2,000名志願兵服役。

11月3日：在密西西比河谷的柯利克部落戰爭中，約翰・柯飛將軍的軍隊將達利沙狄的印第安人村莊破壞。

11月9日：在柯利克戰爭中，安德魯・傑克森少將的軍隊將達拉德加的印第安人村莊擊毀，五百多名印第安勇士被殺害。

1814年

1月22日：在柯利克部落族戰爭中，田納西的民團部隊在艾莫克法被印第安人擊敗，24日又在艾諾達喬皮柯受挫敗。

3月27日：在柯利克戰爭中，田納西民團的安德魯・傑克森將軍和其部喬約翰・柯飛的部隊，在阿拉巴馬境內的達拉波薩河的蹄鐵灣戰役中，大敗柯利克與奇魯克的印第安部落聯軍。此一大捷將印第安人的抵抗擊潰，實際上使柯利克部落戰爭告結束。

7月22日：在格林維爾簽訂的條約中，印第安的德拉華、邁亞密、西尼加、紹尼及威安度等部落族同意與政府和平相處。條約中並且要求印第安人對英國宣戰。

8月9日：印第安柯利克部落族的一部分代表，與政府簽訂傑克遜堡條約，同意將他們在喬治亞南部及密西西比領土境內的土地給予政府。這些土地共有大約兩千萬英畝。他們並且同意離開阿拉巴馬的南部和西部地區。

1815年

　　7月至9月期間：印第安人與政府簽訂數項波特席歐克斯條約，此等條約實際上使「老西北」地區境內的一切印第安人反抗完全終止。因此，在密西根湖以南的地區白人可以自由殖民了。

1816年

　　7月9日：印第安奇魯克部落族與官方簽訂條約，同意將緬因州北部的土地給予聯邦政府。

　　7月27日：美國軍隊應喬治亞州當局的請求，將東佛羅里達的西班牙人的阿普拉吉柯拉堡破壞，因為該堡成為反美的印第安人和私逃的黑人奴隸的庇護所。

1817年

　　3月4日：詹姆斯·門羅宣誓就任美國第五任總統。

　　9月27日：印第安俄亥俄部落族與政府簽訂條約，同意將俄亥俄西北部的大約四百萬英畝的土地讓給政府。

　　11月間：第一次賽密諾利部落族戰爭開始，部落族在佛羅里達與喬治亞州邊界一帶攻擊，為了報復美軍破壞西班牙殖民地東佛羅里達的阿普拉吉柯拉堡。

1818年

　　4月7日：在第一次賽密諾利部落族戰爭中，安德魯·傑克森將軍攻陷西班牙的東佛羅里達殖民地境內的聖馬克堡。他將蘇格蘭商人亞歷山大·阿布斯諾及英國商人勞伯特·阿布利斯特兩人逮捕加以處決，因他們被指控煽動賽密諾利部落族反抗。此案曾引起爭議。

　　5月24日：在第一次賽密諾利戰爭中，安德魯·傑克森將軍攻陷西班牙殖民地佛羅里達的本薩柯拉基地，實際上使此次印第安戰爭告結束。

　　12月26日：安德魯·傑克森將軍，接替愛德蒙·蓋恩將軍為遠征賽密諾利

部落的美軍總司令。

1822年

9月3日：印第安狐狸和薩克部落族與政府簽訂條約，獲准仍然生活在他們讓給政府的土地境內，這些土地在威斯康辛領土和伊利諾境內。

1824年

6月17日：聯邦政府軍政部內設立印第安事務局。

1825年

2月間：門羅總統根據約翰・加洪的建議制訂聯邦的新印第安人政策，將把密西西比河以東地區的印第安人一律強制遷移到西部地區。此政策對印第安人有重大影響。

2月12日：喬治亞州的印第安柯利克部落族領袖威廉姆・麥克杜希，與政府簽訂「印第安泉」條約，同意將喬治亞境內的土地給予政府，並且同意在1826年9月1日以前遷離他們的故土。但其他柯利克部落族反對此項條約，並將麥克杜希指為族奸，要殺死他。

8月19日：印第安吉比華、威廉康辛、衣俄華、波達華土密、薩克、狐狸、席歐克斯及溫尼巴各等部落族；在普拉瑞度乾簽訂協議，彼此劃定界線以免發生內部流血事件。此事係聯邦當局接受吉比華和席歐克斯部落領袖的要求而安排談判協議的。

1826年

1月24日：喬治亞州的印第安柯利克部落族在華盛頓簽訂條約，將一筆土地給予政府，但土地面積較1825年2月12日簽訂的印第安泉條約中所訂明的土地面積為小。柯利克部落族必須在1827年1月1日以前交出這筆土地。

1827年

11月15日：喬治亞州的印第安柯利克部落族與政府簽訂第二項條約，將喬治亞西部他們剩餘的土地給予政府。

1828年

2月21日：印第安語言學家賽貴亞和艾利亞斯·保斯諾，出版第一份印第安語文的報紙《奇魯克鳳凰報》。賽貴亞在1821年發明86個字母的奇魯克語音表。

12月20日：喬治亞州議會通過法案宣布說，印第安奇魯克部落族的法律，在1830年6月1日以後無效。

1829年

3月4日：安德魯·傑克森將軍宣誓就任美國第七任總統。他在就職宣言中表示支持各州的權利及公正的印第安政策。

3月23日：印第安柯利克部落族接到傑克森總統的命令，要求他們遵守阿拉巴馬州的法律，否則必須遷往密西西比河以西的地區。

7月29日：生活在密西根領土內的印第安吉比華、渥太華及波達華土密等部落族簽訂條約，將他們的土地給予政府。

1830年

5月28日：傑克森總統簽「印第安人迫遷法案」，授權有關當局將東部地區的印第安人遷移到西部地區。他的目的是政府要取得密西西比河以東的一切印第安人的土地。他的此項新政策對印第安人有重大的影響。

7月15日：印第安席歐克斯、薩克及狐狸等部落族，在威斯康辛州的普拉瑞度簽訂條約，將他們在今天衣阿華州、密蘇里州及明尼蘇達州的大部分土地給予政府。

9月15日：印第安喬可道部落族在舞兔河簽訂條約，將他們在密西西比河以東的大約800萬英畝的土地給予政府，用以換取今天俄克拉荷馬州的土地。

1831年

3月15日：聯邦最高法院對於「奇魯克國對喬治亞州」的案子，作了不利於印第安奇魯克部落族的裁定。此案的主旨是，印第安人試圖阻止喬治亞州在

最近發現金礦的印第安人領土內實施州法律。最高法院的裁定說，奇魯克人是「國內的從屬國」而非一個外國，所以不能夠在聯邦法院訴訟。

1832年

3月3日：聯邦最高法院對於「伍爾斯特對喬治亞州」的案子的裁定說，聯邦政府對於一個州境內的印第安人與他們的土地有管轄權。此案的內容與喬治亞州1830年的一項法律爭執有關。

3月24日：在傑克森總統遷移印第安人政策繼續努力中，印第安柯利克部落族與政府簽訂條約，將他們在密西西比河以東的土地讓給政府。

4月6日：印第安薩克部落族領袖「黑鷹」，率領族群渡過密西西比河進入伊利諾州北部攻擊，引起「黑鷹戰爭」。他們攻占一個村莊，並企圖收復他們已讓給聯邦政府的原有土地。戰爭持續到8月2日，印第安人被官軍擊敗而告結束。參與對黑鷹作戰的官軍中，有兩人後來成為著名的歷史性人物，他們是阿布拉漢·林肯及南北戰爭的南方總統傑佛遜·戴維斯。

5月9日：十五名印第安賽密諾利部落族領袖，在佛羅里達的培尼蘭登簽訂條約，將他們在佛羅里達的土地給予政府及同意遷往密西西比河以西地區生活。

8月2日：伊利諾的民團部隊將印第安薩克部落領袖「黑鷹」的勇士群擊殺。黑鷹逃往到溫尼巴格部落族，但在8月27日向官軍投降，使黑鷹戰爭告結束。

9月21日：印第安薩克及狐狸部落族與政府簽訂條約，繼續生活在密西西比河以西的地區內。

10月14日：印第安吉卡哨部落族與政府簽訂條約，同意將他們在密西西比河以東地區的土地全部給予政府。

1834年

6月30日：國會通過法案設立印第安事務部，負責密西西比河以西地區的

印第安人一切事務。

10月28日：聯邦政府根據1832年的培尼斯蘭登條約規定，要求印第安賽密諾利部落族離開佛羅里達遷往密西西比河以西的地區。

1835年

11月間：由於佛羅里達的印第安賽密諾利部落族反對按照原計畫遷往密西西比河以西的地區，而引起第二賽密諾利戰爭。領導戰爭的部落領袖歐斯柯拉在1837年被官軍俘虜，但戰爭持續到1843年。

12月25日：在第二次賽密諾利戰爭中，威萊‧湯姆森將軍的軍隊，攻陷佛羅里達的國王堡，屠殺印人。

12月29日：印第安奇魯克部落族在紐喬達簽訂條約，同意將他們在密西西比河以東的全部土地給予政府，以換取500萬元現金、若干交通費，以及印第安領土（今日的俄克拉荷馬州）境內的土地。他們將在1838年遷往西部。

1837年

12月25日：在第二次賽密諾利戰爭中，沙查瑞‧泰勒將軍（後任第十二任總統），在佛羅里達的歐吉喬比沼澤區擊敗一批賽密諾利部落族人。

1838年

10月間：有部分印第安奇魯克部落族人仍然生活在喬治亞州境內，聯邦軍隊強制遷移他們到密西西比河以西的印第安領土內。他們被迫徒步前往，沿途十分困難，許多人危亡，在歷史上稱為「血淚小徑」。

1841年

3月4日：威廉姆‧亨利‧哈理遜宣誓就任第九任總統，約翰‧泰利爾就任副總統。但是，哈理遜就任僅僅一個月，便不幸逝世，由副總統泰利爾繼任總統。

1843年

8月14日：在佛羅里達的印第安賽密諾利部落族，於經過數年的遭屠殺之後，第二次賽密利戰爭終於告結束。

1845年

3月4日：詹姆斯・樸克宣誓就任第十一任總統。

1847年

11月29日：俄勒岡的印第安部落族人，將白人殖民醫生馬古斯・惠特曼與其妻子及多名殖民殺害。他在當地設立教會傳敎及行醫。

1849年

3月4日：沙查瑞・泰勒將軍宣誓就任第十二任總統。

1851年

7月23日：印第安席歐克斯部落族與政府在楚維斯席歐克斯簽訂條約，同意將他們在衣阿華的全部土地及明尼蘇達的大部分土地都給予政府。

1853年

3月4日：佛蘭克林・皮爾斯宣誓就任第十四任總統。

1861年

3月4日：阿布拉漢・林肯宣誓就任第十六任總統。

1862年

8月18日：印第安席歐克斯部落首領「小烏鴉」，在明尼蘇達發動叛亂，到9月間被亨利・席布萊上校敉平。

1864年

11月29日：印第安向尼部落族發動叛亂，官軍吉維頓上校的軍隊在科羅拉多的沙河將他們敉平。

1868年

4月間：印第安席歐克斯部落族在南懷俄明境內的拉瑞密堡與官軍簽訂條約，使第一次席歐克斯戰爭告結束。

1869年

4月10日：國會通過法案設立印第安事務委員會，在名義上此新機構將監

督聯邦政府關於印第安部落族的一切開支，但它只不過是官方欺騙印第安人的長連鎖中的一環而已。

1871年

3月3日：國會通過接受1871年的印第安撥款法案。華盛頓總統曾經創立對印第安部落族的政策，其中承認印第安部落族是「明確的、獨立的，政治社區」及「內部的從屬國家」。因此，在本質上他們被視爲有幾分州的意義，而聯邦政府對他們具有基本的主權。但是，國會通過的印第安撥款法案將華盛頓將軍的政策予以推翻。依照新法案，印第安部落族將不再被視爲有簽訂條約權力的獨立實體，而印第安人被宣布爲州的受監護者。格蘭特總統爲了著眼於選舉，設計一項驚人的和平政策。他在一種不協調的行動中，將全部印第安人保留區分配給數個互相爭執的宗教團體，由它們負責這些遊牧人的警察、安撫和教育工作。此項整頓腐敗的印第安事務機構的努力遭到挫折。過了兩年，在魯齊夫‧海伊斯總統政府時，宗教團體被逐除，那些有利可圖的印第安事務代表和貿易站，又回到政府的腐敗體系中。

1873年

3月4日：尤利西斯‧格蘭特宣誓連任二屆總統，亨利‧威爾遜就任副總統。

10月27日：俄勒岡東部的印第安莫達克部落族，拒絕返回克拉瑪斯保留區，擔任與他們談判的愛德華‧甘貝將軍被部落人殺害而引起莫達克戰爭。部落族領袖傑克上尉與其勇士以火山岩漿床岩穴爲掩護與官軍對抗。最後傑克等被俘並被處絞刑，其餘的莫達克部落族人被送回俄勒岡的克拉瑪斯印人保留區。岩漿床戰爭遺址在今日加利福尼亞州與俄勒岡州的邊區，爲一紀念地。

1875年

10月間：政府欲收購普拉特河以北的印第安人土地，但部落族加以拒絕，因此引起第二次席歐克斯部落族戰爭。而且戰爭激烈，持續到次年春季，始被

喬治‧柯魯克將軍及喬治‧柯斯特中校的軍隊擊敗。

1876年

6月17日：聯邦軍隊對印第安席歐克斯部落族與其盟友向尼部落族發動全面攻擊菲利普‧希立丹將軍計畫以三路部隊將大批印第安部隊包圍在小巨角河地帶。喬治‧柯魯克將軍指揮南路部隊，約翰‧吉朋上校指揮第二路部隊，及第三路由阿夫瑞‧泰利准將指揮。泰利的部隊中包括喬治‧柯斯特上校的第七騎兵團。柯魯克未料到遇到印第安部落領袖「野馬」的部隊，雙方在玫瑰河發生戰爭，官軍受挫。但是，吉朋上校和泰利將軍並不曉得柯魯克已受挫。吉朋和泰利兩路部隊在玫瑰苞河附近會合。泰利派柯斯特的第七騎兵團渡過小巨角河接近印第安部隊，但他命令柯斯特等待吉朋的部隊而勿倉促進攻。

6月20日：柯斯特發現印第安人的龐大部隊集結，達2,000-4,000人之眾。偵探警告柯斯特說，敵人已曉得他的出現。部落領袖「野馬」、「大膽」與「雙月」正準備與官軍交戰。

6月25日：柯斯特未理會此等警告。他將騎兵團的600人分為三股，兩隊由佛瑞德‧班頓上尉和馬可士‧雷諾少校帶領，其餘部隊由柯斯特指揮。在分頭進攻時，雷諾幸好與班頓會合，但柯斯特遭到部落族勇士群的猛烈打擊。「野馬」和「雙月」兩支部隊直攻柯斯特，在數小時的激戰後，柯斯特的第七騎兵團全軍覆沒，他本人也陣亡，而只有混血的偵探柯爾萊逃回。印第安部落族獲得印第安戰爭史上最大的勝利，也是官軍空前的慘敗。

6月26日：聯邦軍隊在小巨角河戰役中的慘敗及南北戰爭英雄柯斯特戰死的消息，使全國感到震驚。但是後來印第安人為此次大捷付出沉重的代價。（關於小巨角河戰役等事件，可參閱第五章印第安戰爭與慘案。）

9月間：席歐克斯部落三大族群之一的拉科他部落（另兩部落是達科他和納科他）領袖「坐牛」逃往加拿大，他自己並未參加小巨角河戰役，但他的一名族人醫生參加醫護工作。現在，官方正在搜捕一切席歐克斯部落人，將他們

或強迫送入保留區內。「坐牛」在加拿大受到保護，但他在1881年返回美國境內，曾平安的參加關於「蠻荒西部」戲劇隊的表演。最後，他在1890年在南達科他州的傷膝河事件中被謀殺。

1877年

6月間：印第安尼茲比爾賽部落族領袖小約瑟夫，反對政府攫取他們的故鄉土地，率領全體男、女、老、幼及病人等，從俄勒岡向加拿大逃亡，一邊逃亡，一邊與納爾遜‧密爾斯上校的追擊軍隊戰鬥。最後，他們在距離加拿大邊境大約三十英里處筋疲力盡，不得已而投降。他留下的名言是：「我將永遠不再戰鬥。」（詳情可參閱第六章約瑟夫事蹟。）

1878年

12月間：印第安北向尼部落族領袖「鈍刀」（又名「晨星」）發動「鈍刀戰爭」。他首先提倡「鈍刀運動」，最初的目的是要離開俄克拉荷馬保留區，因為那裡瘧疾疫症流行。鈍刀帶領族眾們英勇的逃出保留區，到達蒙大拿領土，這裡有豐盛牧場土地。他們為了自由與追捕的官軍苦鬥數個月，萬分艱苦，許多族人不幸喪生。最後，他們不得已而向追擊的軍隊投降，被迫返回極不衛生的印人保留區，不再試圖反抗。

1879年

9月間：生活在今日羅拉多地區的印第安尤特部落族，因為對一名專斷的印第安代理人感到不滿，突擊一支軍隊，並且設一個代理處，但他們很快被軍方制服。依據條約，全體尤特部落族人被迫進入猶他保留區。離開保留區將十分危險，因為自從1867年小巨角河戰爭中柯斯特被殺害後，白人對印第安人的態度特別惡劣。

1881年

7月間：席歐克斯部落族的拉科他支族領袖「坐牛」與他的187名族人在北達科他的布夫德堡向官軍投降。

1886年

9月4日：最後一名印第安部落首領吉洛尼莫在北加州向納爾遜將軍投降。他後來一直在柏克萊加州大學博物館終老。

1887年

2月8日：國會通過德威斯‧西維拉法案，其中規定每一個印第安人家庭分配160英畝土地。但是，分配的土地以政府為受委託人，禁止在至少25年內不准出售。此法案用意良好，期望印第安人能適應新世界生活。印第安人以往常被欺騙出售他們的土地，此新法為了糾正弊端。

1889年

4月22日：在公眾的強大壓力下，原先劃定為印第安領土的俄克拉荷馬領土，聯邦政府宣布予以開放，供殖民開發。在此項消息傳出後，有將近5萬人爭往申請獲得土地。聯邦政府以400萬元將大約兩百萬英畝的「美麗的」印第安人土地購下供開發之需。在4月22日早晨開始開放土地，到日落時，200萬英畝的土地已被人申請取得完畢。他們很快就建立了俄克拉荷馬城和柯齊瑞城。

1891年

9月22日：聯邦政府宣布說，俄克拉荷馬境內的另外900,000英畝的印第安人土地開放供開發之用。這些土地原屬於印第安人薩克、狐狸和波達華土密等部落族所有。印人土地是根據條約讓給政府的，但是有關條約一直都並未真正遵守。

一位失去其土地的印第安人嘆息說：「他們給我們許多諾言，多過我能記得的，但是他們從來未履行一個諾言。他們承諾拿去我們的土地，他們將土地拿去了！」

1892年

4月19日：威廉姆‧哈理遜總統宣布說，俄克拉荷馬境內的另一批印第安人的土地3,000,000英畝開放供白人殖民開發之用。這些土地原屬於印第安向尼

和阿拉巴何等部落族所有。他們是在1870年代和1880年代的悲慘的戰爭之後被迫遷到俄克拉荷馬的。

1893年

2月15日：美國駐夏威夷大使約翰・史蒂文斯，向國會參議院提出條約案，將夏威夷併入美國領土。

9月15日：五萬多白人湧到堪薩斯與俄克拉荷馬地區的印第安奇魯克部落族土地內從事開發工作。這些土地共有600萬英畝之廣，是政府以850萬元從奇魯克部落族手裡購得的。

1897年

3月4日：威廉姆・麥金萊宣誓就任美國第二十五任總統，蓋瑞特・何巴特宣誓就任副總統。

1898年

4月25日：美國正式宣布，美國與西班牙自4月21日起已經處於戰爭狀態。

12月10日：美國與西班牙在巴黎簽訂和約，美、西戰爭正式結束，西班牙將菲律賓割讓給美國。

1900年

6月20日：「義和團」事件擴大，美、英、法、德等八國聯軍攻占中國京城北京。

1901年

俄克拉荷馬領土發生「瘋蛇」叛亂，由吉土哈荷領導的柯利克部落族反對土地分配制度。

1902年

印第安事務局下令，禁止印第安人男子留長頭髮。

1906年

國會通過法案，規定保護印第安古物。

1909年

齊奧道‧羅斯福總統,在任滿的前兩天,簽署行政命令,將250萬英畝的印第安森林保留地劃為國家森林。

1911年

美國印第安協會成立,以爭取印第安人公民籍及泛印第安主義為宗旨。

1912年

反對土地分配制度的奇魯克、吉卡哨、喬可道及柯利克部落族組織「四母親協會」,向國會提出他們反對土地分配制度案子。

1913年

聯邦政府發行五分錢的硬幣,正面為印第安向尼、西尼卡和席歐克斯三部落領袖像,反面為野牛頭像。

1914–1918年

第一次世界大戰期間,許多印第安人參加美軍部隊作戰犧牲,美軍使用喬可道部落語作戰場密碼之用。

1915年

美國印第安保護同盟成立。

1917年

50年來第一次印第安人的出生數字大於死亡數字。

1918年

美國原住民教會在俄克拉荷馬成立,參加的有克歐華、柯曼奇、阿巴奇、向尼、朋加和奧土等部落。

1923年

美國印第安保護協會成立。此時,在19世紀成立的與印第安人友好的團體中,只留下「印第安權利協會」仍在運作中。

1924年

國會通過印第安人公民籍法案，規定凡是尚未取得公民籍的印第安人一律給予公民籍。

1926年

美國印第安人國家理事會成立。

1928年

印第安告奧薩吉部落籍的國會參議員查爾斯‧柯帝斯當選為副總統。總統為共和黨的胡佛。

1933年

羅斯福總統任命約翰‧柯利爾為印第安事務局長，負責印第安「新政」。

1935年

國會設立印第安藝術與技藝委員會，正式承認印第安文化。

1935-1940年

納法荷部落語書寫系統完成，稱為哈林頓—拉法吉字母。

1939年

印第安西尼卡部落族的土納完達支族，在紐約州發表「獨立宣言」。

1940年

第一屆印第安生活泛美會議，在墨西哥的巴茲柯阿洛舉行。

1941-1945年

第二次世界大戰期間，有25,000餘名印第安人服役及許多人參加與戰爭有關的工業工作。納法荷、喬可道及柯曼奇部落語的密碼作為戰場的密碼。納法荷密碼特別單位的阿哈巴斯甘語密碼尤其有效，日本人從來無法解破。

1944年

美國印第安國民大會在科羅拉多州的丹佛市成立。

1946年

國會設立印第安權利申請委員會，負責處理印第安人對聯邦提出的土地賠償要求案件。

1948年

在亞利桑納州和新墨西哥州的法院案件中，法院命令給予印第安人投票權，與其他各州相同。

1952年

聯邦政府發表計畫，鼓勵印第安人從保留區遷移入城市內生活。（在1952-1957年期間，共有大約17,000名印第安人遷入都市生活。）

1954年

緬因州的印第安人獲得投票權。

1961年

聯邦內政部修改聯邦公產土地售賣政策，准許印第安部落族人購買印第安個人出售的土地。

1964年

聯邦民權法案公布，禁止以膚色、種族、宗教或原籍為理由的歧視行為。

1965年

國會通過投票權利法案，保障公民的平等投票權。

1968年

美國印第安民權法案將聯邦權利法案的效力擴大到保留區內的印第安土人。「美國印第安運動（AIM）組織在明尼蘇達州首府明尼阿波利斯成立。

1969年

全國一切部落印第安人組織代表，將加利福尼亞州的舊金山灣內的阿卡曲茲島（通稱犯人島）加以占領，用以引起人們對現代印第安人的苦難的重視。他們發表宣言，說明印第安人的現狀，並提出他們的若干要求。

1970年

聯邦當局擬定印第安人自治政策原則。「印第安權利基金會」成立，以對部落族提供法律協助爲宗旨。

1971年

國會制定印第安教育法案，爲印第安人提供教育計畫。

1972年

由美國印第安運動組織發動的「破碎條約小徑」篷車隊示威行動，提出20點有關印第安人苦難情勢的宣言，然後前往首都華盛頓，示威人士將聯邦政府的印第安事務局辦公室加以占領，並將許多檔案加以破壞。

1973年

美國印第安運動組織的會員和大約兩百名武裝的拉科他部落族人，將1890年傷膝河屠殺事件遺址加以占領71天之久，該地位於南達科他州的松樹嶺印第安人保留區內。他們要求更換印第安部落領袖，檢討全部印第安條約，以及調查印第安人所受的不當待遇等。由於抗議人士與官方抗爭的結果，致有兩名印第安人喪生。

1974年

全體印第安婦女協會成立。

1975年

聯邦政府通過印第安自治與教育法案，准許部落族參與和印第安人有關的一切聯邦社會計畫和服務，並且由聯邦對印第安人保留區內和附近的公立學校提供基金。

1976年

美國印第安運動組織領袖安娜‧瑪伊‧阿圭希，在南達科他州松樹嶺印第安人保留區內被殺害，此謀殺案一直沒有解決。

1977年

印第安運動人士向在瑞士日內瓦舉行的國際人權會議提出議案，要求聯合國承認印第安部落族為主權國家。

1978年

國會通過美國印第安人宗教自由法案，其中宣稱，印第安的宗教獲得美國憲法第一修正案的保護。

印第安賠償申請委員會結束業務。自該委員會於1946年成立以來，共批准以8億元給予各部落族。在申請案件中，約有60%獲得賠償。以後的此類案件，將由賠償申請法院負責處理。印第安運動組織發動「最長的步行」，從加利福尼亞州的舊金山開始，步行到首都華盛頓，用以紀念印第安人被迫作的長途步行。

1979年

聯邦最高法院批准，以1億2,250萬元補償給予席歐克斯拉科他部落族，因為聯邦政府占用南達科他州的黑山地區。黑山地區是印第安人的「聖地」。

1980年

聯邦政府人口調查局報告說，全國的印第安人總數超過百萬大關，達到1,418,195人。

1982年

聯邦郵政總局發行印第安著名部落領袖「瘋馬」像的紀念郵票。

1984年

北卡羅來納州的奇魯克部落族的東支族代表，與俄克拉荷馬州的奇魯克的代表，舉行自他們於1830年代被迫遷移以來的第一次聯合理事會。

1985年

全國印第安賭博協會成立，致力於保護參加印第安賭場業的各部落族的福利事務。

西尼卡部落族人民試圖阻撓修築通過紐約州西部阿利卡尼印第安人保留區的高速公路。

1986年

美國印第安退伍軍人紀念碑在阿靈頓國家公墓墓園舉行落成儀式。

1988年

國會決議正式廢止1953年的「終止決議案」。該案爲國會衆議院的第108號決議案，其中宣告終止聯邦與若干州的印第安部落間的特殊關係。印第安人堅決反對1953年的「終止決議案」。

國會通過印第安賭博管理法案，准許部落族有權與州當局協議經營賭博業，但不能違反聯邦法律或州法律。

1989年

爲紀念1830年代印第安部落族被迫遷移中走過的路線「血淚小徑」，印第安人士修一條「國家歷史血淚小徑」，全程經過九個州的地區。

1990年

聯邦的原住民語言法案，將壓制印第安語言和文化的政策取消。首屆北美洲原住民運動會舉行。

1991年

南達科他州的柯斯特戰場國家紀念地更名爲「小巨角河戰場國家紀念地」。小巨角河戰役發生於1876年，政府軍指揮官喬治・柯斯特的騎兵團全軍覆滅。

1992年

科羅拉多州的印第安北向尼部落籍的賓納索・甘貝爾當選國會參議員，成爲六十多年來的第一位印第安籍聯邦參議員。他曾任國會衆議員。

哥倫布發現美洲五百週年紀念，顯示原住民對世界貢獻的重要，及歐洲人的不公正。

1993年

國會通過印第安人宗教信仰自由法案，將1978年的印第安人宗教自由法案予以強化。

1994年

克林頓總統邀請聯邦承認的547個印第安部落族領袖到白宮參加會議提出各種問題，供後續的會議研討。

印第安人舉行自加利福尼亞州舊金山灣的阿卡曲茲島（俗稱犯人島）至首都華盛頓的「正義步行」。積極行動人士在國會參議院的討論中提出印第安人的各項問題。

1996年

依照納法荷—何皮土地爭執解決法案的規定，亞利桑州大山地區的納法荷部落人家庭的遷移限期獲得延展。大山被納法荷及何皮兩個印第安部落族都奉爲聖地。

印第安權利基金會對聯邦政府提出最大的集體訴訟案，指控政府對印第安信託基金管理不當，要求政府對印第安個人賠償數十億元。

1997年

印第安莫希甘和皮瓜特兩個部落族經營賭場獲利，將聯邦給予的補助金約三百萬元歸還給政府，但他們要求將這筆金錢給予貧困的部落族。

印第安吉表延部落族，與威斯康辛州當局簽訂捕魚協議，使雙方間的緊張情勢告結束。

1998年

在南達科他州黑山區的岩石上，雕刻的印第安部落族英雄「瘋馬」的巨像舉行揭幕典禮。此雕像計畫自1939年開始，費時達五十餘年之久才告完成。「瘋馬」雕像距黑山區魯希莫爾山岩石上的四位美國總統（華盛頓、傑佛遜、林肯、羅斯福）雕像大約15英里。總統雕像完成於1927年。（有關瘋馬的事蹟見

人物誌章內。)

聯邦政府內政部長布魯斯・巴比特，在印第安賭場醜聞案中被調查，由於他被指控拒絕以賭場營業執照發給威斯康辛州的印第安部落族，因為傳說他受到白宮方面的壓力以滿足明尼蘇達州的印第安部落族的要求，這涉及明尼蘇達州的部落族曾以鉅款捐給民主黨全國委員會的問題。按這兩州的印第安部落族賭場業者互相競爭。

2000年

聯邦政府發行面值一元的21世紀紀念硬幣，其正面的鑄像是曾經參加李威斯與克拉克西部探險隊的印第安紹紹尼部落族的傑出女子莎佳偉（有關莎佳偉的事蹟見第三章內）。

2004年

國家印第安博物館在首都華盛頓開幕，印第安社會舉行盛大的慶祝活動。此規模宏大的印第安歷史文物機構為著名的史密蘇尼學會的博物館之一。

「李威斯與克拉克傳統基金會」，為慶祝西部探險兩百週年，特舉辦循著他們探險原路線的研究旅行。

二、美國西進太平洋大事記（自1802年至1851年）

1802年

4月30日：美國國會通過建立新州法案，准許依據1787年法案建立的領土得建立新州。新法案中特別提及「西北領土」（俄亥俄）現在可以選舉代表參加州憲法制憲會議成立州政府參加聯邦。這是成立新州的先例。（按1802年為中國清仁宗嘉慶七年。）

1803年

1月：傑佛遜總統在致國會咨文中，要求國會批准撥款派遣一個西部發現

代表團，以期與印第安人建立友好關係及擴展美國國內貿易地區。國會批准此項要求。

5月2日：美國駐法國使節詹姆斯‧門羅和勞伯特‧李文斯敦，與法國政府簽訂條約，以1,500萬元購買法國的殖民地路易斯安納領土。此位於密西西比河與洛磯山脈之間的土地廣達82萬8,000平方英里，使原有13州的面積增加一倍之多。

8月31日：麥威賽‧李威斯與威廉姆‧克拉克，奉傑佛遜總統指派率領西部探險隊，循俄亥俄河啓程從事西部探險旅行。

1804年

3月26日：國會通過新土地法案，將聯邦公有土地的最低售價降到每英畝1元6角4分錢，以促進開發事業。

5月14日：李威斯與克拉克率領的西部探險隊，從聖路易城出發，分乘一隻龍骨船和兩隻獨木船，循著密蘇里河向西北方向前進。全隊共有27人。

8月13日：印第安納領土總督威廉姆‧亨利‧哈理遜，與印第安部落族簽訂條約，將從德拉華印第安部落族手裡購得華巴希河和俄亥俄河之間的土地。稍後，他與印第安部落族簽訂另兩項購買印第安人土地的條約。

10月27日：李威斯與克拉克率領的西部探險隊，在密蘇里河上游的印第安人曼丹部落族區內設立帳篷營準備度過探險旅行中的第一個冬季。該地點在今天的北達科他州的卑斯麥城附近。

11月3日：印第安納領土總督哈理遜，與印第安部落族簽訂條約，獲得今天威斯康辛州地區的印第安人土地500萬英畝。

1805年

1月3日：聯邦政府命令將印第安納領土劃出一部分成立密西根領土。威廉姆‧胡爾將軍奉派任密西根領土總督，以底特律城為首府。聯邦政府一月間派科學代表團，在紅河下游作科學探險。

2月11日：在今日北達科他州首府卑斯麥城附近的印第安曼丹部落族區內，李威斯與克拉克探險隊的女嚮導莎佳偉分娩一個男嬰，因為帳篷營並沒有接生醫生，李威斯權充醫生為她接生，母子均安。莎佳偉年僅16歲，為印第安紹紹尼部落籍，她丈夫為探險隊的嚮導，原籍法國的加拿大商人查朋尼歐。

4月7日：李威斯與克拉克探險隊在卑斯麥城附近的印第安人部落族區度過冬季之後，今天離開該地繼續旅行，循著密蘇里河向西北方的上游地帶前進。

4月26日：李威斯與克拉克探險隊到達黃石河河口地區。

5月26日：李威斯與克拉克探險隊首次看到洛磯山的雄偉。他們試圖循著傑佛遜河繞過洛磯山，但是未能成功，於是只得走陸路在林希關山隘翻過洛磯山的大陸分水嶺。

6月13日：李威斯與克拉克探險隊到達密蘇里河的大瀑布。

8月9日：詹姆斯‧威金森將軍指派齊布倫‧蒙哥馬利‧皮克中尉，在路易斯安納領土探險，特別是尋找密西西比河的發源地。但他錯誤的探到明尼蘇達地區，未獲成功，故他又於1806年4月再度出發探險。

10月10日：李威斯與克拉克探險隊在經山路越過大陸分水嶺後，到達河水向西流的蛇河（在今天的愛達荷州境內）。他們乘著自己製造的獨木舟，循著蛇河向西方下游進行，到10月17日轉入西部的重要河流哥倫比亞河（在今日俄勒岡州境內）。

11月7日：李威斯與克拉克探險隊在今天的俄勒岡州境內的哥倫比亞河口，終於首次看到他們探險的目標太平洋海面。他們在今日俄勒岡州哥倫比亞河太平洋入海口附近的阿斯托里亞城附近建立克拉特蘇堡，準備度過西部探險中的第二個冬季。

1806年

1月到3月期間：李威斯與克拉克探險隊於1806年1月到3月期間的冬季內，在今日俄勒岡州哥倫比亞河的太平洋入海口附近的克拉特蘇堡野營裡，度過西

部發現旅行中的第二個冬季。他們在此期間，把其將近兩年之久的探險旅途中所作的有關地理、科學、種族、氣象等筆記資料加以有系統的整理，並且將他們沿途各項重要發現的地圖草圖加以細節的補充與完成。他們也為回程中的工作計畫預作準備。

3月29日：國會通過法案撥款，興建自馬里蘭州的柯比蘭到維幾尼亞州的沙尼斯堡的柯比蘭公路，其終點將延長到伊利諾州的范德利亞，以便利向西部移民開發及繁榮公路沿線城鎮的商業等。

6月15日：李威斯與克拉克探險隊，在其自俄勒岡太平洋岸營地返回聖路易的途中，今天開始攀登洛磯山的西坡，他們於越過山嶺的分水嶺在山東坡下山後，隊員將分為三個小組，以便對沿途地帶作更廣泛的探尋。

7月15日：李威斯與克拉克探險隊於越過洛磯山在向東方進行的回程中，隊員分成三組。由克拉克領導的一個小組抵達黃石河岸，他們將循著此河向下游進行，為了到與密蘇里河會流時轉入密蘇里河道。

7月15日：去年奉命探險密西西比河源頭失敗的齊布倫·蒙哥馬利·皮克中尉，開始第二次探險，率領一個探險隊從俄亥俄州的比利方坦堡出發，主要目的是西南地區的探測，特別是新墨西哥和科羅拉多地區。

9月23日：李威斯與克拉克率領的西部發現探險隊，經過西部荒原到達俄勒岡的太平洋岸再回到聖路易城，歷時兩年之久，往返全程共達8,000英里。他們此次成功的探險結果證明，自東部的大西洋岸走陸路通達西部的太平洋岸是可行的事情。

11月15日：齊布倫·蒙哥馬利·皮克在其第二次探險旅行中，在科羅拉多境內的洛磯山山腳看到一個類似一片「藍雲」的山峰，該山峰後來被命名為「皮克峰」。皮克的探險隊人員後來被當地的西班牙殖民官員俘虜，但平安獲釋還。同時，政府派遣湯瑪斯·佛立曼率領探險隊，前往紅河下游地區即今天的路易斯安納州探險，首次獲得該地區的正確地圖。

1807年

8月17日到21日：富爾頓發明的第一艘汽船克利蒙特號，自紐約市啓航，循著哈德遜河向上游駛到阿巴尼城並回航紐約市。汽船商業時代自此開始。

4月6日：由於李威斯與克拉克西部探險成功的影響，使密西西比河以西地區的毛皮生意開始興隆。紐約市的約翰‧賈可貝‧阿斯托爾創設美國毛皮公司，後來發展成為毛皮生意大王。

1808年

7月16日：聖路易的毛皮生意鉅子曼紐爾‧利薩和西部發現探險隊的二號人物威廉姆‧克拉克等，共同組織密蘇里毛皮公司，與其他同業競爭西部的毛皮生意。

11月10日：南方印第安席歐克斯最重要的部落族奧薩吉，與聯邦政府簽訂條約，同意將阿肯色河以北地區的印第安人的土地全部給予美國，這些土地即今日密蘇里和阿肯色兩州的土地。奧薩吉部落族人將遷往今天的俄克拉荷馬州沿阿肯色河的一個印第安人保留區內生活。

1809年

3月1日：國會通過成立伊利諾領土，此新領土係從印第安納領土的西部土地中劃出設立的。伊利諾領土面積包括今日之伊利諾、威斯康辛和明尼蘇達三州的土地。

9月30日：印第安納領土總督威廉姆‧亨利‧哈理遜，與南方印第安部落族簽訂威恩堡條約，印第安人同意將華巴希河沿岸的另外三筆土地給予聯邦政府。

1810年

6月23日：毛皮業大王約翰‧賈可貝‧阿斯托爾創設太平洋毛皮公司，旨在發展太平洋西北地區的毛皮生意。他並於次年在俄勒岡哥倫比亞河口附近建立阿斯托利亞堡和貿易站，為了和中國的廣州作毛皮轉口生意。但是，在1812年

發生的英、美戰爭中阿斯托爾的阿斯托利亞貿易站失陷。

10月27日：麥迪遜總統宣布說，美國軍隊將西班牙殖民地「西佛羅里達」的西部地區占領並且併入美國領土內。

1812年

4月30日：奧連斯領土建州稱爲路易斯安納州，並參加合衆國聯邦成爲第十八個州，使美國人口增加75,000人。州政府設在紐奧連斯。

6月4日：原路易斯安納領土更名爲密蘇里領土，因爲原奧連斯領土已建爲路易斯安納州。密蘇里領土包括原有的「路易斯安納購地」全部土地，而將已建州的路易斯安納州轄地除去。

6月19日：麥迪遜總統宣布美國與英國進入戰爭狀態。（英、美代表於1814年12月24日簽訂根特和約，戰爭於1815年2月17日正式結束。）

1813年

8月30日：在密西西比河谷的莫比爾附近，印第安人柯利克部落族戰爭開始。由酋長「紅鷹」率領的部落人攻擊密姆斯堡，將該堡的550人中的半數殺害。因此，田納西民團部隊的安德魯‧傑克森少將，徵集2,000名志願兵對付印第安人。

1814年

3月27日：在柯利克部落戰爭中，傑克森少將的民軍在阿拉巴馬的達拉普沙河畔的蹄鐵灣戰役中，大敗柯利克部落族與其同盟部落族，使柯利克戰爭實際上告結束。

7月22日：印第安人德拉華、西尼卡、紹尼、邁亞密及外安度等部落族，與美國軍方簽訂和平條約，其中要求印第安各部落族對英國宣戰。此條約稱爲格林維爾條約。

8月9日：柯利克戰爭中的一部分印第安部落族，與軍方簽訂傑克遜堡條約，同意將喬治亞南部的土地和密西西比河東部的土地給予聯邦政府，這些土

地總面積達2,000萬英畝。部落族並且同意讓出阿拉巴馬南部和西部的土地。

（1814年8月24日與25日，英軍攻陷首都華盛頓，放火燒毀國會及白宮等政府建築物。麥迪遜總統倉惶逃出京城。）

1816年

6月：印第安納領土代表在柯利頓舉行制憲會議，依據國會授權建立印第安納州。

7月9日：印第安奇魯克部落族與軍方簽訂條約，同意將緬因北部的土地給予聯邦政府。

7月27日：由於喬治亞州政府的要求，聯邦軍隊將西班牙的殖民地「東佛羅里達」的阿巴拉吉柯拉堡加以摧毀，因為該堡成為敵對的印第安部落人和奔逃出走的黑人奴隸的避難所。

1817年

3月1日：密西西比領土經國會批准，召開制憲會議，組織州政府建州與參加聯邦。

3月3日：國會批准，將密西西比領土的東部土地劃出設立阿拉巴馬領土，以莫比爾附近的聖史迪芬為首府。

由亨利·士利維設計製造的汽船華盛頓號，開始在路易斯維爾與紐奧連斯之間的俄亥俄河及密西西比河上經營商航服務。

9月27日：印第安俄亥俄部落族與聯邦官方簽訂條約，將俄亥俄西北部他們剩餘的400萬英畝土地給予聯邦政府。

11月1日：第一次印第安賽密諾利部落族戰爭開始，賽密諾利族群在佛羅里達與喬治亞邊境一帶攻擊聯邦軍隊，為了報復聯邦軍隊於1816年7月間將東佛羅里達的阿巴拉吉柯拉堡破壞。

12月10日：密西西比州加入聯邦，但是密西西比州容許黑奴制度。原密西西比領土的東部地區已經另外成立阿拉巴馬領土。密西西比為聯邦的第廿一個

州。

12月26日：第一次賽密諾利部落戰爭期間，安德魯‧傑克森將軍接替艾德蒙‧蓋恩將軍的總司令職位，在佛羅里達境內對付敵對的印第安部落族人。

1818年

1月6日：當佛羅里達的第一次印第安賽密諾利部落族戰爭中，安德魯‧傑克森將軍曾通過田納西州國會眾議員約翰‧瑞亞以信函向門羅總統建議說，他能夠在60天的軍事行動中，將西班牙的殖民地佛羅里達攻占成為美國領土。門羅總統對其信未作回應，而傑克森認為那是總統默然同意他的計畫。

4月7日：安德魯‧傑克森將軍在第一次印第安賽密諾利部落族戰爭中，攻占佛羅里達的西班牙軍事基地聖馬克堡。

5月24日：安德魯‧傑克森將軍在第一次印第安賽密諾利部落族戰爭中，攻克佛羅里達的西班牙軍事基地本薩柯拉，實際上使戰爭告結束。

10月19日：印第安吉卡哨部落族與聯邦軍方簽訂條約，將他們在密西西比河與田納西河南部之間的土地給予聯邦。

12月3日：伊利諾領土的南部土地建立伊利諾州加入聯邦為第二十一個州，州政府設於密西西比河畔的卡斯加斯克亞。伊利諾領土的北部土地併入密西根領土內。

1819年

2月13日：國會提出法案，准許密蘇里領土制訂州憲法，準備建州加入聯邦。

2月22日：美國與西班牙在華盛頓簽訂亞當斯與歐尼斯條約，西班牙同意將其殖民地東佛羅里達割讓給美國並且放棄對西佛羅里達的任何權力主張，因為西佛羅里達已經被美國占領為其領土。

3月2日：聯邦政府決定將密蘇里領土的阿肯色縣改設為阿肯色領土，其首府設於密西西比河畔的阿肯色堡。

6月19日：麻薩諸塞州承認緬因區可以在12月份申請建立一個個別的州。

6月20日：史迪芬‧郎氏奉派率領探險隊，從賓夕法尼亞州匹茲堡出發前往密蘇里河以南地區作探測旅行。

12月14日：阿拉巴馬州參加聯邦爲第二十二個州，州政府設於洪特維爾，是個可以保持黑奴制度的州。

1820年

1月23日：國會衆議院通過緬因州建州法案。

3月6日：國會通過法案，准許密蘇里領土的人民制訂憲法建州。

3月15日：緬因州獲准加入聯邦爲第二十三個州。緬因原爲麻薩諸塞州的一部分，因人口增加而建州。

3月30日：新英格蘭的傳教士代表團抵達夏威夷群島，受到國王甘察密查二世的歡迎。

4月24日：國會通過公產土地法案，將最低地價自每英畝2元降到1元2角5分，並將最低購地限額自160英畝降到80英畝。

7月14日和15日：艾德溫‧詹姆斯率領的探險隊員，首次攀登上洛磯山東面的高峰，並命名爲詹姆斯峰。不過，探險家齊布倫‧皮克早在1806年已首次發現此山峰，故通常仍稱它爲皮克峰。

12月26日：在西班牙殖民地聖安東尼城的莫西斯‧奧斯汀，要求西班牙當局准許300家美國殖民進入德克薩斯境內生活。奧斯汀爲密蘇里人士。（他的要求獲得西班牙當局同意，但奧斯汀不幸於1821年7月去世，由其兒子史迪芬‧奧斯汀接掌殖民事務。）

（1821年2月24日，墨西哥宣布脫離西班牙而獨立，此舉對西班牙在北美洲的殖民地有重大的影響。）

7月1日：美國的新領土佛羅里達領土總督安德魯‧傑克森將軍，正式從西班牙殖民當局手裡接管佛羅里達。

8月10日：密蘇里正式加入聯邦爲第二十四個州，州政府設於傑佛遜城。密蘇里州保持黑奴制度。在全部24個州中，所謂自由州和奴隸州各占半數。

9月1日：密蘇里州獨立城的威廉姆·畢克尼爾，率領一列大篷車貨運隊，啓程駛往新墨西哥的聖他菲城，他的路線後來成爲著名的貿易大道聖他菲小徑。他的車隊在11月16日最後首次到達加利福尼亞的舊金山。當時這些地方都是新脫離西班牙而獨立的墨西哥國的領土。

9月4日：俄國沙皇亞歷山大一世宣布說，北美洲太平洋西北沿海北緯51度以北的全部土地皆爲俄國的領土，此廣大地區經過溫哥華島北端伸入俄勒岡境內，而英國與美國皆對俄勒岡提出領土主張。

1822年

3月30日：國會通過法案，決定將「東佛羅里達」和「西佛羅里達」合併爲佛羅里達領土，將取代由安德魯·傑克森將軍領導的軍事總督政府。

9月3日：印第安狐狸部落族和薩克部落族與聯邦當局簽訂條約，將他們在威斯康辛領土和伊利諾的土地給予聯邦，但聯邦准許他們生活在這些土地上。

1823年

2月18日：墨西哥國王奧古斯汀·艾土比德，重新承認前西班牙殖民當局將德克薩斯的一筆土地給予美國人莫西斯·奧斯汀，因莫西斯逝世，該筆土地移轉給史迪芬的兒子史迪芬·奧斯汀。土地在德克薩斯的布拉蘇河地帶，有三百家美國殖民生活在那裡。

1824年

2月：阿希萊創的洛磯山毛皮公司的嚮導綽號「山地人」的吉德迪·史密斯，率領一個探險隊通過洛磯山在懷俄明境內的南山隘路線。此一通過洛磯山區的路線，最早是在1812年被發現的，但一直很少人使用。此南山隘路線在19世紀後期成爲向「遠西」移民的主要道路「俄勒岡小徑」的一部分。

4月17日：美國與俄國簽訂條約，俄國同意北緯54度40分爲其對美洲西海

岸領土主張的南界線，並且撤銷關於不准其他國家在俄國領水內的商業航行的禁令。

5月7日：根據墨西哥國的新憲法，成立「德克薩斯與柯亞懷拉州」，在此地區內有數千名獲官方准許的美國殖民和許多非官方許可的殖民。

6月17日：聯邦政府軍政部設立印第安事務局。

12月：毛皮商人詹姆斯·布利吉首次發現今日猶他州的大鹽湖。

1825年

2月：門羅總統提出新的聯邦政策，將把密西西比河以東地區的印第安人遷移到西部的領土內。

2月12日：喬治亞州境內的印第安人柯利克部落領袖威廉姆·麥克印土世，與聯邦當局簽訂條約，同意將柯利克人所有的全部土地給予聯邦政府，並且同意在1826年9月1日以前移交這些土地。但是，其他印第安人反對此項條約，將麥克印土世稱為叛徒並要殺死他。

3月4日：約翰·昆賽·亞當斯宣誓就任美國第六任總統。他父親約翰·亞當斯為第二任總統。

3月24日：墨西哥的德克薩斯與柯亞懷拉州當局宣布說，德州對美國殖民開放。

8月19日：在威斯康辛的印第安人吉比華、衣阿華、波達華土密、席歐克斯、狐狸、溫尼巴各及薩克等部落族，將在普拉瑞度乾簽訂條約，劃定他們各部落的邊界以避免他們內部的流血衝突。此項條約談判係由吉比華與席歐克斯兩部落領袖要求聯邦官方出面安排舉行的。

1826年

1月24日：喬治亞州的印第安人柯利克部落族在華府簽訂新條約，將他們的部分土地給予聯邦政府，但土地面積小於1825年2月12日條約談判中所涉及的土地面積。柯利克部落族必須在1827年1月1日以前撤離喬治亞州西部他們的

故鄉。

8月22日：由吉德迪・斯密斯領導的第一個橫越大陸的探險隊，自今日猶他州的鹽湖城出發前往加利福尼亞，經過卡洪關（在今日南加州聖伯納汀諾縣境內），在11月27日抵達聖地牙哥（按當時加州係墨西哥國領土）。

1827年

2月17日：喬治亞州長喬治・楚魯普召集州民軍部隊反對聯邦軍隊，因聯邦軍隊派到喬治亞州西部禁止提前測量印第安人柯利克部落族的土地。依據1826年1月24日簽訂的條約，柯利克部落族將其部分土地給予聯邦政府，但尚未完成正式移轉程序。

5月8日：在今日的堪薩斯州境內，當局選定地點建立甘頓門・李文渥斯堡（稍後易名為李文渥斯堡），為了保護沿聖他菲小徑日益繁榮的商業活動。

11月15日：印第安人柯利克部落族簽訂第二項條約，將他們在喬治亞州西部的剩餘土地讓給聯邦政府。

1828年

2月21日：在俄克拉荷馬的印第安人語言家賽貴亞（亦名喬治・吉斯特）和伊利亞斯・包迪諾創辦印第安部落人奇魯克語文報紙《奇魯克鳳凰報》，為第一份印第安語言報紙。賽貴亞在1821年發明共有86個字母的奇魯克語音表，使許多奇魯克部落族人學習用他們自己的語言閱讀和寫作，對印第安人文化有特殊的貢獻。

12月20日：喬治亞州議會通過新法案宣布說，在1830年6月1日以後，印第安奇魯克部落族的法律將歸無效。

1829年

1月9日：國會眾議院否決一項法案，其中建議成立俄勒岡領土並興建一個軍堡。波士頓已成立「美國鼓勵開發俄勒岡領土協會」。

3月4日：安德魯・傑克森將軍宣誓就任美國第七任總統及約翰・加洪就任

副總統。傑克森總統在其就職演講中要求政府應經濟支持各州的權利，公正的對印第安人政策，以及改革聯邦的文官制度等。

3月12日：印第安人柯利克部落族，接到傑克森總統的命令，要求他們遵守阿拉巴馬州的法律，否則他們將被強制遷往密西西比河以西的地區。

7月29日：生活在密西根領土內的印第安人吉比華、渥太華及波達華土密等部落族，與聯邦當局簽訂條約，同意將他們的土地讓給聯邦。

8月25日：墨西哥政府拒絕傑克森總統提出的美國購買德克薩斯的建議。

12月29日：康涅狄克州籍國會參議員薛穆・富特提出法案，要求暫時限制出售西部的公有土地。他的提案後來引起有關各州的權力與聯邦主權爭執的辯論。

1830年

4月1日：墨西哥通過殖民法案，禁止美國公民任何進一步殖民德克薩斯境內，並且禁止美國公民將黑人奴隸帶入德克薩斯地區。

5月28日：傑克森總統簽署強制遷移印第安人法案，授權有關當局將生活在東部地區的印第安人強制遷往西部地區。他的主要目的是聯邦要取得密西西比河以東各地的印第安人的土地。

7月15日：威斯康辛的印第安人席歐克斯、哨克和狐狸等部落族與聯邦簽訂條約，同意將他們在今天的衣阿華、密蘇里和明尼蘇達各州境內的大部分土地給予聯邦政府。

9月15日：印第安人喬可道部落族與聯邦當局簽訂舞兔河條約，將他們在密西西比河以東的土地將近八百萬英畝給予聯邦政府，用以換取在今日俄克拉荷馬州境內的土地。俄克拉荷馬被指定為印第安領土。

1831年

1月：約瑟夫・史密斯與其摩門教信徒，暫時遷移到俄亥俄州的吉特蘭。

3月18日：聯邦最高法院對「奇魯克國對喬治亞州」訟案的裁定不利於奇

魯克部落族。此案的主旨是，印第安人奇魯克部落族試圖阻止喬治亞州政府在新近發現金礦的印第安人領土內實施喬治亞州法律。聯邦最高法院在裁定書中說，奇魯克人是「國內的從屬國」，而非一個外國，所以不能夠在聯邦法院提出訟訴。

6月30日：印第安人薩克和狐狸部落族的重要領袖「黑鷹」，勉強同意從他們的部落地區遷往密西西比河以西的一個地區。

8月31日：摩門教領袖約翰‧史密斯，選定密蘇里州的獨立城作為他們的聖城。

1832年

3月3日：聯邦最高法院對「伍爾斯特對喬治亞州」訟案的裁定說，聯邦政府對於某一州的印第安人和其領土有管轄權。1830年的一項喬治亞州法律規定，凡是生活在奇魯克部落族國內的一切白人公民必須有一份喬州的執照並宣誓效忠喬州。法院裁定說，喬治亞的法律違反憲法，因為印第安國家能簽訂條約，並且依據憲法這些條約在地區是最高的法律。因此，最高法院宣布，喬治亞州法律在奇魯克地區內「不能實施」。喬治亞州拒絕承認最高法院的裁定並且獲得傑克森總統的支持。

3月24日：在傑克森總統強制遷移印第安人的繼續努力中，柯利克部落族與聯邦當局簽訂條約，將他們在密西西比河以東地區的土地給予聯邦政府。

4月6日至8月2日：印第安人薩克部落族領袖「黑鷹」，率領部落人渡密西西比河侵入伊利諾的北部。他們占領一個村落並希望收復他們在該地區和威斯康辛領土內的他們割讓給聯邦政府的舊有土地。因此，引起「黑鷹戰爭」，持續到8月2日，印第安部落族失敗。參加戰爭的政府軍隊中包括阿布拉漢‧林肯（第十六任美國總統）及傑佛遜‧戴維斯（南北戰爭的南方總統）。

5月1日：由班傑明‧路易斯‧彭尼維爾上尉領導的一列篷車隊，從密蘇里河畔的歐薩吉堡出發赴西部作為期三年的探險。他們將前往哥倫比亞河，並

將繼續向西部進行。1832年，俄勒岡小徑成為殖民人士前往俄勒岡領土開發的主要路線。俄勒岡小徑自密蘇里州密蘇里河畔的獨立城開始，經過普拉特河谷和蛇河谷通到哥倫比亞河口。由納太尼爾·威伊斯率領的一個新英格蘭人探險隊，經過俄勒岡小徑在哥倫比亞河畔建立一個營站。詹姆斯·哈爾出版的《西部傳奇》一書，鼓勵許多人前往西部試作幸運夢。

5月9日：佛羅里達的15名印第安人賽密諾利部落族領袖，與聯邦當局簽訂條約，將他們在佛羅里達的土地讓給聯邦政府，同意遷往密西西比河以西地區生活。條約在佛羅里達的派尼蘭登城簽訂。

7月13日：由亨利·司庫柯拉福率領的一個探險隊，發現密西西比河的河源在明尼蘇達境內的伊太斯佳湖。

8月2日：伊利諾州民團部隊，將黑鷹領導的薩克部落族勇士擊敗，使黑鷹戰爭告結束。戰爭領袖黑鷹逃向溫尼巴格部落族，但他於8月27日向官軍投降。

9月21日：印第安人薩克和狐狸部落族與聯邦當局簽訂條約，同意遷往密西西比河以西地區生活。

10月14日：印第安人吉卡哨部落族，繼薩克與狐狸等部落族之後，與聯邦當局簽訂條約，同意將他們在密西西比河以東的全部土地給予聯邦政府。

11月1日：湯瑪斯·拉金，在加利福尼亞的首府蒙特瑞城創設第一家美國人商店。當時加利福尼亞是墨西哥國的領土。

1834年

1月1日：德克薩斯的美國殖民史迪芬·奧斯汀，前往墨西哥國首都墨西哥城，代表德克薩斯境內的美國殖民提出陳情書，其中說他們要求脫離墨西哥。墨西哥政府將奧斯汀逮捕囚禁了8個月。

6月15日：毛皮商人納太尼爾·威伊斯，在愛達荷境內的蛇河畔建造第一個殖民的哈爾堡。哈爾堡後來變成俄勒岡小徑的一個重要營站。

6月30日：國會通過法案設立印第安事務部，負責密西西比河以西的印第安領土事務。

10月28日：聯邦政府要求印第安人賽密諾利部落族，依照1832年簽訂的派尼蘭登條約的規定撤離佛羅里達的印第安部落土地。

1835年

6月30日：墨西哥總統聖他安納積極強化統治——包括對德克薩斯，而使在德克薩斯的美國殖民與墨西哥政府間的關係日趨緊張。美國人威廉姆・楚維斯領導美國移民將阿納休克的墨西哥軍隊的基地加以攻占。秋天以後衝突增加。德克薩斯人準備會商反抗墨國總統。

7月4日：急於推展領土的傑克森總統，批准進行購買德克薩斯，但墨西哥政府拒絕出售該地區。

11月：佛羅里達的印第安賽密諾利部落族，拒絕依照條約限期遷出他們的土地。因此，引起他們與聯邦軍隊間的第二次賽密諾利戰爭。（戰爭持續到1843年8月14日才告結束。部落領袖歐斯西拉領導戰爭，於1837被官軍俘虜。）

12月28日：在第二次賽密諾利戰爭中，政府軍的威萊・湯姆森將軍的部隊受到大挫，他和其部隊在佛羅里達的國王堡被印第安人殺害。同時，官軍達德少校與其部隊100人在佛羅里達的布魯克堡被印第安人殺死。

12月29日：印第安人奇魯克部落族在紐艾喬達簽訂條約，同意將他們在密西西比河以東的一切土地給予聯邦，用以換得500萬元金錢、若干交通基金以及印第安領土即今日俄克拉荷馬州的土地。他們將在1838年遷往該地生活。

1836年

2月23日：墨西哥總統聖他安納率領3,000名軍隊圍攻德克薩斯的阿拉莫。該地187名德克薩斯移民堅守抵抗到3月6日全部犧牲，其中包括領袖達維・柯魯克特。阿拉莫堡的英勇事蹟，激起美國殖民的義憤，開始為爭取獲得德克薩斯而努力。

3月1日：德克薩斯的美國人殖民舉行會議，討論對付墨西哥總統聖他安納的政策。

3月2日，他們發表脫離墨西哥的獨立宣言並起草憲法，四月他們推舉薩姆‧休斯頓爲軍隊總司令。

3月27日：墨西哥總統聖他安納的軍隊繼續攻擊德克薩斯的爭取獨立的美國人殖民。

4月20日：國會通過法案，在密西根領土的西部地區新建威斯康辛領土。

4月21日：由薩姆‧休斯頓領導的德克薩斯獨立軍隊，在聖哈辛諾戰役中，大敗墨西哥總統聖他安納的軍隊，聖他安納被俘。德克薩斯人民通過憲法，選舉休斯頓爲「德克薩斯共和國」的首任總統，並派代表赴華盛頓，要求美國將德克薩斯歸併爲美國領土或者承認德克薩斯共和國。

6月15日：阿肯色州獲准參加合眾國聯邦爲第二十五個州。阿肯色爲一黑奴制州。

7月1日：國會參議院通過決議，承認德克薩斯爲美國的領土。衆議院於四日通過同樣的法案。

9月1日：德克薩斯共和國的殖民投票決定，他們要求歸併爲美國領土。

9月1日：一列傳敎士與其妻子的大篷車隊，抵達哥倫比亞河和蛇河口的華拉華拉。他們由馬古斯‧惠特曼醫生領導，經過洛磯山的南關抵達該地。這是第一次有婦女參加的橫越大陸的西進殖民車隊。

10月22日：薩姆‧休士頓宣誓就任德克薩斯共和國第一任總統。

1837年

1月26日：密西根獲准加入合眾國爲第二十六個州。密西根是個自由州。

3月1日：傑克森總統在其任期的最後一天，宣布承認德克薩斯共和國的獨立。

3月4日：馬丁‧范布倫宣誓就任美國第八任總統。

8月4日：德克薩斯共和國申請加入合衆國聯邦。此案在8月25日被國會否決，因爲涉及奴隸問題爭議。

12月25日：在第二次印第安賽密諾利部落族戰爭中，聯邦軍司令沙察瑞・泰勒將軍獲捷，在佛羅里達的歐克喬比沼澤擊敗一部分印第安人。

1838年

6月12日：國會通過法案，將威斯康辛領土的西部土地另成立衣阿華領土。

10月：一部分印第安奇魯克部落族人仍然生活在喬治亞州境內，聯邦軍強迫他們徒步遷往密西西比河以西的地區，沿途情況十分悲慘，許多人病死、餓死。此路線成爲難忘的「血淚小徑」。

10月12日：德克薩斯共和國撤回申請歸併美國領土的建議，因爲美國國會拒絕其建議。

1839年

8月：瑞士移民約翰・沙特，從紐約啓程往西部探險，經過聖路易、俄勒岡等地，於越過賽拉內華達山（印第安人稱爲雪山）之後，在8月間到達今日加利福尼亞北部，建造沙特堡，即今天的加州首府沙加緬度的古城。沙特堡後來成爲重要的西部殖民城市。

1840年

11月13日：德克薩斯共和國與英國簽訂通商條約，因爲英國承認德克薩斯共和國的獨立。

1841年

3月4日：威廉姆・亨利・哈理遜，宣誓就任美國第九任總統。（但哈理遜就職後僅一個月，便因患肺炎症去世，由副總統約翰・泰利爾繼任爲第十任總統。）

12月16日：密蘇里州籍聯邦參議員李威斯・利恩，提出法案鼓勵人民前往

俄勒岡殖民，此案雖然一直未獲通過，但有助於美國向該領土擴展的意圖。

12月間：首批大規模殖民經過俄勒岡小徑、漢保德河及越過賽拉內華達山（印第安人稱為雪山）等地，到達加利福尼亞北部的沙特堡（今天的沙加緬度市）。此批殖民共有48輛大篷車。

1842年

6月1日：約翰・查爾斯・佛利蒙領導的西部探險隊，自聖路易出發，循著堪薩斯河向西北方旅行，經過普拉特河，到達洛磯山區，並在懷俄明地區探險。這是佛利蒙的第一次西部探險旅行。

9月11日：一隊墨西哥國士兵侵入德克薩斯共和國境內，占據聖安東尼城，雙方衝突持續到1843年。

10月20日：美國海軍的湯瑪斯・瓊斯將軍，誤信英國將要攫取墨西哥的加利福尼亞及美國與墨西哥發生戰爭，他自行進攻加利福尼亞中部的蒙特瑞港埠並在該城升起美國國旗。不久他曉得錯誤，在對墨西哥表示道歉之後自行退去。

12月：130名殖民分乘18輛大篷車，從密蘇里州的獨立城出發前往西部的俄勒岡領土開發。他們由新任職的俄勒岡領土印第安事務代理人伊利哈・懷特醫生率領，以華拉華拉印第安人部落族區內的惠特曼醫生的教會村莊為目的地。

1843年

5月：約翰・查爾斯・佛利蒙自密蘇里啓程開始其第二次西部探險。他將越過洛磯山進入蛇河和哥倫比亞河谷地區，然後轉往加利福尼亞的中央聖荷昆河谷等地，預料一年後返回密蘇里。

5月22日：1,000名東部人士，自密蘇里州獨立城啓程前往俄勒岡領土開發。這是大規模向西部殖民行動的開始。

7月5日：俄勒岡領土的殖民在查姆波格舉行會議，制訂一部憲法，作為一

個臨時政府依據，直到美國對此領土建立管轄權時爲止。

8月14日：在佛羅里達的印第安賽密諾利部落族人，遭受聯邦軍隊的數年蓄意屠殺之後，第二次印第安賽密諾利戰爭終告結束。

8月23日：墨西哥總統聖他安納警告美國說，若美國兼併德克薩斯共和國的話，將等於是美國對墨西哥宣戰。

9月：美國爲維護在夏威夷群島的利益，派遣喬治‧布朗赴夏威夷擔任美國專員。美國拒絕與英國和法國共同支持夏威夷獨立。

1844年

3月15日：約翰‧查爾斯‧佛利蒙的探險隊，越過賽拉內華達山（印第安人稱爲雪山）抵達加利福尼亞北部的沙特堡（今天的加州首府沙加緬度的古城）。

6月8日：國會參議院將關於美國兼併德克薩斯的條約加以否決，因爲涉及黑奴制度問題。此條約是國務卿約翰‧卡洪在四月間談判簽訂的。

6月27日：摩門教創始人約翰‧史密斯，在伊利諾州的納夫城被亂民殺害。布理翰‧楊繼任摩門教領袖。

12月12日：安森‧瓊斯繼任德克薩斯總統。

1845年

2月3日：國會衆議院通過法案，要求在太平洋岸的俄勒岡設立政府，但參議院拒絕考慮此案，因涉及將禁止奴隸制度問題。

3月3日：墨西哥初步承認德克薩斯的獨立，但有關條約的談判停止，因爲德克薩斯獲知美國國會衆議院已通過兼併德克薩斯的法案。

3月3日：佛羅里達州獲准加入合衆國聯邦爲第二十七個州。佛羅里達州是個奴隸制度州。

3月4日：詹姆斯‧諾克斯‧樸克宣誓就任美國第十一任總統。他在其就任演講中提到俄勒岡問題和兼併德克薩斯問題。3月28日墨西哥宣布與美國斷絕外交關係。

5月：約翰・查爾斯・佛利蒙開始其第三次前往西部的探險旅行。吉蒂・卡遜擔任他的嚮導。

5月28日：樸克總統相信德克薩斯將同意併入美國聯邦。他派遣沙察瑞・泰勒將軍率領一支美國陸軍部隊到德克薩斯的西南部邊界以防墨西哥軍隊侵入。

6月23日：德克薩斯共和國國會通過併入美國法案。

7月12日：美國務卿詹姆斯・布查南通知英國駐美公使理察・巴肯漢說，美國同意以北緯49度爲俄勒岡領土的英、美土地分界線。（因爲英國拒絕此項建議，美國於稍後將其建議撤回。）

10月17日：樸克總統派湯瑪斯・拉金爲美國駐墨西哥國加利福尼亞州蒙特瑞的領事，擔任鼓勵加利福尼亞贊成歸併於美國。

11月10日：美國總統代表約翰・斯德爾與墨西哥談判，美國願意以500萬元新墨西哥地區及以2,500萬元購買加利福尼亞。

12月29日：德克薩斯加入合眾國聯邦爲第二十八個州。

12月間：約翰・查爾斯・佛利蒙發表其1842年的洛磯山探險經過，及1843-1844年的俄勒岡和加利福尼亞的探險經過報告書。此報告大大增加人民對西部開拓的興趣。

1846年

1月27日：約翰・查爾斯・佛利蒙領導的代表團抵達加利福尼亞的首府蒙特瑞。他在該他停留到3月9日，被墨西哥當局要求離開。

3月28日：沙察瑞・泰勒將軍奉樸克總統命令，將美軍部隊推進到墨西哥領土的格蘭德河左岸地帶。

5月3日：墨西哥軍隊攻擊泰勒將軍的德克薩斯堡的美軍，5月8日以後雙方軍隊繼續有衝突。

5月13日：國會應樸克總統的要求通過決議宣布說：「由於墨西哥共和國

的行為，墨西哥國與美國之間戰爭狀態存在。」國會並通過決議徵兵5萬人及撥款1,000萬元供戰爭之需。

5月18日：泰勒將軍的美軍部隊渡過格蘭德河，將墨西哥境內的瑪他莫洛斯占領。

5月與6月期間：樸克總統下令美軍封鎖太平洋沿岸和墨西哥灣沿岸的墨西哥各港口。

6月3日，史迪芬·克爾尼上校奉令占領墨西哥的聖他菲城並且將軍隊向加利福尼亞地區推進。

6月14日：生活在加利福尼亞北部的美國殖民，長期以來一直謀求脫離墨西哥的統治。他們正式宣布在加利福尼亞北部的蘇諾瑪城成立「加利福尼亞共和國」，通稱「熊旗共和國」。約翰·查爾斯·佛利蒙於6月25日抵達該地，殖民們於7月5日推舉佛利蒙為軍隊總司令。

7月7日：美國海軍的約翰·史勞特將軍，在加利福尼亞中部的蒙特瑞港登陸，聲稱美國占領墨西哥的加利福尼亞。他在該城升起美國國旗。

8月13日：美國海軍的大衛·史托克頓將軍接替史勞特將軍的職位，並與約翰·查爾斯·佛利蒙的軍隊攻占加利福尼亞南部的要城洛杉磯。

8月17日，史托克頓宣布說，美國已經兼併加利福尼亞並自行宣布任該地區的總督。

8月15日：加利福尼亞地區的第一份報紙《加利福尼亞日報》在首府蒙特瑞城創刊發行。

8月15日：史迪芬·克爾尼上校的軍隊抵達拉斯維加斯並宣布美國將墨西哥國的新墨西哥地區加以兼併。他在8月18日將聖他菲城占領，並成立臨時政府。

9月14日：聖他安納出任墨西哥的陸軍總司令，他曾任墨西哥總統。

9月20日至24日：泰勒將軍的美軍部隊在經過四天的激烈戰鬥後，將墨西哥的要城蒙特瑞攻占。

9月22日：加利福尼亞的墨西哥人在荷西·佛勞瑞的領導下反對美國，將洛杉磯和聖地牙哥等地占據並自行任命爲代理總督。

11月5日：聯邦政府海軍部命令史托克頓將軍，承認克爾尼上校爲加利福尼亞的總督兼總司令。

11月25日：克爾尼上校的軍隊進入加利福尼亞的南部，將控制南部地區的墨西哥人擊敗。他已晉升爲少將。

12月28日：衣阿華獲准加入合衆國聯邦爲第二十九個州。

1847年

1月3日：美國的墨西哥遠征軍總司令溫菲德·斯考特將軍，命令泰勒將軍以5,000軍隊攻擊墨西哥的要城維拉柯魯斯。

1月16日：美國海軍的史托克頓將軍認爲，他有權在加利福尼亞成立民政政府並且任命佛利蒙爲總督。他與克爾尼將軍有爭執。

2月13日：克爾尼將軍奉命在蒙特瑞城成立加利福尼亞的新政府。同時，佛利蒙在洛杉磯仍然稱總督。

2月22日與23日：泰勒將軍的4,800名軍隊，在布納維斯他與墨西哥總司令聖他安納的15,000名軍隊作戰，兩度擊敗墨軍。聖他安納返回首都墨西哥城。

3月9日：美國遠征軍總司令斯考特的軍隊，在墨西哥的最大的軍事基地維拉柯魯斯附近登陸，陸海兩軍夾攻之下，美軍於3月29日攻占維拉柯魯斯。

4月8日：斯考特將軍的部隊離開維拉柯魯斯，向墨西哥京城挺進。美軍於18日攻克賽洛柯爾度，19日攻占哈拉巴。

4月16日：摩門教領袖布理翰·楊，帶領少數信徒，離開伊利諾州的納夫前往西部尋覓適當的基地。

5月31日：史迪芬·克爾尼將軍任命理察·麥遜爲加利福尼亞總督。然後他與約翰·查爾斯·佛利蒙及大衛·史托克頓將軍爲了他們的爭執問題返回華盛頓。

6月6日：樸克總統指派尼克拉斯‧楚斯特，通過英國公使查爾斯‧班克希德的安排，與墨西哥代表開始和平談判，但沒有結果。

7月24日：摩門教領袖布理翰‧楊和其信徒，到達大鹽湖谷沙漠地區建立基地，即今天的猶他州鹽湖城。

8月20日：斯考特將軍在攻克康楚拉和朱魯布斯柯等城市後，墨西哥軍總司令聖他安納請求停戰，斯考特將軍的部隊正向墨西哥京城推進中。

8月27日：美國與墨西哥代表的和平談判失敗，雙方的停戰協議將於9月7日終止。

9月8日：美軍斯考特將軍的部隊攻克莫利諾德爾瑞，12日與13日又攻克查普爾特皮。美國遠征軍總司令斯考特將軍在經過一場旋風式的戰鬥之後，於9月14日勝利的進入墨西哥國京城。

11月22日：6月間曾與墨西哥舉行和談未果的美國代表尼古拉斯‧楚斯特，刻接到消息表示墨國準備談判和平條件，他同意恢復和談。

11月29日：俄勒岡華拉華拉的印第安部落族人，將殖民傳教士馬古斯‧惠特曼醫生與其妻子以及多名白人殖民加以殺害，造成西部開拓史上的重大悲劇之一。

12月22日：伊利諾州國會眾議員阿布拉漢‧林肯，在國會發表的首次演講中，嚴詞批評樸克總統對墨西哥的政策。

1848年

1月24日：新澤西籍的機械師詹姆斯‧馬紹爾，在加利福尼亞北部的美利堅河上為移民富商約翰‧沙特建造一家磨坊之際，在河內發現金礦砂。該地距沙特建的沙特堡大約四十英里。沙特堡即今日加利福尼亞州首府沙加緬度的古城。加州發現金礦的消息迅速的傳遍全國各地，引起歷史上極著名的「淘金潮」，也是重要的西部殖民潮。

1月31日：西部探險英雄約翰‧查爾斯‧佛利蒙，因為被史迪芬‧克爾尼

將軍指控叛變、不聽命令和行為偏見等罪嫌而被定罪與被開除軍籍。樸克總統除了叛變罪嫌一項外，核准大部分判決。但是，樸克將佛利蒙的軍職恢復。佛利蒙最後仍然辭職。佛利蒙案件引起樸克總統與國會參議員湯瑪斯‧哈特間的敵對，因哈特是佛利蒙的岳父。

2月2日：美國與墨西哥代表簽訂瓜達洛普‧希達爾格條約，使美、墨戰爭告結束。依據和約，美國獲得墨西哥割給領土五十餘萬平方英里，這大片領土包括今天的加利福尼亞、內華達、猶他、新墨西哥和亞利桑納的大部分，以及懷俄明和科羅拉多的一部分。墨西哥也承認德克薩斯為美國領土。美國以1,500萬元付給墨西哥，另付給325萬元解決「里約格蘭德」賠償要求案。此項條約使美國成為橫跨北美大陸的大國，但新領土也開始引起支持黑奴制度與反對黑奴制度兩大勢力間的爭執。

2月22日：樸克總統將美、墨和約提交國會參議院，在參議院批准之後，條約自7月4日起正式生效。

5月29日：威斯康辛州獲准加入合眾國聯邦為第三十個州。威斯康辛是個自由州。

8月14日：樸克總統簽署法案成立俄勒岡領土，將設有黑奴制度。

12月3日：樸克總統證實加利福尼亞發現金礦。

1849年

2月12日：舊金山的居民舉行會議，決定為該地區成立一個臨時政府，因為人口增加之故。

2月28日：第一批為淘金而來加利福尼亞的人士，搭乘「加利福尼亞號」汽船抵達舊金山。數以千計的淘金者繼之從美國各地經陸路或水路前往淘金，更有許多人自遙遠的中國和澳洲來此。據預計到1849年年底，加利福尼亞的人口將激增到十萬之眾。

3月4日：樸克總統簽署法案成立明尼蘇達領土政府，並將禁止黑奴制度。

3月5日：沙察瑞‧泰勒將軍宣誓就任美國第十二任總統。他是美國和墨西哥戰爭中的英雄。

9月1日至10月13日：加利福尼亞人民在首府蒙特瑞城召開制憲會議，州憲中禁止黑奴制度。

11月13日：加利福尼亞居民投票通過州憲法，並要求加入合眾國聯邦。

12月4日：泰勒總統促請國會批准加利福尼亞州加入聯邦。

1850年

9月9日至12日：國會先後通過五項法案，要點是：批准加利福尼亞州加入聯邦為第三十一個州，並且為自由州；設立新墨西哥領土和猶他領土，而並未對奴隸制度加任何限制；對德克薩斯州亦未對奴隸制度加任何限制。

美國從1803年李威斯與克拉克西部探險隊開始的西進運動，到1850年加利福尼亞州加入美利堅合眾國聯邦為止，在短短的47年期間疆土從東方的大西洋岸擴展到西方的太平洋岸，參加聯邦的從建國時的13個州增加到31個州。其後陸續有17個州加入聯邦達到48個州。待到第二次世界大戰後，又有阿拉斯加和夏威夷兩個州加入聯邦，全國共有50個州迄今。美國人口總數字從1790年第一次全國人口普查結果的3,929,214人，增加到2000年普查結果的281,421,906人。美國領土面積從1790年的864,746平方英里，增加到3,537,441平方英里（陸地面積）。

1851年

6月9日：加利福尼亞州舊金山市的人口，因為加州淘金潮的關係快速的增加，但是此地區的罪惡案件也隨著增多。因此，有識之士要求當局嚴厲執行治安法令。

7月23日：印第安席歐克斯部落族的代表與聯邦當局簽訂條約，同意將他們在衣阿華境內的全部土地及明尼蘇達境內的大部分土地讓給聯邦政府。

本章係根據Arthur M. Schlesinger, Jr., *The Almanac of American History*（New York: Barnes & Noble Books, 1993）．

參考書目

Axelrod, Alan. *Chronicle of the Indian Wars* (New York, N. Y.: Prentice Hall General Reference, 1993).

Barnard, Edward S. *Story of the Great American West* (Reader's Digest Association, 1987).

Brunner, Borgna. *Time Almanac (2001-2006)* (Information Please, A Person Education Company).

Debo, Angie. *A History of the Indians of the United States* (Norman and London, OK: University of Oklahoma Press).

Foreman, Grant. *Indian Removal* (Norman: University of Oklahoma Press, Eighth Printing).

Flood, Renee Sansom. *Renegade Priest of the Northern Cheyenne* (Billings, Mt.: Soaring Eagle).

French, Josepy Lewis. *The Pioneer West* (New York: Indian Head Books, 1995).

Grun, Bernard. *The Timetable of History* (London and New York: DK Publishing, 2005).

Harrell, Richard B. *The Civil War* (New York, N. Y.: Konecky & Konecky).

Heizer, Robert F. *The Destruction of California Indians* (Lincoln and London: University of Nebraska Press, 1993).

Hunsaker, Joyce Badgley. *Sacagawea Speaks* (Guilford Ct.: Globe Pequot Press).

Johnston, Charles H. L. *Famous Indian Chiefs* (Freeport, New York: Books for Libraries Press).

Josephy, Jr. Alvin M. *The American Heritage Book of Indians* (American Heritage Publishing Co. Inc.).

Josephy, Jr. Alvin M. *500 Nations* (New York: Alfred A. Krrope, 1994).

Kagan, Neil. *Concise History of the World* (Washington, D. C.: National Geographic).

Kawano, Kenji. *Warriors: Navajo Talkers* (Flagstaff, Arizona: Northland Publishing Co., 1991).

Keoke, Emory Dean and Poterfield, Kay Marie. *Encyclopedia of American Indian Contributions to the World* (New York: Facts On File, Inc., 2002).

Kirshon, John W. *Chronicle of America* (Mount Kisco, N. Y.: Chronicle Publications).

Kroeber, Karl and Kroeber Clinton. *Ishi in Three Centuries* (University of Nebraska Press, Publisher of Bison Books).

Krober, Theodora. *Ishi in Two Worlds: The Biography of the Last Wild Indian in North America* (Berkeley: University of California Press, 1961).

Linton, Calvin D. *American Headlines Year By Year* (New York: Thomas Nelson Publishers, Nashville, 1997).

McGlynn, Hilary. *Webster's New Universal Encyclopedia* (New York: Barnes & Noble Books, 1977).

McLoughlin, Denis. *Wild and Woolly: An Ebcyclopedia of the Old West* (New York: Barnes & Noble Books, 1995).

McMaster, Gerald and Trafzer, Clifford E. *Native Universe: Voice of Indian America* (Washington, D. C.: National Geographic, 2004).

Mercer, Derrik. *Chronicle of the World* (New York, N. Y.: DK Publishing, Inc., 1996).

Murphy, Thomas. *Lakota Life* (Champberlain S. D.: St. Joseph's Indian School).

National Park Services. *Lava Beds: A Turbulent Past.*

Paul, Doris. *The Navajo Talkers* (Pittsburg: Dorrance Publishing Company, 1973).

Schlesinger, Jr. Arthur M. *The Almanc of American History* (New York: Barnes & Noble Books, 1993).

Teeple, John B. *Timelines of World History* (New York, London, Munich: DK Publishing, Inc., 2006).

Utley, Robert. *Encyclopedia of the American West* (New York: Wings Books, 1997).

Waldman, Carl. *Atlas of the North American Indian* (New York: Facts On File, Inc.).

Waldman, Carl. *Biographical Directory of American Indian History to 1900* (New York: Facts On File, Inc.).

Waldman, Carl. *Encyclopedia of Native American Tribes* (New York: Facts On File, Inc.).

Whitney, David C. *The American Presidents* (Garden City, New York: Doubleday Books & Music Clubs, Inc., 1993).

Wooster, Robert. *The Military and United States Indian Policy, 1865-1903* (New Haven and London: Yale University Press).

Zuern, Ted. *Indian Nations, American Citizens* (Washington, D. C.: Bureau of Catholic Indian Missions).

Magazines:

National Museum of the American Indian (Washington D. C.)

Native Peoples Magazine (Phoenix, AZ.)

National Geographic Magazine (Washington, D. C.)

印第安民族運動史

2008年8月初版　　　　　　　　　　　　　　定價：新臺幣380元
有著作權・翻印必究
Printed in Taiwan.

著　者	馬	全	忠	
發 行 人	林	載	爵	

出 版 者　聯 經 出 版 事 業 股 份 有 限 公 司　　叢書主編　沙　淑　芬
台 北 市 忠 孝 東 路 四 段 5 5 5 號　　　　　校　對　陳　龍　貴
編 輯 部 地 址：台北市忠孝東路四段561號4樓　　封面設計　蔡　婕　岑
叢書主編電話：(0 2) 2 7 6 3 4 3 0 0 轉 5 2 2 6
發 行 所：台北縣新店市寶橋路235巷6弄5號7樓
　　　　電話：(0 2) 2 9 1 3 3 6 5 6
台北忠孝門市：台 北 市 忠 孝 東 路 四 段 5 6 1 號 1 樓
　　　　電話：(0 2) 2 7 6 8 3 7 0 8
台北新生門市：台 北 市 新 生 南 路 三 段 9 4 號
　　　　電話：(0 2) 2 3 6 2 0 3 0 8
台 中 門 市：台 中 市 健 行 路 3 2 1 號
　　　　電話：(0 4) 2 2 3 7 1 2 3 4 e x t . 5
高 雄 門 市：高 雄 市 成 功 一 路 3 6 3 號
　　　　電話：(0 7) 2 2 1 1 2 3 4 e x t . 5
郵 政 劃 撥 帳 戶 第 0 1 0 0 5 5 9 - 3 號
郵 撥 電 話：2 7 6 8 3 7 0 8
印 刷 者　世 和 印 製 企 業 有 限 公 司

行政院新聞局出版事業登記證局版臺業字第0130號

國家圖書館出版品預行編目資料

印第安民族運動史/馬全忠著 . 初版 .
臺北市：聯經，2008 年 8 月（民 97）
320 面；14.8×21 公分 .
參考書目：3 面
ISBN　978-957-08-3310-2（平裝）
1.印第安族　2.民族運動史

536.51　　　　　　　　　　　　97013069